Stef

Systematische Grammatikvermittlung und Spracharbeit

im Deutschunterricht für ausländische Jugendliche

Von Herrad Meese

GOETHE-
INSTITUT
Stennerstraße 4
5860 Iserlohn
Tel.: (02371) 28083

Langenscheidt

Berlin · München · Wien · Zürich · New York

Fremdsprachenunterricht in Theorie und Praxis
Allgemeiner Herausgeber: Prof. Dr. G. Neuner

Auflage: 5. 4. 3. 2. 1. | Letzte Zahlen
Jahr: 1988 87 86 85 84 | maßgeblich

© 1984 Langenscheidt KG, Berlin und München
Druck: Druckhaus Langenscheidt, Berlin-Schöneberg
Printed in Germany · ISBN 3-468-49431-9

Inhaltsverzeichnis

GOETHE-
INSTITUT
Stohnerstraße 4
5860 Iserlohn
Tel.: (02371) 28083

Vorwort

Drei Jahre lang hatten wir, ein Projektteam[1], unter sehr guten Bedingungen die Möglichkeit, ausländischen Jugendlichen und Erwachsenen Deutschunterricht zu geben. Die Lernenden, überwiegend türkischer Nationalität, kamen zweimal pro Woche für je zwei Unterrichtsstunden zu uns – freiwillig und ohne zu bezahlen. Die Kurse fanden im Rahmen des Projektes ,,Lehrerfortbildung ,Deutsch für ausländische Arbeitnehmer' (DfaA)'' statt. Das Projekt wurde im Auftrag des Sprachverbandes in Mainz im Münchener Goethe-Institut durchgeführt.

Schwierigkeiten bei der Grammatikvermittlung und die Zuordnung der Grammatik zu einem Mitteilungsbereich waren ein konstantes Thema in den Seminaren – so entstand die Idee zu diesem Buch.

Adressaten sind Unterrichtende, die Deutsch für ausländische Jugendliche aus den ehemaligen Anwerbeländern geben. Besonders angesprochen sind Lehrer und Lehrerinnen, die an Volkshochschulen, in Wohlfahrtsverbänden oder in den zahlreichen Initiativgruppen arbeiten und dafür nicht extra ausgebildet sind. Dennoch sollten sich auch Ausgebildete, die z. B. an Schulen unterrichten, angesprochen fühlen.

Zielgruppe der vorgeschlagenen Unterrichtseinheiten sind Jugendliche, die Volkshochschul-, Intensivkurse, MBSE-Maßnahmen oder auch den Förderunterricht an Schulen besuchen und nicht über systematisch erworbene Deutschkenntnisse verfügen.

Die Unterrichtseinheiten sind für Anfänger konzipiert. Als Anfänger sind dabei nicht nur neueingereiste Jugendliche zu verstehen (die es aufgrund der Bestimmungen vom November 1981 immer weniger gibt), sondern auch diejenigen, die durch den außerunterrichtlichen Spracherwerb über ein festes Repertoire eingeschliffener Fehler verfügen. Der Abbau dieser Fehler kann am ehesten dadurch geleistet werden, daß die deutsche Sprache von den Lernenden als ,,Objekt, als Lerngegenstand'' gesehen wird[2]. Dazu gehört die Einsicht in die Strukturen der Sprache.

Es werden deshalb für die Unterrichtenden detaillierte *Einführungsstunden* (mit vielen Übungen) in bestimmte Grammatikgebiete vorgeschlagen. Diese einmalige Einführung führt bei den Lernenden natürlich nicht zur Beherrschung der jeweiligen Strukturen; diese müssen wiederholt und gefestigt werden. In den Unterrichtsvorschlägen sind auch bewußt Wortschatzarbeit, Phonetik, Rechtschreibübungen usw. vernachlässigt bzw. ausgespart, weil sich das Buch auf Grammatikvermittlung konzentriert.

---

[1] Das Team bestand aus Herrad Meese, Marlene Tamm, Elisabeth Thielicke und Frieder Schuckall. Das Projekt wird mit anderen Teamern weitergeführt.
[2] Meyer-Ingwersen/Neumann/Kummer: *Zur Sprachentwicklung türkischer Schüler in der Bundesrepublik*, 1977, S. 126.

Zielsetzung des Buches sind systematische Handreichungen, didaktisch-methodische Hilfen zur Grammatikvermittlung: Welche detaillierten Schritte sind notwendig, um eine grammatische Regel von den Schülern herausfinden zu lassen? Dieser Teilaspekt von Sprachvermittlung wurde deshalb gewählt, weil gerade die Reflexion über Regeln der deutschen Sprache von Muttersprachlern vernachlässigt wird, bedingt durch immer noch mangelnde Ausbildung im Bereich dfaa und weil die Lehrbücher keine oder nur geringe Hilfestellung bieten.

Erreicht werden soll dieses Ziel durch den folgenden Aufbau der einzelnen Grammatikkapitel (Näheres s. S. 43 ff.):
– Information über Funktion und System einiger Grammatikkapitel im Deutschen;
– Information über das muttersprachliche Ausgangssystem unter besonderer Berücksichtigung der türkischen Sprache;
– Darstellung von Lernschwierigkeiten;
– Darstellung des jeweiligen Grammatikkapitels in 5 ausgewählten Lehrwerken;
– Vorschlag zu einer Unterrichtseinheit, in der exemplarisch die Möglichkeit zur Behandlung eines Grammatikgebietes mit Rückgriff auf verschiedene Lehrwerke gezeigt wird. Das Buch gibt keine Anleitung zur Arbeit mit *einem* Lehrwerk.

Zunächst wird jedoch in der Einleitung begründet, warum Grammatik überhaupt für ausländische Jugendliche notwendig ist. Dann werden einige Hypothesen und Untersuchungsergebnisse zum Zweitsprachenerwerb zusammengefaßt, ein historischer Überblick über verschiedene Grammatikmodelle gegeben und die Grammatikvermittlung in den Lehrwerken, die sich an ausländische Jugendliche richten, analysiert.

Die Beschränkung auf Grammatikvermittlung sollte nicht zu dem doppelten Mißverständnis führen, es werde einmal der alte Gegensatz von Sprache als Mitteilungsträger (Kommunikation) und als formales Regelsystem (Grammatik) wieder auferweckt und zum andern, es werde ein Sprachkonzept vertreten, in dem Grammatik im Mittelpunkt steht und das stur Regeln einschleift oder einpaukt. Das Gegenteil ist der Fall: Grammatik wird gesehen als integrierter Bestandteil von Sprache, der notwendig ist, damit ausländische Jugendliche ihre Vorstellungen, Ideen, Erwartungen und Wünsche auch auf Deutsch ausdrücken können, und zwar nicht irgendwie, sondern korrekt.

Herrad Meese

Einführung

1 Begründung der Notwendigkeit von Grammatik

Die Beschränkung auf Grammatik hat ihre Ursachen einmal in der bereits erwähnten Erfahrung einer unzureichenden Ausbildung der Unterrichtenden und zum andern in dem Triumphzug der (unbestritten wichtigen) kommunikativen Kompetenz (s. S. 27f.) in den Lehrwerken der siebziger Jahre. In unglücklicher Verknüpfung mit dem politisch-rechtlichen und sozialen Status der ausländischen Arbeitnehmer und ihrer weitgehend auch sprachlichen Isolation führte er dazu, die Fähigkeit, sich überhaupt ausdrücken zu können, als ausreichend anzusehen – und nicht die Fähigkeit, sich richtig auszudrücken.

Ein dritter Faktor spielt eine wesentliche Rolle: Eine didaktische Grammatik für den Unterricht DfaA existiert noch nicht. Ansatzweise gibt es Überlegungen zu den Problemen:
– Wie kann eine Zuordnung von der grammatischen Funktion zu einem Mitteilungsbereich[1] auf dem Hintergrund der Erfahrungen und Interessen der ausländischen Arbeitnehmer begründet werden?
– Wie können die einzelnen Grammatikkapitel didaktisiert werden?
– Auf welche Weise können das System der Ausgangssprache und die durch sie bedingten Fehler (Interferenzen) berücksichtigt werden? Wie können bestimmte Stadien im Zweitsprachenerwerb (Interlingua, Varietät, s. Punkt 2) mit einbezogen werden?
– Wie können die Ergebnisse des Heidelberger Pidgin Projektes und des Wuppertaler ZISA Projektes bezüglich der Reihenfolge im Zweitsprachenerwerb didaktisiert werden, d. h. welche Progression ist sinnvoll?

Unsicherheit in der Forschung und bei den Unterrichtenden und der gleichzeitige Wunsch, eins von beiden oder beides zu überwinden, sind natürlich keine Begründung für die Notwendigkeit der Grammatikvermittlung überhaupt.

Barkowski, Harnisch, Kumm haben in ihrem ,,Handbuch für den Deutschunterricht mit ausländischen Arbeitern"[2] Argumente für die Grammatikvermittlung zusammengetragen, die im folgenden zusammengefaßt werden:

Ausländische Arbeitnehmer (das gilt natürlich leider auch für die Jugendlichen) werden in ihrer Rolle als Sprachlerner nicht ernst genommen. Was für jedes deutsche Kind eine Selbstverständlichkeit ist – daß es korrektes Deutsch hört und nachahmend lernt, daß es korrigiert wird, wenn es etwas Falsches sagt –, gilt nicht für Ausländer.

---

[1] Der Begriff ,,Mitteilungsbereich" wurde von Barkowski/Harnisch/Kumm in dem ,,Handbuch für den Deutschunterricht mit ausländischen Arbeitern", 1980, eingeführt. Er beschreibt einerseits die Situation der Ausländer, die etwas sagen = mitteilen möchten und dazu bestimmte Worte und Strukturen brauchen, und andererseits die Aufgabe der Unterrichtenden, den Lernenden dies zu vermitteln. In den Lehrwerken findet sich dieses Gliederungsprinzip noch nicht, sondern die Einteilung nach Situation, Themen oder Sprechanlässen.
[2] s. dort S. 57ff. und S. 97ff.

Sie werden weitgehend reduziert auf ihre Rollen als Arbeiter und Konsumenten. Die Öffentlichkeit vermeidet es, die dadurch entstehenden Sprachbarrieren zu beseitigen, im Gegenteil, sie werden durch aktive Übernahme der vermeintlich von den Ausländern gesprochenen Sprache (,,Du wollen Bahnhof?") zementiert. Auch private Kontakte mit der Bereitschaft, den Sprachlernprozeß z. B. durch Nachfragen, Korrektur und Wiederholen zu unterstützen, sind sehr rar. (Soweit die erste Argumentationskette der drei Autoren bzw. Autorinnen.)

Die hinter diesen Verhaltensweisen stehende Angst, die ausländischen Jugendlichen und Erwachsenen könnten ihre Interessen selbst artikulieren, hat sich mit der zunehmenden Arbeitslosigkeit sehr verschärft. Die diffuse Angst vor dem ,,Fremden" kann nicht nur scheinbar konkret benannt werden – ,,Ausländer raus" (und dann gibt es in der Bundesrepublik keine Arbeitslosen mehr) –, sondern wird von Rechtsextremen, und nicht nur von ihnen, quasi legitimiert. Parallel zur zunehmend unkaschierten Ausländerfeindlichkeit entwickelt sich auch das sprachliche Ghetto. Da kann auch von ausländischen Jugendlichen nicht erwartet werden, selbst und ohne Hilfestellung zu initiieren, als Sprachlerner ernst genommen zu werden. Das Beispiel eines türkischen Jugendlichen, der auf die Arbeitsanweisung ,,Erst du müssen putzen hier" zurückfragte: ,,Warum sprechen Sie mit mir im Infinitiv?", wird die Ausnahme bleiben.

Deshalb, so folgern Barkowski/Harnisch/Kumm weiter, und weil sich die politisch-ökonomischen und psychischen Verhältnisse eher verhärten werden, muß der Deutschunterricht anstreben, durch die Vermittlung von Sprachregeln die Fähigkeit der ausländischen Jugendlichen, ihre Bedürfnisse zu artikulieren, zu verbessern.

Zusammenfassend sei festgehalten, daß ausländischen Jugendlichen und Erwachsenen Regeln der deutschen Sprache vermittelt werden müssen,
– damit sie über Sprache reflektieren können;
– damit sie selbständig und unabhängig vom Deutschlehrer als der häufig einzigen Korrekturinstanz weiterlernen, wiederholen und nachschlagen können;
– damit sie sich und ihre Belange selbst ausdrücken und verfolgen können, indem sie zum Beispiel in der Lage sind, Beziehungen aufzunehmen, zu entwickeln, begründet abzubrechen und bewußt fortzusetzen (vgl. Barkowski/Harnisch/Kumm, S. 60: ,,Was ausländische Arbeiter sagen wollen, wissen sie selber; *wie* sie es sagen können, wollen sie lernen.")[3].

Für den Weg des ,,Wie" gibt es kein Rezept, aber sinnvolle Ansatzmöglichkeiten.

2 Zum Zweitsprachenerwerb

Die Frage, was wann im Unterricht durchgenommen werden soll, beschäftigt alle Unterrichtenden spätestens dann, wenn die Lernenden etwas nicht verstanden haben und das nicht auf Dummheit oder Faulheit zurückgeführt werden kann. Diese Fragen beziehen sich auf die Grammatik: Wann soll z. B. das Perfekt eingeführt werden?

---

[3] Barkowski/Harnisch/Kumm a.a.O., S. 104.

Sollen alle Regeln zur Bildung des Perfekts eingeführt werden oder welche überhaupt? Soll das Perfekt vor dem Akkusativ eingeführt werden? Sie beziehen sich auch auf die Syntax: Wann soll z. B. die Umstellung (Inversion) von Subjekt und Prädikat behandelt werden? Und sie beziehen sich auf die Morphologie: Wann soll z. B. die Verbkonjugation eingeführt werden?

Jedes Lehrwerk, unabhängig davon, ob es den Akzent auf eine grammatische oder kommunikative Progression oder die Mischung beider Ansätze legt, beantwortet diese Fragen allein schon dadurch, daß Kapitel aufeinanderfolgen und daß Regeln vorkommen oder nicht.

Die Entscheidung darüber, wann und wie ein Grammatikgebiet Thema des Unterrichts bzw. des Lehrwerks ist, sollte einige Überlegungen zum Erwerb einer Zweitsprache miteinbeziehen. Einen kurzen, sehr prägnanten Überblick bietet der Aufsatz von Bausch/Kaspar[1], auf dem die folgende Zusammenfassung basiert:

Die von Lado und Fries aufgestellte These, daß die Grundsprache (z. B. das Türkische) die Zweitsprache (das Deutsche) so beeinflusse, daß identische Elemente und Regeln leicht und fehlerfrei erlernt würden, unterschiedliche hingegen zu Schwierigkeiten und Fehlern führten, ist nicht richtig. Neben den durch die Muttersprache ausgelösten Fehlerquellen gibt es noch andere Fehlerquellen. Deshalb ist eine Fehlerprognose, die sich ausschließlich auf eine kontrastive Analyse bezieht, nicht realisierbar[2], d. h. vorhergesagte Fehler wurden nicht gemacht und gemachte Fehler konnten nicht vorhergesagt werden.

Die von Chomsky vertretene These, daß die Zweitsprache genauso wie die Erstsprache nach den gleichen universalen angeborenen kognitiven Prinzipien erworben werde, die Muttersprache also keine Ursache für Fehler sei, läßt sich ebenfalls so nicht aufrecht erhalten. Die verschiedenen Studien zur Erhärtung dieser These haben jedoch auf wichtige Regeln, die sich die Lernenden selbst bilden, aufmerksam gemacht – wie z. B. die Generalisierung[3]: Eine erlernte Regel wird verallgemeinert, indem zum Beispiel die Pluralbildung auf ,,-s‘‘, ,,die Autos‘‘, auf alle Pluralbildungen übertragen wird, ,,*[4]die Fensters‘‘.

Während in den beiden ersten Thesen die Unterscheidung von ungesteuertem Spracherwerb (wie bei den ausländischen Jugendlichen in der Bundesrepublik) und Zweitsprachenerwerb im Unterricht (Englisch in der Schule) fehlt, wird dies bei der dritten These berücksichtigt. Sie besagt, daß sich die Lernenden beim Erwerb einer zweiten Sprache ein spezielles Sprachsystem bilden, das sowohl Züge der Grundsprache wie der Zweitsprache als auch eigenständige sprachliche Merkmale aufweist.

---

[1] Bausch/Kaspar: ,,Möglichkeiten und Grenzen der ,großen‘ Hypothesen‘‘, Kapitel ,,Der Zweitsprachenerwerb‘‘, *Linguistische Berichte*, 64/1979.

[2] s. ebda., Kapitel ,,Kontrastivitätshypothese‘‘, S. 5 ff.

[3] s. ebda., Kapitel ,,Identitätshypothese‘‘, S. 9ff.

[4] * ist in der Linguistik das Zeichen für ungrammatisch.

Diese Sprache wird als Interlingua (Zwischensprache) oder Interimssprache bezeichnet[5]. Diese Interlingua ist nicht statisch, sondern dynamisch, d. h. sie ändert sich je nach dem Sprachstadium, in dem sich die Lernenden befinden. Sie weist jedoch auch „Fossilierungen"[6] auf, Versteinerungen, die als „Gastarbeiterdeutsch" bekannt sind.

Die Ursachen für das Stehenbleiben auf einer bestimmten Sprachstufe sind vielschichtig. Eine wichtige Ursache ist die mangelnde Identifikation mit der Gesellschaft, die die zu erlernende Sprache spricht. Durch die soziale Ablehnung der ausländischen Jugendlichen und Erwachsenen entstehen mangelnde Informations- und Kommunikationsbedürfnisse, und daraus resultiert wiederum die Stagnation im Deutschlernprozeß. Das wiederum stigmatisiert sie als Ausländer und verhindert außerdem die gleichberechtigte Kontaktaufnahme mit Deutschen.

Die Interlanguagehypothese ist Basis zweier Forschungsprojekte, die im folgenden beschrieben werden.

Die Jugendlichen, an die sich das vorliegende Buch wendet, leben in der Bundesrepublik und nehmen die deutsche Sprache auf. Im Unterricht sollte dieser ungesteuerte (nicht durch Unterricht gesteuerte) Spracherwerb berücksichtigt werden, aber wie?

Neben dem bereits im Vorwort erwähnten Essener Forschungsprojekt (Meyer-Ingwersen/Neumann/Kummer), das die gewonnenen Erkenntnisse auch in den Unterricht mit türkischen Hauptschülern einbrachte, gibt es zwei wichtige Forschungsprojekte, die sich mit dem natürlichen Zweitsprachenerwerb von ausländischen Arbeitern beschäftigt haben, und eine damit zusammenhängende Arbeit, die sich dem Spracherwerb ausländischer Kinder (drei Kinder) widmet. Erstens das „Heidelberger Forschungsprojekt ‚Pidgin Deutsch'" (HDP)[7], in dem untersucht wurde, „in welchen Reihenfolgen und in Abhängigkeit von welchen sozialen Faktoren Eigenschaften des Deutschen von ausländischen Arbeitern ungesteuert erlernt werden."[8] Dazu wurde das Sprachverhalten von 24 Spaniern und Spanierinnen und 24 Italienern und Italienerinnen zwischen 20 und 50 Jahren mit unterschiedlicher Aufenthaltsdauer analy-

---

[5] Bausch/Kaspar, a.a.O., Kapitel „Interlanguage Hypothese", S. 15ff.

[6] Selinker, L.: „Interlanguage", *IRAL 10*, 1972, S. 215. Zit. nach: Bausch/Kaspar, a.a.O., Kapitel „Interlanguage Hypothese", S. 20f.

[7] Heidelberger Forschungsprojekt „Pidgin Deutsch": *Sprache und Kommunikation ausländischer Arbeiter*, 1975.
  Klein/Dittmar: *Developing Grammars – The Acquisition of German Syntax by Foreign Workers*, 1979.
  Klein: *Untersuchungen zum Spracherwerb ausländischer Arbeiter – Tätigkeitsbericht für die Gesamtdauer des Projektes (1. April 1974 – 30. Juni 1979)*, unveröffentlichtes Manuskript, 1979.
  Vgl. auch die Aufsätze von W. Klein und von N. Dittmar/B.-O. Rieck in: R. Dietrich (Hrsg.): *Aspekte des Fremdsprachenerwerbs*, 1976.

[8] Dittmar/Rieck: „Reihenfolgen im ungesteuerten Erwerb des Deutschen", ebda., S. 125.

siert. Zweitens das Wuppertaler ZISA-Projekt[9], in dem durch Interviews mit 45 Spaniern und Spanierinnen, Italienern und Italienerinnen und Portugiesen und Portugiesinnen ebenfalls „linguistische Phänomene in ihrer Abhängigkeit von sozialen Variablen beschrieben werden."[10]

Drittens hat Manfred Pienemann drei italienische Mädchen, die 8 Jahre alt waren und seit einer bzw. vier Wochen in der Bundesrepublik waren, beobachtet und interviewt[11].

Die drei Arbeiten beschäftigen sich mit dem Erwerb der Syntax und kommen alle zu dem gleichen Ergebnis, was die Reihenfolge beim Zweitsprachenlernen betrifft[12]: Es werden zuerst einfache Verben und Nomen erworben, später komplexere Formen – Genaueres dazu steht jeweils am Anfang der entsprechenden Grammatikkapitel. Ausgangspunkt der Beschreibung ist die Annahme, daß die Zielsprache (hier: Deutsch) quasi in mehreren „Annäherungsversuchen" erworben wird, also mehrere beschreibbare Stufen durchläuft. Diese Stadien werden Interlinguae (Zwischensprachen) genannt und mit Interimsgrammatiken (Zwischengrammatik vor der Grammatik, die mit der der Zielsprache übereinstimmt) oder Varietäten (Spielarten eines Systems) beschrieben.

Das Spannende und für die Unterrichtenden Wichtige daran ist, daß es offensichtlich eine bestimmte Aufeinanderfolge gibt, in der bestimmte Strukturen ohne Unterricht erworben werden – wobei allerdings der Zeitraum, der für den Erwerb einer bestimmten Struktur gebraucht wird, unterschiedlich ist.

Welche Unterrichtenden haben nicht schon einmal die Beobachtung gemacht, daß Lernende eine Struktur schon richtig anwandten und dann genau da wieder „Fehler" machten. Das muß nicht Vergeßlichkeit sein! Die Gruppe des ZISA-Projektes und Pienemann sehen die Ursache dafür darin, daß zur Vermeidung von neuen Strukturen bereits gelernte getilgt werden (mit Tilgungsregeln nach der generativen Transformationsgrammatik, s. S. 21 f.)[13]. Wenn eine Schülerin z. B. richtig sagt „du machen aua" (richtig in der Verwendung des Personalpronomens) und dann sagt „warum machen aua?" (das Personalpronomen „du" also wegläßt), so könnte man oder frau sich den Grund mit Pienemann so vorstellen: Zu dem Zeitpunkt, wo das

[9] Jaehnike/Pitko: „Zum Zweitsprachenerwerb ausländischer Arbeiter – Das Wuppertaler Forschungsprojekt ZISA", *Deutsch lernen*, 3/1979.

[10] ebda., S. 69.

[11] Pienemann, M.: „Der Zweitspracherwerb ausländischer Arbeiterkinder", *Schriftenreihe Linguistik*, Bd. 4 1981.

[12] ebda., S. 66. Die Begründungen sind jedoch in beiden Projekten unterschiedlich!

[13] Pienemann, a.a.O., S. 47. Von ihm stammt auch das folgende Beispiel. Das Heidelberger Pidgin Projekt teilt die These der Tilgung nicht, sondern geht davon aus, daß bestimmte Strukturen gar nicht erworben oder nicht angewandt wurden, weil sie als fakultativ angesehen werden.

Personalpronomen weggelassen wird, sind die Lernenden sehr stark damit beschäftigt, eine neue Struktur zu erwerben, die sie jedoch noch nicht anwenden können oder wollen. In dem genannten Beispiel ist es die nach dem Fragewort „warum" erforderliche Umstellung von Verb (machen) und Personalpronomen. Zur Vermeidung dieser Inversion (Umstellung) lassen sie das „du" einfach weg und können so die bisher gelernte Wortstellung beibehalten.

Die Tilgungsthese läßt die Interferenzfehler, also durch die Muttersprache bedingte Fehler, in einem andern Licht erscheinen: Der fehlende Gebrauch des Personalpronomens, der z. B. im Italienischen fakultativ (freiwillig) ist, könnte durch eine Interlingua und nicht durch das Italienische bedingt sein. Die empirischen Daten sind jedoch viel zu gering, um solche Beobachtungen als verbindlich oder zufällig zu kategorisieren. Wichtig scheint mir, daß wir um den Ablauf solcher Prozesse wissen.

Fest steht, daß sich die ausländischen Jugendlichen/Erwachsenen selbst Regeln bilden, die in den verschiedenen Sprachstadien revidiert oder fossiliert werden, also dem Deutschen angenähert bzw. mit ihm in Übereinstimmung gebracht werden oder auf einer Stufe stehen bleiben.

In beiden Projekten wurde die entscheidende Rolle des Kontaktes mit Deutschen für das Deutschlernen festgestellt. Leider ist es bisher nicht möglich gewesen, aus diesen Ergebnissen Konsequenzen für den Unterricht zu ziehen bzw. überhaupt zu wissen, welchen Einfluß sie auf mögliche pädagogische Konzepte haben könnten. Barkowski weist jedoch darauf hin, daß es nicht so ist, daß man „Sequenzen außerunterrichtlichen Spracherwerbs als ideale Vorbilder für Sequenzen/Progression des unterrichtlichen Spracherwerbs ansehen kann"[14], da es im Unterricht ökonomischer zugehen sollte. Ein Einfluß der Häufigkeit bestimmter Strukturen in der Lehrersprache auf die richtige Anwendung dieser Struktur durch die Lernenden scheint jedoch nicht zu bestehen.[15] Das ist ein wichtiges Nebenprodukt, weil es ein Argument mehr liefert, daß sich die Unterrichtenden ihrer Unterrichtssprache bewußt werden müssen, um sie sparsamer einzusetzen.

Die Berücksichtigung dieser Erkenntnisse ist dennoch möglich: Einmal sollte der Unterricht so gestaltet werden, daß die Lernenden überhaupt die Möglichkeit erhalten, das ungesteuert Erworbene in den Unterricht einzubringen. Das leisten alle Impulse zur freien Äußerung, z. B. über Bilder. Darüber hinaus ist es sicher sinnvoll, daß die Progression im Unterricht den natürlichen Erwerbsverlauf berücksichtigt. Dabei ist entscheidend, daß die Lernenden die Möglichkeit haben müssen, das auszudrücken zu lernen, was sie sagen wollen.

So sollte eine schwierig zu lernende Struktur, wie z. B. das Perfekt, von den Unterrichtenden frühzeitig – früher als sie im natürlichen Spracherwerb erworben wird – bereitgestellt werden, wenn es keine andere sprachliche Möglichkeit gibt, das Gemeinte auszudrücken. Die Adverbien wie z. B. „gestern", „vor einem Jahr" ersetzen nicht immer die kommunikative Funktion des Perfekts, über Vergangenes zu berichten.

---

[14] Barkowski: *Kommunikative Grammatik und Deutschlernen mit ausländischen Arbeitern*, 1982, S. 48.

[15] s. Pienemann, a.a.O., S. 83, wo er eine Untersuchung von Lightbown (1981) zitiert.

An dieser Stelle sei noch einmal betont, daß es nicht um den Irrglauben geht, die Beherrschung der deutschen Sprache ermögliche den ausländischen Jugendlichen eine Befreiung aus dem rechtlich-ökonomischen Unsicherheitsstatuts und dem massiven Druck des Hasses. Es geht darum, die ,,Kluft zwischen Mitteilungsbedürfnissen und deutschsprachlichen Mitteln zu ihrer Realisierung möglichst schnell, ökonomisch und effektiv abzubauen."[16] Das wiederum erfordert einen Unterricht, der eben nicht als alleinige Orientierung ein Lehrprogramm hat, das ,,ein eigenes Erfahrungs- und Lerngebäude neben der Wirklichkeit und dem Alltag (errichtet)."[17]

3 Sprachtheorien und ihre Auswirkungen auf den Fremdsprachenunterricht

3.1 Allgemeines

Unter dem Begriff Grammatik[1] werden verschiedene Aspekte subsumiert, wie z. B. Grammatik als Lehrbuch, das die Regeln einer Sprache beschreibt, oder Grammatik als Teilgebiet der Linguistik. Wesentlich ist die Unterscheidung von diachroner und synchroner Grammatik:

Die Diachronie betrachtet die Sprache historisch, d. h. so, wie sich die Sprache im Lauf der Zeit in ihrem Lautbild, ihrem grammatischen Aufbau und ihrer Bedeutung geändert hat, und welche Auswirkungen diese Änderungen auf die Gegenwartssprache haben (z. B. die Änderung der Kasusrektion von ,,wegen": ,,wegen des schlechten Wetters" wird zu ,,wegen dem schlechten Wetter").

Die Synchronie betrachtet die Sprache der Gegenwart.

Es gibt verschiedene Grammatikmodelle, linguistische Beschreibungsversuche und genügend Literatur, die sie ausführlich, auch unter Einbezug der didaktischen Konsequenzen, allerdings auf den *Fremdsprachen*unterricht in der Bundesrepublik, analysieren (s. Auswahlbibliographie). Ich beschränke mich daher auf eine Übersicht, die insofern vereinfacht ist, als sie utilitaristisch das aus den Modellen hervorhebt, was jeweils neu ist und was die Fremdsprachendidaktik beeinflußt hat. Es handelt sich dabei also um Verabsolutierungen von Einzelaspekten, nicht um eine Einschätzung der jeweiligen Sprachtheorie.

In der Grammatik muß zwischen dem deskriptiven und dem präskriptiven Ansatz unterschieden werden: Eine präskriptive Grammatik (wie z. B. der Duden) schreibt vor, legt verbindliche Normen fest; eine deskriptive Grammatik beschreibt die Sprache.

---

[16] Barkowski: *Kommunikative Grammatik* . . ., a.a.O., S. 69.
[17] Wilms, H.: ,,Deutsch als Fremdsprache – Deutsch als Zweitsprache. Übersicht und Positionssuche", *Deutsch lernen*, 4/1981, S. 5.
[1] s. Lewandowski: *Linguistisches Wörterbuch 1*, 1979, S. 238.

In der historischen Entwicklung gab es den Pol der interpretierenden (traditionellen/inhaltsbezogenen) Grammatik, die Teilkomponente einer Sprach- bzw. Weltauffassung ist, und den der formalen Sprachbeschreibung (Strukturalismus). Letztere ist gekennzeichnet durch den teilweisen Ausschluß von Bedeutung: Die Satzanalyse interessiert sich nur für formale Strukturen und nicht für den Inhalt. Anfang der siebziger Jahre wurde der Einfluß philosophischer (kommunikative Kompetenz) und soziologischer (Pragmatik: Sprache als Handeln) Gedanken sehr groß. Er wirkt noch heute.

Die didaktische Grammatik stand und steht vor dem Problem, eine Verbindung von Linguistik und Sprachunterricht schaffen zu müssen. Sie sollte die *Sprachverwendung* analysieren, Methoden zum *Spracherwerb* vorschlagen und auch noch alles sprachwissenschaftlich begründen. Eine klare wissenschaftliche Analyse ist jedoch als Vermittlungsmethode in der Regel eine Überforderung der Lernenden. Die bisher vorhandenen Didaktikansätze, auch für DfaA, sind daher verständlicherweise ein Konglomerat verschiedener theoretischer Modelle, aus denen das jeweils für den Unterricht für ein bestimmtes Grammatikkapitel Brauchbare herausisoliert wurde. Barkowski bejaht diese Vermischung aus didaktischen Gründen: Es sollte für den entsprechenden Lern-/Progressionskomplex jeweils die Grammatikbeschreibung zu Hilfe geholt werden, die am besten erklärt.[2]

3.2 Traditionelle Grammatik

Die traditionelle Grammatik, die sicher noch viele aus ihrer Schulzeit kennen, ist an der lateinischen Grammatik orientiert. Sie gliedert die Sprache in verschiedene Wortarten, analysiert die Sätze nach der Subjekt-Prädikat-Relation, richtet sich vor allem nach der geschriebenen Sprache und läßt grundlegende Regeln unerklärt, weil sie auf geisteswissenschaftliche Definitionen zurückgreift. Eine Ausweitung des Konzepts findet sich besonders in der *inhaltsbezogenen* Grammatik, in der sich eine energetische Sprachbetrachtung (Sprache als Aneignung von Welt, s. Humboldt und Weisgerber) niederschlägt. Für den Unterricht DfaA eignet sich diese Grammatik nicht, da sie inhaltliche Kenntnisse zur Voraussetzung syntaktischer Erklärungen macht:

,,Selçuk kauft ein türkisches Brot." Um ,,ein türkisches Brot" als Akkusativ zu erkennen, fragt die traditionelle Grammatik ,,Wen oder was kauft Selçuk?". Diese Frage setzt jedoch das Wissen um die Antwort voraus, sonst könnte genauso gut ,,Wer oder was kauft Selçuk?" gefragt werden.

---

[2] Barkowski: *Kommunikative Grammatik* . . ., a.a.O., S. 221.

3.3 Strukturelle Linguistik[3]
3.3.1 Der amerikanische Behaviorismus

Im Strukturalismus wird Sprache als autonome Struktur begriffen, die Beobachtung des menschlichen Sprachverhaltens, nicht die Interpretation, wird als einzig objektive Methode aufgefaßt.

Bloomfield (1933) definiert das menschliche Verhalten als Funktion von Reiz und Reaktion und die Sprache als spezifische Form dieses Schemas. Für die Beschreibung ist daher nur der eigentliche Sprechakt (die Form, die akustische Erscheinung) interessant, während die Bedeutung von Sätzen aus methodischen Gründen nicht berücksichtigt wird.

Fries führt diesen Ansatz weiter und bringt ihn in die Didaktik ein. Während die traditionelle Grammatik von der Gesamtbedeutung eines Satzes ausgeht und den einzelnen Satzteilen bestimmte Begriffe gibt (z. B. Subjekt), führt Fries strukturelle Formklassen ein: Alle Wörter, die dieselbe Position in bestimmten Satzstrukturen einnehmen, gehören zur gleichen Klasse. Er definiert also nicht die Form durch den Inhalt, sondern umgekehrt.

Die Auswirkungen auf den Fremdsprachenunterricht bis heute sind enorm. Das mag auch daran liegen, daß im Zweiten Weltkrieg für amerikanische Armeeangehörige eine Methode gesucht wurde, damit sie möglichst schnell die jeweilige Landessprache erlernen konnten. Es gab ein Konzept, Geld, und auch Bloomfield arbeitete an strukturellen Analysen anderer Sprachen als Basis für Intensivkurse.

Wichtige Auswirkungen für die Methodik des Fremdsprachenunterrichts, die z. T. auch für DfaA übernommen wurden, waren:
- der Vorrang der mündlichen Sprache;
- der Einbezug der Muttersprache, sowohl als struktureller Vergleich zweier Sprachen als auch als direkter Einbezug in den Unterricht;
- die Übungstypen des pattern drill und der Ersatzprobe (Glinz).

Der *pattern drill*[4] ermöglicht es, musterhafte Strukturmodelle einzuüben, also unterschiedliche Inhalte bei gleicher Struktur (Formklassen): Durch ständiges Wiederholen sollen bestimmte Regeln automatisiert werden, so daß sie richtig angewendet werden. Die Regeln, die ,,eingeschliffen" werden sollen, werden nicht erklärt! Diese Übungen haben besonders großen Widerhall in den Sprachlabors gefunden. Ein pattern drill, z. B. zur Einübung der Adjektivdeklination, kann so ablaufen (4 Phasen):

---

[3] Die folgende Übersicht ist entnommen aus: Helbig, G.: *Geschichte der neueren Sprachwissenschaft – Unter dem besonderen Aspekt der Grammatikvermittlung*, 1971, S. 72−87, 198−216, 261−314.

[4] Übungsformen und ihre Leistungen sind aufgelistet in: Neuner/Krüger/Grewer: *Übungstypologie zum kommunikativen Deutschunterricht*, 1981.

Ein Beispiel wird vorgegeben:	*Selçuk kauft ein Brot.*	(1)
Das zu Übende wird vorgegeben:	*türkisch*	(2)
Der Schüler muß daraus einen Satz bilden:	*Selçuk kauft ein türkisches Brot.*	(3)
Zur Überprüfung für den Schüler wird die richtige Antwort gegeben:	*Selçuk kauft ein türkisches Brot.*	(4)
Nach dem gleichen Schema geht es weiter:	*Selçuk kauft eine Tomate.*	(1)
	türkisch	(2)
	Selçuk kauft eine türkische Tomate.	(3)

Nur wenn diese Übung als eine Phase in den Unterricht eingebettet ist, ist sie sinnvoll. Nicht sinnvoll ist sie, wenn sie als Ersatz für eine grammatische Regelerklärung begriffen wird, weil dann ausländische Jugendliche beim Sprachlernprozeß unnötig lang abhängig gehalten werden – bis alle Einzelbeispiele zur Adjektivdeklination durchgenommen worden sind!

Durch die *Ersatzprobe* (Substitution/Kommutation) können Satzglieder ermittelt werden: Wenn ein Wort (oder mehrere Wörter) durch ein anderes (oder mehrere andere) ersetzt werden kann, ohne daß der Satz grammatisch falsch ist, so handelt es sich um ein Satzglied.

In dem Satz ,,Selçuk fährt nach Hause" kann ,,Selçuk" ersetzt werden durch ,,Er", ,,Der Mann", ,,Ein Junge und seine Schwester".

,,Selçuk" kann nicht ersetzt werden durch ,,*Den Mann", ,, *Wann . . . ".

,,fährt" kann ersetzt werden durch ,,läuft", ,,rennt", ,,hüpft".

,,fährt nach" kann nicht durch die Verben ersetzt werden, weil ,,fährt nach" kein Satzglied ist, sondern ,,fährt" ein Satzteil und ,,nach" Bestandteil der Ortsergänzung ist.

In der *audio-lingualen* und *audio-visuellen Methode* werden abstrakte Erklärungen ganz vermieden: Die Unterrichtenden zeigen ein Bild, lassen ein Tonband laufen und alle Lernenden sprechen den vorgespielten Text nach. Dies verlängert das Sprachenlernen und verunmöglicht, was auch sehr früh an dieser Methode kritisiert wurde, das freie Sprechen außerhalb festgelegter Übungsformen.

In diesem Zusammenhang ist auch die *Signalgrammatik* erwähnenswert, die keine metasprachliche Regel vermittelt, sondern mit Hilfe von Signalwörtern grammatische Regularitäten darstellt. Die Erklärung des Akkusativs sähe z. B. so aus:

das/ein	Brot	das/ein	Brot
die/eine	Tomate	die/eine	Tomate
der/ein	Apfel	den/einen	Apfel

Sinnvoll ist diese Erklärung nur im Zusammenhang mit anderen expliziten Erklärungen, etwa: Nach bestimmten Verben steht der Akkusativ, der maskuline Artikel ,,der" wird zu ,,den" – und wenn dann ergänzend zur visuellen Unterstützung das Schema angeführt wird.

3.3.2 Generative Transformationsgrammatik (gTG)

Wichtige Voranalysen zur gTG machte Harris. Er führte zur Methode der Satzanalyse den Begriff der Konstituenten ein: Zwischen den einzelnen Worten und dem Satz (der ja nicht identisch ist mit der Aneinanderreihung einzelner Wörter) liegen die Satzglieder. Die Erforschung ihrer Beziehung zueinander ist durch die formale Analyse der Umgebung (Distribution) möglich. Es gibt syntagmatische Beziehungen (Nebeneinander der Satzglieder)

$$\overrightarrow{\text{Selçuk kauft ein Brot.}}$$

und paradigmatische Beziehungen (Austausch der Satzglieder).

Selçuk	kauft	ein	Brot.
Hülya			
Elif ↓			

Im Unterricht schlägt sich diese Erkenntnis in der bereits erwähnten Ersatzprobe und in der *Verschiebeprobe* (Permutation) nieder. Bei der Verschiebeprobe wird ausprobiert, welche Satzglieder sich verschieben lassen:

Selçuk	kauft	ein türkisches Brot.
Kauft	Selçuk	ein türkisches Brot?

*Ein türkisches Brot	Selçuk	kauft.

Der gTG liegt die Frage zugrunde, warum der Mensch Sätze verstehen und produzieren kann, die er noch nie gehört oder gelesen hat. Chomsky (1957) wendet sich von der reinen Beschreibung der Sprache ab und führt das Modell der *Generierung* ein, d. h. der Fähigkeit des Menschen, eine unendliche Menge von Sätzen zu erzeugen, und zwar mit einer endlichen Menge von Regeln. Die Idee ist (sehr verkürzt), daß jede Äußerung eine Oberflächenstruktur (z. B. den gesprochenen/geschriebenen Satz, Laut- und Wortfolge) und eine Tiefenstruktur hat. Quasi „dort unten an der Basis" besteht eine abstrakte Struktur, vorstellbar als eine ungeordnete Sammlung von grammatischen Strukturen und lexikalischen Einheiten, die durch bestimmte Regeln (Transformationen) an die Oberfläche gebracht werden. Zu diesen Transformationsregeln gehört auch die eingangs erwähnte Tilgung.

Chomsky geht von einem Konstrukt aus (der ideale Sprecher) und schafft eher die Voraussetzung für eine computergerechte Sprachabbildung. Für die didaktische Vermittlung stellt dieses System einen zu hohen Kompliziertheitsgrad dar und ist daher nur vereinfacht für deutsche Schulbücher verwandt worden. Barkowski/Harnisch/Kumm sehen die Wichtigkeit dieses Modells auch darin, daß sich die Unterrichtenden die Kompliziertheit des deutschen Systems bewußt machen und sich vor Augen führen, wieviele Regeln notwendig sind, damit ein einfacher deutscher Satz entsteht (Handbuch, S. 103). Die Sätze werden als Stammbäume mit Erzeugungsregeln (→) dargestellt.

Selçuk kauft ein türkisches Brot.

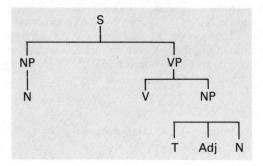

Die Erzeugungsregeln sind:

S → NP+VP   Der Satz wird zur Nominalphrase und Verbalphrase.
NP → N   NP wird zu Nomen/Substantiv.
VP → V+NP   (NP ist alles, was sich um das Nomen/Subjekt
NP → T+Adj+N   dreht; VP ist alles, was vom Verb abhängig ist.)
NP → Selçuk, Brot
V → kauft
T → ein
Adj → türkisches

3.3.3 Die Abhängigkeitsgrammatik (Dependenz-, Verb-Valenz-Grammatik)

Die Dependenzgrammatik ist eine spezifische Form der strukturellen Linguistik, deren Auswirkungen auf den Deutschunterricht DfaA sehr weitreichend sind. Im Unterschied zu Chomsky, der durch sein Modell des idealen Sprechers von einer internalisierten, damit unbewußten Grammatik ausging, versucht Tesnière zur gleichen Zeit in Frankreich die Bewußtmachung von Strukturen. Er betont[5] den Unterschied zwischen linearer Redekette (gesprochener/geschriebener Satz) und der dahinter stehenden strukturellen Ordnung. Durch eine Stammbaumhierarchie wird die innere Hierarchie eines Satzes dargestellt: Der Satz wird vom Verb regiert, ihm direkt untergeordnet sind die ,,actants'' (Aktanten, Ergänzungen oder Mitspieler) und zwar der 1. Aktant (Subjekt), der 2. Aktant (direktes Objekt) und der 3. Aktant (indirektes Objekt) und die ,,circonstants'' (Umstandsbestimmungen). Entscheidend ist, daß das Subjekt die Sonderrolle, die es in der traditionellen Grammatik besaß, verliert. Es ist genauso ein ,,complément'', eine Ergänzung, wie die andern Ergänzungen auch. Aus der inhaltlichen Unterscheidung von Subjekt und Objekt wird eine strukturelle Differenz zwischen dem 1. und dem 2. Aktanten (Helbig, S. 200).

---

[5] Tesnière: *Esquisse d'une syntaxe structurale,* 1953.

Selçuk kauft ein türkisches Brot.

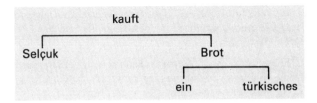

Durch andere Zeiten, z. B. das Perfekt, ändert sich die Struktur des Satzes nicht. Die Struktur (= Beziehung der Satzelemente) wird durch den vertikalen Strich ausgedrückt, die durch sie verbundenen Elemente (= Kern) enthalten die Idee des Satzes. Im Perfekt wird der einfache Kern nur erweitert, er erhält ein strukturelles (Hilfsverb) und ein inhaltliches Zentrum (Vollverb).

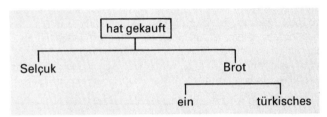

Die Fähigkeit der Verben, eine bestimmte Anzahl von Ergänzungen zu haben, nennt Tesnière Valenz (daher auch Valenzmodell). Er unterscheidet vier Gruppen von Verben bezüglich ihrer Valenz[6]:

– Avalente Verben (nullwertig), die überhaupt keinen Aktanten regieren: ,,Es schneit." (Das ,,es" wird deshalb nicht als eine Verbergänzung gesehen, da ,,es" nur die 3. Person Singular des Verbs kennzeichnet. S. dazu auch S. 24).
– Monovalente Verben (einwertig): ,,Selçuk friert."
– Divalente Verben (zweiwertig): ,,Selçuk erzählt eine Geschichte."
– Trivalente Verben (dreiwertig): Selçuk legt das Buch auf den Tisch.

Vielleicht fällt manchen spontan der Satz ,,Selçuk erzählt dem Kind eine Geschichte" ein, in dem das Verb drei Aktanten regiert: Wichtig ist der Unterschied zwischen notwendigen (obligatorischen) und möglichen (fakultativen) Ergänzungen.[7] Die Valenz eines Verbs zählt nur die obligatorischen Ergänzungen und nicht die fakultativen – ,,dem Kind" ist eine von mehreren möglichen Ergänzungen.

Unabhängig davon sind die ,,freien Angaben" zu sehen, weil sie fast in jedem Satz hinzugefügt oder weggelassen werden können (z. B. ,,An einem schönen Sonntagmorgen kaufte Selçuk ein türkisches Brot.").

---

[6] Helbig, *Geschichte der neueren Sprachwissenschaft,* a.a.O., S. 203; s. auch: Helbig · Buscha: *Deutsche Grammatik – Ein Handbuch für den Ausländerunterricht,* 1979, S. 68 (Kurzfassung S. 31).
[7] Diesen Unterschied hat erst Helbig eingeführt. S. Helbig ebda. S. 214.

Das Valenzmodell ist wissenschaftlich (Helbig, Stölzel, Heringer u. a.), für den Deutschunterricht (Erben, Brinkmann u. a.), für den Unterricht Deutsch als Fremdsprache (Rall/Engel u. a.) und für den Unterricht Deutsch für ausländische Arbeitnehmer (Barkowski/Harnisch/Kumm u. a., besonders Lehrbuchautoren) weiterentwickelt und angewandt worden.

Rall/Engel/Rall[8] haben zunächst die Verbvalenzklassen durchnumeriert:
E_0 steht für die Nominativergänzung (alt: Subjekt): ,,Er läuft.''
E_1 steht für die Akkusativergänzung: ,,Er kauft das Brot.''
usw.

Es fällt auf, daß Tesnières avalente Verben fehlen (,,Es schneit''). Das hängt damit zusammen, daß die Autoren die Ergänzungen als Satzglieder definieren und ,,es'' in diesem Satz kein Satzglied ist, weil es nicht austauschbar ist (S. 37). In einem zweiten Schritt jedoch, der Didaktisierung, wird dieses Modell unter dem Aspekt der leichteren Nachvollziehbarkeit für die Lernenden modifiziert. Diesen sind Begriffe wie ,,Subjekt'' bekannt, bzw. solch ein Begriff ist erheblich anschaulicher als Zahlen. Deshalb wird die Ergänzungsbezifferung (E_0, E_1) umbenannt in z. B. E_A = Akkusativergänzung oder E_N = Nominalergänzung (S. 79). Die Sonderstellung des Subjekts, deren Abschaffung ja Tesnières Verdienst war, kritisieren die Autoren scharf unter linguistischem Gesichtspunkt (S. 44), führen sie dann jedoch wiederum selbst ein, und zwar aus pädagogischen Gründen als E_S = Subjektergänzung (S. 81).

Aus dem gleichen Grund wird vorgeschlagen, das unpersönliche ,,es'' als Subjektergänzung einzuführen, weil sonst die Verwechslung von Subjekt und Akkusativergänzung in Beispielen wie dem häufig gebrauchten ,,es gibt (heute keinen muttersprachlichen Unterricht)'' groß ist.

Auch die graphische Heraushebung des Verbs (Einkreisung) findet sich bei Rall/ Engel/Rall:

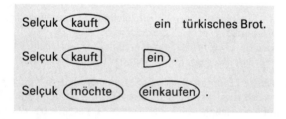

Barkowski/Harnisch/Kumm probierten das Valenzmodell zunächst mit einer Gruppe türkischer Arbeiter und Arbeiterinnen in Berlin aus und entwickelten dabei ein eigenes umfangreiches Zeichensystem zur Grammatikvermittlung, das auf die Kursteilnehmer abgestimmt war.[9] Kurze Zeit später revidierten sie dieses Grammatikmodell:

---

[8] Rall/Engel/Rall: *DVG für DaF,* Dependenz-Verb-Grammatik   Deutsch als Fremdsprache, 1977.

[9] Näheres s. in Barkowski/Harnisch/Kumm: ,,Projekt ,Deutsch für ausländische Arbeiter''', *Deutsch lernen,* 3/1976.

Sie kritisierten an sich selbst, daß sie im Unterricht von einer „sprachwissenschaftlichen Abstraktion, nämlich der Valenz der Verben"[10] ausgegangen seien. Neuer Ansatzpunkt ist die Einführung von Mitteilungsbereichen (s. S. 11 Anm. und S. 29ff. in diesem Buch). Ihnen wird grammatisches Regelwissen zugeordnet und die Funktion des jeweiligen Kapitels erklärt. Die graphische Hervorhebung des Verbs wird beibehalten:

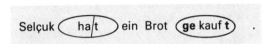

In ihrer letzten Veröffentlichung[11] führen die Autoren den Ansatz und die damit gemachten Erfahrungen weiter aus. Sie haben sich für eine explizite Grammatikvermittlung entschieden und sind vom Verbvalenzmodell abgegangen, weil zentrale Syntaxregeln, besonders Stellungsregeln zur Verbklammer nicht erfaßt werden, weil die Regelfülle zu „unhandlich" ist und weil der falsche Eindruck erweckt wird, das Verb und seine Dependenzen seien das Zentrum der Information (S. 104 f.). In den Unterrichtseinheiten wird die graphische Hervorhebung beibehalten.

3.4 Pragmatik

Ab 1970 gibt es einen Tendenzwechsel in der Fremdsprachendidaktik ebenso wie in der Didaktik des Deutschunterrichts: Sprache wird als Handeln definiert, sie ist einbezogen in die den Sprechvorgang determinierenden Faktoren. Die Betonung des pragmatischen Aspekts erklärt sich durch die Zusammenfassung bzw. Weiterentwicklung wichtiger philosophischer und soziologischer Ansätze in der Linguistik. Das Buch von G. Wolff: „Sprechen und Handeln" (1981) gibt einen sehr guten Überblick, aus dem ich die folgenden Informationen entnehme.

Der Begriff *Pragmatik* wird, je nachdem auf welche Wurzel er zurückzuführen ist, unterschiedlich gebraucht. Er findet sich 1938 bei Morris, der ihm eine *Funktion* neben der Syntax, die sich mit der Form beschäftigt, und neben der Semantik, die sich mit dem Inhalt auseinandersetzt, gibt, nämlich die Berücksichtigung von „psychologischen, biologischen und soziologischen Phänomenen, die im Zeichenprozeß auftauchen".[12]

Als Begründer gilt Peirce (1877), der das Zeichen um eine dritte Dimension erweitert: die des interpretierenden Menschen, des Denkens, der Erfahrungen. Sprache erscheint damit bereits als Verhaltensweise. Dies geht zurück auf eine Auffassung von Sprache als Zeichensystem, wobei das Zeichen eine lautliche und eine inhaltliche Seite hat.

[10] Barkowski/Harnisch/Kumm: „Grammatikvermittlung im Deutschunterricht für türkische Arbeiter", *Deutsch lernen*, 1/1977.
[11] Barkowski/Harnisch/Kumm: *Handbuch . . .*, a.a.O., S. 103 ff.
[12] Morris: *Grundlagen der Zeichentheorie*, 1972, S. 52, zitiert nach Wolff: *Sprechen und Handeln*, S. 31.

Karl Bühler (1934) nimmt die Frage nach den funktionalen Aspekten auf und entwirft eine Theorie der Sprechhandlung, das Organon-Modell: Der Sprecher drückt etwas über sich aus (Ausdruck), er bezieht es auf den Hörer, bei dem er eine Reaktion auslösen will (Apell), und er stellt einen Sachverhalt dar (Darstellung).

Entscheidende Anregungen für den heutigen Fremdsprachenunterricht gaben die analytische Philosophie, die in enger Beziehung zum alltäglichen Sprachgebrauch von den Sprechakttheoretikern Searle und Austin entwickelt wurde, und die Entwicklung des Kommunikationsmodells bzw. der kommunikativen Kompetenz.

Ein wesentlicher Bestandteil der *Sprechakttheorie* bei Austin ist die These, daß Sprechen Handeln sei. Austin unterscheidet beim Sprechen drei Akte, von denen der wichtigste der *illokutive* ist, der die Funktion und den Sinn einer Äußerung bestimmt und der eine Handlung glücken oder mißglücken läßt. Die notwendigen Bedingungen werden beschrieben. Austin selbst verwendet den Begriff Kommunikation nicht.

Searle (1969) führt ihn ein, indem er die Sprechakte als die ,,kleinsten kommunikativen Einheiten" definiert.[13] Seine Hauptthese ist, daß Sprechen eine ,,regelgeleitete Form des Verhaltens"[14] ist, und er versucht herauszufinden, ,,welche Regeln der Satzbedeutung ihren Handlungscharakter verleihen".[15]

Der folgenträchtige Gedanke der Sprechakttheorie ist also, daß mit dem Sprechen kommunikative Handlungen ausgeführt werden. Damit werden nicht mehr nur Sätze gesprochen und analysiert (wie in der traditionellen Grammatik und dem Strukturalismus), sondern Äußerungen gemacht.

Eine das Sprechen bestimmende Regel ist das intentionale, zielgerichtete Verhalten. Der Aspekt der Intention (Absicht) ist in den heutigen Sprachbüchern *das* Gliederungsprinzip geworden, das durch Wunderlichs Ausformulierungen unter verschiedenen Bezeichnungen auftaucht: Redeabsicht, Sprechabsicht, Teil eines Handlungsmusters, Sprechintention. Die Übernahme von Sprechaktformulierungen zur Katalogisierung von Sprach*produktions*typen bezeichnet Barkowski als den ,,Hauptdenkfehler"[16], da dies nicht der Anspruch der Sprechakttheorie war. Eins jedoch ist ganz wesentlich, gerade für den dfaa-Unterricht: nämlich wegzugehen von Themen (,,Beim Arzt") und von Situationen (,,In der Sprechstunde"), weil die zu einem Thema oder einer Situation angebotenen Dialogmuster sehr zufällig sind (,,Beim Arzt kann ich über meine Bewerbung sprechen, im Kaufhaus über den Arztbesuch"[17]) und so in der Wirklichkeit, falls sie ausprobiert würden, gar nicht vorkommen. Wichtig ist die Hinwendung zur *Sprechintention*, der Absicht, etwas sagen zu wollen, als neuem Denkansatz, der dann konsequent weiterentwickelt wurde zu Mitteilungsbereichen – was möchte jemand mitteilen und wie können die Unterrichtenden dazu beitragen, die richtigen deutschen Sprachmittel bereitzustellen?

---

[13] Bender, J.: *Zum gegenwärtigen Stand der Diskussion um Sprachwissenschaft und Sprachunterricht,* 1979, S. 84.

[14] Searle: *Sprechakte,* deutsche Ausgabe 1971, S. 29ff., zit. nach Wolff, a.a.O., S. 43.

[15] ebda.

[16] Barkowski: *Kommunikative Grammatik . . .,* a.a.O., S. 113.

[17] ebda., S. 89.

Mit der Entwicklung und Ausdifferenzierung des *Kommunikationsmodells* wurde ein weiterer Schritt zur präziseren Bestimmung der nicht sprachlichen Voraussetzungen der Kommunikation getan. Dell Hymes (1962) beschreibt aus soziolinguistischer Sicht Faktoren der Kommunikation, ohne sie auf ein Kommunikationsmodell anzuwenden: Sprechmuster, die sich aus sieben Faktoren zusammensetzen: Sender, Empfänger, Nachrichtenform, Kanal, Code, Gegenstand, Kontext.

Watzlawick führt aus kommunikationspsychologischer Sicht alles Verhalten auf Kommunikation zurück (,,Man kann nicht nicht kommunizieren."[18]) und arbeitete u. a. den *Beziehungsaspekt* heraus: Kommunikation spielt sich nicht nur auf der Ebene der Sachinformation ab, sondern genauso auf der Beziehungsebene der Kommunikationspartner, was gerade für Ausländer eine wichtige Rolle spielt, wenn z. B. ein scheinbar sachlicher Angriff nicht die Sache meint, sondern gegen die Person gerichtet ist. (,,Wo ist bitteschön Bahnhof?" – ,,Lern doch erst mal richtig Deutsch!")

Das für nachrichtentechnische Zwecke entwickelte Kommunikationsmodell bleibt hier unberücksichtigt.

Wittgenstein impliziert in seinen ,,Sprachspielen", daß das Sprechen einer Sprache ein Teil einer Lebensform ist: ,,Die Bedeutung eines Wortes ist sein Gebrauch in der Sprache"[19]. Die Bedeutung von Wörtern oder Sätzen ergibt sich also erst aus der praktischen Anwendung. Diese Gebrauchsthese muß wiederum bei Ausländern besonders berücksichtigt werden, vor allem, wenn man oder frau sich Wunderlichs Kategorie der Handlungskonvention vor Augen führt: Gemeinsame Anschauungen, das Wissen um soziale und situative Angemessenheit von Sprechakten (Sprachverwendungsmustern) gehören zum Gelingen der Verständigung.

Der Begriff der *kommunikativen Kompetenz*, der die eben genannten Faktoren neben den grammatischen Fähigkeiten zur Sprachverwendung beinhaltet, stammt von Habermas. Er versteht darunter allgemeine Strukturen, die unter Standardbedingungen in jeder möglichen Redesituation jedesmal von neuem erzeugt werden. Sie werden in der Universalpragmatik untersucht, d. h. es werden aus konkreten Äußerungen Abstrakta gewonnen, die doppelt strukturiert sind (Sachverhalte und Intersubjektivität). Die sprachliche Kommunikation ist für Habermas zweigeteilt in kommunikatives Handeln und den Diskurs zur Begründung und Reflexion von geltend gemachten Normen bzw. Meinungen. Gerade die letztgenannte Fähigkeit wäre für ausländische Jugendliche von hoher Bedeutung, um gleichberechtigt am Leben in der Bundesrepublik teilhaben zu können.

Der Kreis schließt sich: Um eine gleichberechtigte Beziehung aufnehmen zu können, müssen ausländische Jugendliche die Möglichkeit gehabt haben, zu erfahren, wie das in der Bundesrepublik gemacht wird: Wann z. B. kann man oder frau jemanden ansprechen, wie, mit welchen Worten, wann wird etwas als Aufdringlichkeit, Unverschämtheit aufgefaßt? Da sie meistens jedoch nicht gleichberechtigt angesehen sind, haben sie keine Chance, die Erfahrung zu machen bzw. darüber zu sprechen, wenn sie gegen Normen verstoßen haben.

---

[18] Watzlawick u. a.: ,,*Menschliche Kommunikation*", deutsche Ausgabe 1969, S. 13, zit. nach Wolff, a.a.O., S. 36.

[19] Wittgenstein: ,,*Philosophische Untersuchungen*", 1971, S. 41, zit. nach Wolff, a.a.O., S. 55.

Die kommunikative Kompetenz wurde von Piepho als zentrales Lernziel für den Fremdsprachenunterricht gefordert, und er hat auch viele Möglichkeiten, das zu realisieren, aufgezeigt. Veröffentlicht für den Unterricht DfaA gibt es meines Wissens bisher nur den Versuch der Berliner Autoren Barkowski/Harnisch/Kumm und mehrerer Lehrwerksautoren, den Ansatz der Pragmatik umzusetzen. Allgemein sind in den Unterricht DfaA die Betonung des Sprachgebrauchs, besonders der Alltags-/Umgangssprache, und die Ausrichtung nach Sprechintentionen eingegangen.

3.5 Varietätengrammatik

Im Heidelberger Pidgin Projekt wurde ein Modell aufgestellt, das versucht, die Entwicklung der Sprache beim Spracherwerb und die Abhängigkeit von bestimmten Faktoren genau zu erfassen. Auf dem sprachlichen Weg zur Zielsprache Deutsch sind die Sprachlerner nach einer bestimmten Zeit in der Lage, ,,Äußerungen zu produzieren, die solchen der Zielsprache mehr oder minder nahekommen"[20], das ist die Varietät der Zielsprache. Diese Varietäten sind immer Durchgangsstadien, die sich ändern. In einer Varietät sind bestimmte Regeln wahrscheinlich, andere unwahrscheinlich. Die Nominativergänzung ,,der alte Mann" kann in anderen Varietäten als einfaches Nomen, ,,Mann", oder als Nomen mit Artikel, ,,der Mann", oder als ,,der Mann alte" auftauchen.[21] Daraus ergibt sich eine andere Einschätzung von ,,Fehlern", die so eher als Abweichung von der Zielvarietät (,,der alte Mann") oder als Übergangsstadium eingeordnet werden können (s. auch S. 12 ff. in diesem Buch).

3.6 Ansätze zum Konzept einer didaktischen Grammatik

Zusammenfassend sei vorangestellt, daß der beschriebene Ansatz der kommunikativen Kompetenz als Lernziel für den Unterricht DfaA anerkannt ist. Unbestritten ist ebenso, daß Grammatik-Unterricht dazu eine notwendige Komponente ist. Das Problem bleibt die Zuordnung sprachlicher Mittel zu den Mitteilungsbereichen. Die Realisierung einer didaktischen (oder pädagogischen oder kommunikativen[22]) Grammatik ist noch weit entfernt. Die vorhandenen Grammatikmodelle sind Sprachbeschreibungs- oder Sprachanalysierungsmodelle, die den Fremdsprachenerwerb, die *Produktion* von Sprache nicht berücksichtigen.

---

[20] Klein: ,,Der Prozeß des Zweitsprachenerwerbs und seine Beschreibung" in: Dietrich (Hrsg.), a.a.O., S. 102.

[21] ebda., S. 107.

[22] Bausch (Hrsg.): *Beiträge zur Didaktischen Grammatik*, Scriptor 1979. Bausch weist in seinem Vorwort darauf hin, daß im deutschen Sprachgebrauch eine auf das Lehren/Lernen bezogene Sprachbeschreibung Didaktik genannt wird, im anglo-amerikanischen Bereich heiße es ,,pedagogical Grammar".

Dies wären die Aufgaben einer didaktischen Grammatik:
– Ausgangspunkt muß die Sprachproduktion sein, also zum Beispiel die Fragestellung ,,Was braucht man, wenn man einen Wunsch auf Deutsch ausdrücken will?"
und nicht ,,Was leistet ein Adjektiv?"[23] Weiter heißt es: ,,Für DfaA-Unterricht
geht es mithin darum, den funktionalistischen Ansatz vom Kopf auf die Füße zu
stellen."[24] Der funktionalistische Ansatz, der besonders im muttersprachlichen
DDR-Unterricht in die Praxis umgesetzt wird, versucht, ,,sprachliche Mittel
zusammenzustellen, die einen gleichen Kommunikationseffekt auslösen, d. h. die
gleiche Funktion haben."[25] Dazu werden sehr verschiedene syntaktische Möglich-
keiten, z. B. eine Aufforderung auszudrücken, zusammengestellt.
– Feststellung der kommunikativen Relevanz einer Regel und der Häufigkeit des
Vorkommens.
– Auswahl aus der Regelfülle nach Berücksichtigung der Lernschwierigkeiten im
Deutschen und der Interferenzfehler.
– Angabe von Kriterien zur Gewichtung von Wichtigem und Unwichtigem.
– Aufzeigen des methodischen Weges, der zur Regelformulierung führt.
– Hilfestellung bei einer lernerangemessenen Verdeutlichung der Regel. Dazu bietet
die Signalgrammatik (s. S. 20 in diesem Buch) Möglichkeiten, z. B. auch durch
farbige Unterlegungen, Fettdruck, Pfeile, Einkreisungen usw.

Barkowski/Harnisch/Kumm haben ein Modell entworfen, auch ausprobiert, das kurz
zusammengefaßt werden soll[26]:

Die drei Autoren vermissen einen Ansatz, der ,,von kommunikativen Leistungen und
Bedürfnissen aus sprachliche Mittel untersucht, also sein Erkenntnisinteresse von
außerhalb der Sprache her formuliert (. . .)"[27]. Die Annäherung an diese Zielvor-
stellung versuchen sie mit folgender Vorgehensweise: Ausgehend von der Feststellung, daß Menschen sich mitteilen möchten und ausländische Arbeiter und Jugendliche lernen müssen, dies auf Deutsch zu tun, werden *Mitteilungsbedürfnisse* aufgelistet, wie z. B. räumliche Angaben machen. Aus diesen übergeordneten Mitteilungsbedürfnissen werden *Mitteilungsbereiche* definiert, z. B. Handlungen benennen.
Ihnen werden wiederum formalgrammatische Probleme und sprachliche Mittel zugeordnet, z. B. die Vermittlung der Formen und Stellungsregeln des Verbs. Dies kann
in einfacherer oder auch komplexerer Art geschehen, d. h. die Berücksichtigung des
Sprachstandes der jeweiligen Lernergruppe ist möglich.

Bei der Vermittlung der Sprachmittel kann natürlich das besonders im Kapitel Pragmatik Gesagte nicht außer acht gelassen werden, nämlich die Vermittlung der Regeln
der Sprachverwendung: ,,Wann sagt man was zu wem?"[28], also jene Register, die die

---

[23] Barkowski/Harnisch/Kumm: *Handbuch* . . ., a.a.O., S. 107.
[24] ebda.
[25] Helbig: *Geschichte der neueren Sprachwissenschaft* . . ., a.a.O., S. 179.
[26] Barkowski/Harnisch/Kumm: *Handbuch* . . ., a.a.O., S. 126.
[27] ebda., S. 108.
[28] ebda., S. 52.

Muttersprachler mit ihrer Sozialisation erfahren (,,das sagt man nicht, das tut man nicht . . . "). *Sprachverwendungsregeln* lassen sich am besten durch Beispiele, etwa in *Dialogmustern* (nicht in ganzen Dialogen!) vermitteln, wobei die Lernenden das, was sie schon wissen, einbringen können. Soll etwa erklärt werden, warum man oder frau zu spät zu einer Verabredung gekommen ist, werden in der Gruppe gemeinsam dafür sprachliche Formulierungen gesucht, etwa:

> *Meine Uhr geht falsch.*
> *Tut mir leid, ich hatte noch so viel zu tun.*
> *Ich kann auch nichts dafür, der Bus hatte Verspätung.*
> *Sei doch froh, daß ich überhaupt komme.*

Kriterium der Auswahl für die Sprachhandlungen ist der Beziehungsaspekt: Welche Hilfestellung kann der Unterricht geben, um zwischen den ausländischen Jugendlichen und den Deutschen eine gleichberechtigte Beziehung herzustellen? Das bedeutet auch, ein Gespräch so zu beginnen, daß es nicht nach der ersten Antwort stagniert, nachfragen zu können, Mißverständnisse zu klären usw.[29]

Zum Abschluß möchte ich noch auf die Weiterverfolgung dieses Ansatzes bei Barkowski in seiner Dissertation hinweisen[30]. Er hat manche Definitionen und Kategorisierungen modifiziert, präzisiert und vor allem theoretisch untermauert. Er selbst betont, daß die Realisierung für den Unterricht Deutsch als Fremdsprache und DfaA weit entfernt ist. Dennoch ist es notwendig, sich Gedanken zur Aufhebung des Gegensatzes von kommunikativem Handeln und formalem Sprachsystem sowie zur Neuorientierung der Grammatik im Sinne der Sprachproduktion zu machen.

Barkowski kommt über die Beschäftigung mit bestimmten Philosophen (Aristoteles, Kant, Hegel, Marxismus/Leninismus) zu Grundkategorien der Wirklichkeit. Auf der Basis, ,,daß Sprache als Denk- und Kommunikationsinstrument des Bewußtseins tendenziell alle Bewußtseinsinhalte ausdrücken können muß"[31], werden Mitteilungsbereiche zu den Grundkategorien definiert. Sie sollen ,,grundlegende kommunikative Funktionen erfassen". Ihre Aufgabe ist es nicht, ,,die Abbilder der Wirklichkeit, wie sie im Bewußtsein vorliegen, kommunikativ zu vermitteln"[32], also möglichst adäquate Abbilder der Wirklichkeit zu produzieren, sondern es geht um die Funktion von Sprache, selbst soziales Handeln zu sein.

Angesichts dieser Wegweiser ist der Vorschlag von Butzkamm, daß sich mit Hilfe von ,,Handlungsserien" auch ,,ein gewichtiger Teil der deutschen Elementargrammatik einüben"[33] ließe, verwunderlich. In den Handlungsserien lebt das ,,Kommandierspiel" aus dem 18. Jahrhundert wieder auf. Die Unterrichtenden erobern ihre dominante Rolle wieder, sprechen jene Serien vor:

---

[29] ebda. Unterrichtsbeispiele unter dem besonderen Aspekt der Verwendung von Partikeln finden sich auf S. 68 ff.

[30] Barkowski: *Kommunikative Grammatik* . . ., a.a.O.

[31] ebda., S. 150.

[32] ebda., S. 174.

[33] Butzkamm: ,,Rezeption vor Produktion – Zur Neugestaltung des Anfängerunterrichts", *Deutsch lernen*, 2/1982, S. 53.

,,1. Brauchst du ein sauberes Taschentuch? Bitte schön!
2. Wisch dir die Stirn ab.
3. Wisch dir die Augen aus.
4. Putz dir die Nase." [34]

Und die Lernenden machen das alles nach.

Die beiden folgenden Schemata sollen einen Überblick über das von Barkowski Gesagte zu geben versuchen.

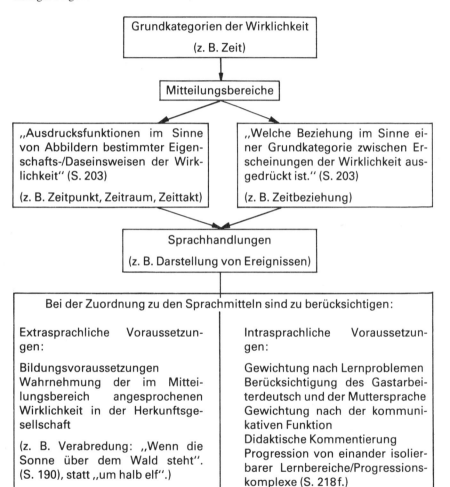

[34] ebda., S. 51.

Das abstrakte Schema, mit einem Beispiel erläutert, könnte so aussehen:

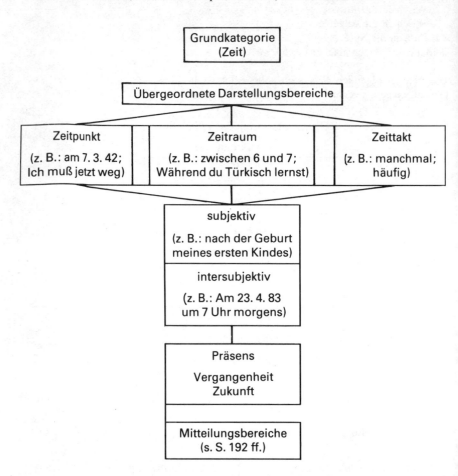

Zeitpunkt: Die Sprachhandlungen sind: Datierung von Ereignissen, Darstellung von Ereignissen.
z. B.: ,,Er stand wie gewöhnlich um 7 Uhr auf.''
,,Nachdem er gefrühstückt hatte, verließ er das Haus.''

Zeitabschnitt: Darstellung, *daß* etwas dauert, weniger, *wie lange* etwas dauert.
z. B.: ,,In den letzten Jahren konnte ich fast nie Urlaub machen.''

Zeitdauer: Sprachhandlungen bezeichnen eher die Dauer von Handlungen als die Dauer von Zeit.
z. B.: ,,Er war fünf Jahre lang allein.''

Zeittakt: Zeitintervall, wiederkehrende Handlungen, Ereignisse.
z. B.: ,,Der fehlt jeden zweiten Tag.''

Zeitbeziehung: Beziehung zur Zeit bzw. zu zeitlichen Angaben hinsichtlich anderer Ereignisse.

z. B.: ,,Ich komme doch nie zu spät.``

Allem übergeordnet mit den untenstehenden Sprachmitteln sind:

Aussage	Frage	Relativierung
Syntax des Hauptsatzes ,,daß`` und Nebensatz Negation adverbiale Adverbien (,,zweifellos``)	Fragewörter Syntax Hauptsatz/ Nebensatz	,,ob`` + Nebensatz adverbiale Adverbien (z. B.: ,,ungefähr``, ,,wohl``)

Wenn überhaupt Umsetzungschancen dieses Ansatzes für den Unterricht DfaA möglich sind, so sicher nicht durch ein Lehrbuch, sondern eher durch eine ,,flexibel nutzbare Unterrichtsgrundlage``[35]. Nachdem schwerpunktmäßig ein Lernproblem einem Mitteilungsbereich zugeordnet ist, die Sprachmittel dem Lernbereich wiederum zugeordnet sind und überlegt wurde, welcher Grammatikansatz sich für das jeweilige Lernproblem am besten eignet, könnte das Idealmodell einer kommunikativen Grammatik entstehen.

Barkowski will mit diesen Gedanken dazu anregen, im alltäglichen Sprachgebrauch aufmerksam zuzuhören und zu überlegen, ob nicht einiges aus den Lehrbüchern auf diesen Ansatz ausgerichtet werden könnte.

Angesichts dieser Überlegungen wirken die in Teil A, B und C dieses Buches vorgestellten Unterrichtsvorschläge recht bieder und konventionell. Es hat sich herausgestellt, daß die gemachten Erfahrungen nicht dem neuen Ansatz der Mitteilungsbereiche zugeordnet werden konnten, ohne daß eine *neue praktische* Phase stattgefunden hätte. Der Teil A ist gut dem Mitteilungsbereich ,,Personen identifizieren`` zuzuordnen, das allein wiederum schien mir zu pauschal. Andererseits war die grammatikalische Zuordnung zu einem Mitteilungsbereich wie ,,Zugehörigkeit`` sehr vielfältig. (Sie kann ausgedrückt werden durch ,,haben`` + Akkusativergänzung: ,,Ich habe eine Schwester.``; durch das Possessivpronomen: ,,Das ist meine Schwester.``; durch den Genitiv: ,,Das ist der Bruder meines Vaters.``; durch den Dativ: ,,Das ist der Bruder von meinem Vater.``; durch den Relativsatz: ,,Das ist das Mofa, das ich mir gekauft habe.``[36]) Die Einhaltung einer grammatischen Progression in dem Maße, wie sie mir erforderlich erscheint, war so nicht möglich. Deshalb finden sich nur die alten grammatischen Hinweise in den Kapitelüberschriften.

---

[35] Barkowski: *Kommunikative Grammatik . . .,* a.a.O., S. 123.
[36] s. Barkowski/Harnisch/Kumm: *Handbuch . . .,* a.a.O., S. 251.

4 Vorstellung einiger Grammatiken

Eine Grammatik, die den Unterrichtenden Hilfestellung zur Didaktisierung geben würde, gibt es nicht. Es gibt auch keine Grammatik, die den Spracherwerb berücksichtigt oder die eine Auflistung sprachlicher Möglichkeiten für einzelne Mitteilungsbereiche gibt (Was kann man sagen, wenn man etwas begründen will?). Möglich ist die Information über Norm, Formenbestand und evtl. Funktion der Wortarten und über den Satzbau. Die Beispiele können das erläutern:

Norm wäre z. B.: ,,Heißt es ‚wegen *dem* Zimmer' oder ‚wegen *des* Zimmers'?"
Formenbestand wäre z. B.: ,,Es heißt ‚der rund*e* Käse' aber ‚ein rund*er* Käse'."

Funktion des Verbs ist es, die Anzahl der Ergänzungen im Satz zu bestimmen. Zum Satzbau gehören z. B. Stellungsregeln wie: ,,Im Aussagesatz steht das finite Verb an zweiter Stelle".

Die uns vermutlich allen bekannte Dudengrammatik ist für Muttersprachler geschrieben, denen bestimmte Strukturen bewußt gemacht werden, die sie bereits richtig verwenden. Es können daher inhaltliche Erklärungen gegeben werden.

Es ist naheliegend, daß wir Unterrichtenden uns (unbewußt) an diesen inhaltlichen Erklärungen festhalten. Das Naheliegende ist in diesem Fall jedoch zum Nachteil der Lernenden. Wenn man oder frau ausländischen Jugendlichen z. B. den Begriff ,,Satz" so erklärt: ,,Wir haben heute Geschichten von uns und eine Geschichte von Özgur erzählt (. . .). Weil wir damit etwas über uns ausgesagt haben, nennen wir diese Sätze Aussagesätze."[1], so wird den Sprachlernenden mit dieser Zirkeldefinition (ein Aussagesatz sagt etwas aus) bei ihrer eigenen Sprachproduktion nicht geholfen.

Ohne den Anspruch erheben zu wollen, Grammatiken zu charakterisieren, seien die drei gebräuchlichsten Grammatiken anhand ihrer Kernaussage zum Satz vorgestellt.

Der Große Duden
Die Grammatik
Band 4
Dudenverlag Mannheim, 1973

Ein Vergleich der Dudengrammatik in ihrer ,,vollständig neu bearbeiteten Auflage" von 1959 mit der jetzt erhältlichen (1973) ist sehr aufschlußreich. War in der alten Auflage, die vielleicht nicht nur in meinem Bücherschrank immer noch steht, die Sprachbeschreibung inhaltlich ausgerichtet, so sind in der Auflage von 1973 auch strukturalistische Elemente berücksichtigt und Aussagen über den Anteil der einzelnen Wortarten an der ,,Wortung der Welt" (1959, S. 203, Weisgerber) relativiert. Die alte Satzdefinition als ,,Sinneinheit", als ,,sprachliche Einheit, in der die Zeit gleichsam aufgehoben ist" (1959, S. 432) wird durch ergänzende formale Beschreibungen klarer. Aus den etwas komplizierten Formulierungen[2] kristallisiert sich als

---

[1] Diese Definition wurde in einem Münchener Kurs gegeben.
[2] Kompliziert deshalb, weil Inhaltliches, z. B. ,,Worthof" (1973, S. 474), der wohl Verbvalenz meint, mit halb oder ganz übernommenen strukturalistischen Begriffen gemischt wird, z. B. ,,Basis" für Tiefenstruktur, während der Begriff Oberflächenstruktur aus der gTG übernommen wird.

Satzdefinition heraus: ,,finite Ausprägung eines verbalen Syntagmas" (S. 475). Der Satz wird also beschrieben: Der Kern des Satzes ist ein Verb mit seinen möglichen Ergänzungen (Syntagma = ,,Wortverbindung": ,,Einheiten auf der Ebene zwischen Wort und Satz"[3]), und zwar in der Infinitivkonstruktion. Diese Form wird konjugiert, und dann erscheint die konkrete Ausformulierung des Syntagmas ,,jemanden wie schreiben" als folgender Satz: ,,Der Arzt schrieb meinen Freund krank" (S. 474). Die Zuordnung von Inhalt (was gesagt wird) und Syntax (mit welchen sprachlichen Mitteln etwas gesagt wird) wird ,,Inhaltsstruktur" (S. 475) genannt. Abschließend gibt die Dudengrammatik einen ausführlichen Überblick über Satzbaupläne.

Schulz · Griesbach
Grammatik der deutschen Sprache
Hueber Verlag, München, 11. Auflage 1978

,,Der Satz ist die kleinste in sich gegliederte sprachliche Einheit, mit der sich ein außersprachlicher Sachverhalt beschreiben läßt. Ihm liegen folgende Gliederungen zugrunde:
1. die inhaltliche Gliederung,
2. seine Struktur und mit ihr seine funktionale Gliederung,
3. die phonologische Gliederung." (S. 371)

Es werden 23 Grundstrukturen des Satzes aufgelistet, z. B.:
,,1. PS (P = Prädikat, S = Subjekt: Die Kinder lachen." (S. 372 f.)

Dann wird eine Zuordnung von inhaltlicher Gliederung und Satzstruktur vorgenommen, z. B.:
,,Ein *Sein* wird von folgenden Satzstrukturformen beschrieben:
1. ohne erkennbare oder erwähnte Rollen
P El Fs (P = Prädikat, El = Lokalergänzung, Fs = Funktionssubjekt)
         . . . Es war in Berlin. . . .
2. mit einer erwähnten Rolle
P S   . . . Die Kinder schlafen. . . ." (S. 387)

Anschließend wird der Satzbau durch das Thema-Rhema Prinzip erläutert (im vorderen Teil des Satzes steht das Bekannte, die neuen Informationen im abschließenden Satzteil), und das Prädikat und seine Zweiteilung als ,,Gerüst des Satzes" hervorgehoben (S. 390). Durch das Prädikat bestimmt nehmen die übrigen Satzglieder bestimmte Felder ein:

Vorfeld	Satzfeld	Nachfeld
Niemand	darf den Kranken besuchen	außer seiner Frau (S. 394)

---

[3] s. Lewandowski, T.: *Linguistisches Wörterbuch 3*, 1980, S. 943.

Helbig • Buscha
Deutsche Grammatik
Ein Handbuch für den Ausländerunterricht
VEB Leipzig, 5. Auflage 1979

Helbig • Buscha[4]
Kurze deutsche Grammatik für
Ausländer, 3. Auflage 1980

Diese Grammatik ist am Verb-Valenzmodell, also strukturalistisch orientiert. Zunächst wird der Begriff der „Satzglieder", die durch Umstell- und Ersatzprobe ermittelt werden können, in Erinnerung gerufen.
„Die Satzglieder lassen sich im Hauptsatz (Aussagesatz) um das finite Verb (2. Position) herumbewegen.

Er *liest* gern Romane.
Romane *liest* er gern. (S. 473, Kurzfassung S. 206)

Das finite Verb (das konjugierte oder gebeugte im Unterschied zum Infinitiv: er kauf*t*, ich kauf*e* – kaufen) hat eine feste Position im Satz, die anderen Satzglieder werden in ihrer Abhängigkeitsstruktur vom Verb definiert. Den Abschluß bildet eine Liste von 10 Satzmodellen, die ebenfalls vom Verb bestimmt sind, z. B.:

„4. Verben mit 1 obl(igatorischen) und 1 fak(ultativen) Aktanten

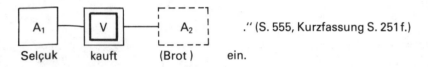

." (S. 555, Kurzfassung S. 251 f.)

Meines Erachtens ist die Grammatik von Helbig · Buscha für den Unterricht mit ausländischen Jugendlichen am geeignetsten. Strukturalistische Erklärungen sind für die eine Sprache Lernenden einsichtiger als inhaltliche. Sie können sich an Satzbaumustern orientieren und erhalten durch das Modell der Verbvalenz z. B. die wichtige Auskunft über notwendige und mögliche Ergänzungen, die einen Satz von einem „Unsatz" unterscheiden:
Er *zeigt ihm den Weg.*
*Er zeigt ihm
„Zeigen" verlangt zwei obligatorische Ergänzungen.

Ich meine, daß sich eine Einarbeitung in diese Grammatik lohnt, weil sie von den momentan vorhandenen Grammatiken die einzige ist, die wenigstens *einen* Ansatz zur Sprachproduktion konsequent berücksichtigt – auch hier fehlen viele andere, weil es ja *die* didaktische/kommunikative Grammatik noch nicht gibt.

---

[4] Das ist die Kurzfassung, die sehr übersichtlich und ausreichend ist. Ich selbst habe mich an der ausführlichen Fassung orientiert. Zum Nachschlagen werden die Seitenzahlen beider Grammatiken angegeben, die der Kurzfassung stehen jeweils in Klammern.

Auf dem Markt gibt es auch noch verschiedene Kurzgrammatiken, Grammatiktafeln usw. Sie alle stellen die *Beschreibung des Formensystems* in den Vordergrund und sollten auch nur zum Formenlernen eingesetzt werden (also z. B. zum Lernen der unregelmäßigen Verben zu Hause). Einige davon sind:

Heinz Griesbach
Regeln aus der deutschen Grammatik
Verlag für Deutsch, München, 1982

Sie ist für den Deutschunterricht für Ausländer konzipiert und enthält eine Auflistung des Formenbestandes (Konjugations- und Deklinationstabellen) sowie Grundregeln des Satzbaus.

Langenscheidts
Kurzgrammatik Deutsch
München, 5. Auflage 1981

Sie besteht ganz konsequent nur aus Tabellen.

Langenscheidts
Grammatiktafeln Deutsch
München, 1968

Mehrfarbig gedruckte Tafeln als Leporello.

Langenscheidts
Verbtabellen Deutsch
München, 7. Auflage 1982

Darin sind Verbtabellen zum Auswendiglernen oder Nachschauen abgedruckt.

Schoebe
Deutsche Kurzgrammatik
Oldenbourg Verlag München, 6. Auflage 1976

Die einzelnen Wortarten sind aufgelistet, formale und inhaltliche Bestimmungen sowie die Bildungsregeln werden angegeben. Bei der Satzbildung ist der Valenzansatz zugrunde gelegt (dieser Teil ist von U. Engel). Den Abschluß bildet ein Überblick über verschiedene linguistische Modelle. Es gibt keine Tabellen zur Konjugation oder Deklination.

Mir scheint es sinnvoll, im Unterricht an die Lernenden jeweils kopierte Blätter der eigenen Systematisierungen auszuteilen (Beispiele dafür finden sich in den Unterrichtseinheiten) und so eine eigene Grammatik aufzubauen. Parallel dazu sollte der Umgang mit einer Grammatik (Helbig · Buscha) anhand von Beispielen gelehrt werden, so daß allmählich eine eigene Weiterarbeit der Lernenden gezielt angeleitet wird.

5 Grammatikvermittlung in einigen Lehrwerken DfaA-Jugendliche

5.1 Allgemeines

Kein noch so gutes Lehrwerk entspricht vollkommen den Vorstellungen der Unterrichtenden und den Bedürfnissen der ausländischen Jugendlichen. Deshalb ist es sinnvoller, mehrere Bücher für den Unterricht heranzuziehen (die Verlage geben oft kostenlos oder zu reduzierten Preisen Lehrwerke als Prüfstücke ab).

Zur Analyse werden Lehrwerke herangezogen, die für den Bereich ausländische Arbeitnehmer – Jugendliche erstellt wurden. Kriterien zur Beurteilung dieser Lehrwerke sind veröffentlicht in:

Barkowski, Fritsche u. a.: Deutsch für ausländische Arbeiter
Gutachten zu ausgewählten Lehrwerken
Scriptor Verlag, Königstein/Ts. 1980
(Erweiterte Neuauflage: 1982)

Die Lehrwerke werden ausschließlich unter dem Aspekt der Grammatikvermittlung analysiert, und zwar mit folgenden Fragestellungen:
– Gibt es eine Grammatik?
– Wie ist sie eingebettet? In welche Mitteilungsbereiche? Mit welchen Sprechintentionen und in welchen Situationen wird sie eingeführt? Sind diese für ausländische Jugendliche wichtig?
– Welches Grammatikmodell liegt zugrunde?
– Welche Regeln werden wie vermittelt?
– Gibt es eine Metasprache (Begriffe wie z. B. das Perfekt)?

5.2 Neuner · Mellinghaus · Schmidt
Deutsch in Deutschland neu
Langenscheidt Verlag, Berlin und München, (1975) 1983

Das vorliegende Unterrichtsmaterial – ein Grundkurs, ein Aufbaukurs, dazu je ein Arbeitsblock, Folien, Tonbänder, ein Schreib- und Lesekurs – ist die erheblich veränderte Fassung des 1971 im Erdmann Verlag erschienenen Buches ,,Deutsch in Deutschland". Adressaten sind Kinder bis zu 14 Jahren von ausländischen Arbeitnehmern.

Die siebziger Jahre sind die Blüte der kommunikativen Kompetenz. In den meisten der in dieser Zeit entstandenen Lehrwerke ist das primäre Lernziel, die Lernenden zum Sprechen zu befähigen und ihnen kein Regelwissen zu vermitteln, das als tot, passiv und das Sprechen blockierend angesehen wird.

Im sehr lesenswerten Lehrerhandbuch wird der kommunikationstheoretische Ansatz ausführlich dargestellt. Die didaktischen Konsequenzen sind der Aufbau einer kommunikativen Kompetenz, d. h. bei den Lernenden soll das Bewußtsein dessen geweckt werden, was sie zu sagen beabsichtigen (Sprechintention). Für die Grammatik in ,,Deutsch in Deutschland neu" bedeutet dies:
– Abkehr von abstrakter Regelvermittlung (Lehrerhandbuch, S. 12);
– Einordnung der Grammatik in einen ,,Situations- und Kommunikationszusammenhang" (ebda., S. 9);

– Übung im Sprechen und Schreiben in konkreten Verwendungsbereichen, und zwar über die Nachahmung, d. h. vom Nachsprechen und Auswendiglernen bis hin zur freien Sprachproduktion (s. ebda., S. 11).

Um den Lernenden die Einprägung des Gelernten zu erleichtern, sollen optische Hilfen durch die Signalgrammatik angeboten werden. Im Lehrbuch geschieht dies jedoch ausschließlich durch den (auch nicht immer konsequenten) Fettdruck der entsprechenden Strukturen.

Text- und Übungsbücher enthalten keine grammatischen Begriffe, keine Regelformulierungen, die Hinweise im Lehrerhandbuch ersetzen den Unterrichtenden nicht die notwendige ausführliche Beschäftigung mit dem jeweiligen Grammatikkapitel in einer Grammatik. Die Autoren vertreten in diesem Buch die Meinung, daß allein durch Nachahmen, Üben und Einschleifen eine Sprache erlernt werden könne.

5.3 Eckes/Wilms
Deutsch für Jugendliche anderer Muttersprache
Institut für Film und Bild in Wissenschaft und Unterricht (FWU)
Grünwald b. München, 1975
Ab 1980 im Oldenbourg Verlag, München, und im
Cornelson/Velhagen/Klasing Verlag, Hannover

Dieses Lehrwerk – 2 Grundbücher mit Arbeitsheften, ein Aufbaukurs (Jirsa/Wilms), 2 Lehrerhefte, Tonbänder, Folien und Glossare, darunter ein deutsch-deutsches – richtet sich an ausländische Jugendliche, die als Berufsschüler und Arbeiter in der Bundesrepublik sind. Aus der Zielgruppendefinition ergibt sich die starke Berufsorientierung in der Thematik. Das zugrundeliegende Grammatikmodell wird nicht theoretisch, sondern anhand einer Übersicht erklärt (Lehrerhandbuch, S. 10). Es handelt sich wiederum um den kommunikativen Ansatz. Zuerst wurden von den Autoren wichtige Sprechabsichten ausgesucht (z. B. die Funktionsweise eines Bügeleisens zu erklären), denen dann ein bestimmtes Grammatikkapitel zugeordnet ist (z. B. Akkusativ: ,,diesen Knopf drücken''). Die untergeordnete Rolle der Grammatik bedeutet jedoch nicht, daß die unterschiedlichen Schwierigkeitsgrade der potentiell verwendbaren Redemittel unberücksichtigt bleiben (Lehrerhandbuch S. 8 f.). Verwendet wird die Signalgrammatik: Das jeder Lektion zugeordnete Grammatikkapitel wird als ,,Grammatik'' bezeichnet, farbig und mit Fett- und Großdruckbuchstaben unterlegt:

ich komme.

Im Lehrerhandbuch werden die einzelnen Lernschritte, die zum Aufbau der Tabellen führen, beschrieben. Dennoch wird ein ,,Bewußtsein von Sprache und ihrer regelhaften Erlernbarkeit nicht aufgebaut''[1], die Sprachmuster werden mit wenigen Ausnah-

---

[1] Barkowski/Fritsche u. a., a.a.O., S. 58.

men über Nachahmung und Einüben von Dialogteilen eingeschliffen. Es werden keine fertigen Dialoge angeboten, die an bestimmte thematische Bereiche gekoppelt sind und die Realität so widergeben, wie sie nie ist, sondern in verschiedenen Situationen wiederverwendbare Versatzstücke, z. B.: ,,Das hab ich nicht verstanden.''

Die Unterrichtenden müssen sich auch hier die Grammatikregeln selbst erarbeiten und zusätzliche Gedanken zur Vermittlung, vor allem abstrakter Regeln, machen.

5.4 Rabura u. a.
Sprich mit uns! Hauptschule
FWU 1975
Ab 1980 im Oldenbourg Verlag, München, und im Cornelson/Velhagen/Klasing Verlag, Hannover

Das Modellprojekt, gefördert vom Bundesminister für Bildung und Wissenschaft und den Kultusministerien der Länder, ist in den Materialien entsprechend umfangreich, ,,multimedional''. Es gibt Textbücher und Arbeitshefte (jeweils für 4 Lektionen), Lehrerhandbücher, Übungstonbänder, Bildkarten oder Folien, Handpuppen, Lesehefte und Filme[2].

Die Grundmaterialien (Textbuch, Arbeitsheft und Bildkarten) sind so aufgebaut, daß einer großformatigen Bildkarte ,,Sprachbausteine'' zugeordnet sind, die im Buch abgedruckt und vom Lehrer vorgelesen oder vom Tonband parallel zum Vorzeigen des Bildes abgespielt werden (audio-visuelle Methode). ,,Sprachbausteine'' bestehen aus ,,Satzteilen oder Sätzen, die ein Objekt benennen, es beschreiben und es in einer Aktion widerspiegeln'' (Lehrerhandbuch 1–4, S. (6)).

Beispiel: der Käse
Er ist hart.
Die Verkäuferin schneidet den Käse. (Textbuch, L 5, S. 12)

Die in den ,,Sprachbausteinen'' enthaltenen Inhalte und grammatischen Strukturen werden im Verlauf einer Lektion durch Übungen, Texte und Bildmaterial verarbeitet und gefestigt.

Das dem Lehrwerk zugrundeliegende Grammatikmodell des Grundkurses wird nicht explizit gemacht. Obwohl die Kommunikationsfähigkeit im Lehrerhandbuch betont wird und der Grammatik eine spielerische und dienende Funktion zugewiesen wird (,,Die Grammatik läuft begleitend mit.'' Lehrerhandbuch 1–4, S. (6)), ist die Progression durchgehend streng grammatisch[3]. Die grammatische Progression des Lehrwerks ist im Prinzip sinnvoll, es gibt jedoch keine Differenzierung der einmal eingeführten Grundregeln (eine genaue Analyse befindet sich im Kapitel ,,Perfekt''). Die Unterrichtenden können sich im Groben an der Progression orientieren und einige Übungen aus dem großzügig gestalteten Arbeitsheft anwenden. Voraussetzung ist

---

[2] In den in den dritten Programmen (Schulfernsehen) laufenden Filmen der Serie ,,Treffpunkt Deutsch'' wurde in der 1. Ausstrahlungsfassung auf ,,Sprich mit uns!'' im Nachspann hingewiesen. Der Zusammenhang ist jedoch mehr als lose.

[3] Das zum Grammatikmodell Gesagte gilt auch für den Aufbaukurs (Steindl u. a.). Dort wird jedoch im Lehrerhandbuch, S. 17–20, auf den behavioristischen Ansatz verwiesen.

allerdings die Abweichung vom vorgeschlagenen methodischen Vorgehen, das Treffen einer Auswahl aus dem Angebot und die zusätzliche Erarbeitung der einzelnen Grammatikkapitel und ihrer Regelhaftigkeit. Es werden Hilfen durch optische Signale (Kästen, farbige Rasterung, Fettdruck) gegeben. Der thematische Bezug zur spezifischen Ausländerproblematik wird – anders als in den beiden vorhergehend besprochenen Werken – nur sehr selten hergestellt. Ebenso fehlen in unterschiedlichen Mitteilungsbereichen anwendbare Redemittel.

5.5 Puente · Demetz u. a.
Das Deutschbuch – Jugendliche
Falkenverlag, Niederhausen (Ts.) 1980

Zum Deutschbuch gehört ein Grundkurs, je einer für Jugendliche und Erwachsene, ein Aufbaukurs und ein gemeinsames Arbeitsheft sowie Tonbänder, Folien und Glossare. Das Buch ersetzt das im Falkenverlag erschienene „Deutsch – Ihre Neue Sprache" (1973). Übergeordnetes Lernziel ist die „sprachliche und soziale Integration ausländischer Jugendlicher" (Lehrerhandbuch Jugendliche, S. 9), was auch bedeutet, daß „Erweiterung der sprachlichen Kompetenz eine Erweiterung der sozialen Kompetenz beinhalten muß" (S. 9). Die Umsetzung erfolgt durch das kommunikationstheoretische Konzept so, daß die Jugendlichen in „für sie relevanten Situationen" ihre Sprechintentionen realisieren können, wobei der Schwerpunkt auf dem pragmatischen Aspekt der Sprache liegt (vgl. S. 9).

Zur Rolle der Grammatik wird im Lehrerhandbuch folgendes gesagt:

Ein für Jugendliche relevantes Thema darf nicht in einen von „grammatischen und lexikalischen Kriterien bestimmten Text" (S. 10) gepreßt werden, sondern das Thema muß die „Aspekte und Varianten, die auch in der Wirklichkeit vorkommen" (S. 10), berücksichtigen. Die Verwendung von grammatischen Begriffen bleibt dem Kursleiter überlassen (S. 12).

Die Einführung von Grammatik ist in folgenden Schritten geplant:
In Teil A werden neue grammatische Strukturen, die für die Lektion relevant sind, eingeführt (in Dialog und Text). Das Auswahlkriterium der Texte ist die „Relevanz des Kommunikationsanlasses" (S. 14), die Grammatik steht nicht im Vordergrund.
In Teil B (Erweiterung von A durch Assoziation und Kontrastierung) werden die Strukturen und Vokabeln von Teil A erweitert, die die Paradigmata (Strukturtabellen) von Teil A vervollständigen.
In Teil C werden die wichtigsten neuen Strukturen so zusammengestellt, „daß die Lernenden sie kognitiv erkennen und erfassen können. (. . .) Den Kursteilnehmern wird die Regelhaftigkeit des zu Lernenden transparent." (S. 15)

Das grammatische Regelsystem wird nicht allein imitativ vermittelt (S. 12).

Auch die Übungen in Teil D dienen dazu, die grammatischen Strukturen in immer neuen Zusammenhängen durchzuspielen (S. 15). Im Lauf der Lektionen werden „grammatische Teilbereiche" erschlossen und als „grammatische Paradigmata" vervollständigt dargestellt (S. 12). Soweit das Lehrerhandbuch.

Diese Vorstellungen zur Grammatikvermittlung werden im ,,Grundbuch Jugendliche" noch nicht einmal ansatzweise realisiert (zur genauen Analyse an einem Beispiel s. das Kapitel Perfekt).

Die grammatischen Strukturen der A- und B-Teile sind so vielfältig, daß *ein* bestimmtes vorrangiges Grammatikkapitel nicht erkennbar ist, von daher auch in den Folgeteilen nicht geübt werden kann. Es wird *alles* geübt. Die Hervorhebungen in den D-Teilen durch roten Druck sind zudem nicht von einem grammatischen Kriterium geleitet: So ist z. B. in ,,Wie *war das Spiel?*" der kursive Teil rot gedruckt, es wird also die Subjekt-Verb-Relation hervorgehoben. In der sich direkt anschließenden Struktur ,,Das *habe* ich nicht *gehört.*" sind ,,habe" und ,,gehört", also die Verbteile zur Perfektbildung, rot gedruckt.[4] Auch die Zusammenfassung auf S. 246f. beschränkt sich auf eine Beispielzusammenfassung, gibt keine Möglichkeit zum kognitiven Erkennen.

Der Anspruch, Regelhaftigkeiten transparent zu machen, wird weder für Unterrichtende noch für Lernende eingehalten. Das Deutschbuch bietet keine Hilfestellung zur Analyse der Grammatik, zu ihrer Vermittlung oder zur Progressionsproblematik.

5.6 Scherling · Schuckall · Wilms
Deutsch hier
Langenscheidt Verlag, Berlin, München, Wien, Zürich 1982

Das Lehrwerk – 1 Lehrbuch, Lehrerhandreichungen, Cassette, Folien und Bildtafeln – ist auf der Basis von ,,Deutsch aktiv"[5] methodisch und thematisch für junge erwachsene ausländische Arbeitnehmer angelegt. Ziel ist die ,,Verbesserung der Kommunikationstüchtigkeit" (Lehrerhandreichungen, S. 9; die folgenden Seitenzahlen beziehen sich ebenfalls auf die Lehrerhandreichungen), die erreicht werden soll durch Sprechanlässe und Themenbereiche, die die ausländischen Arbeitnehmer betreffen, und durch die ,,Kenntnis von sprachlichen Gesetzmäßigkeiten, da sie das Lernen abkürzt, vereinfacht, selbständiger macht . . . " (S. 6).

Jede Lektion enthält mehrere Teile:

Die A-Teile präsentieren ,,Verständigungsanlässe" in Bild und Text, also Anlässe, die zu einer sprachlichen Reaktion zwingen. Die dazu notwendigen Strukturen und der Wortschatz werden angegeben (S. 10).

Die B-Teile enthalten Übungen, die die Redemittel von Teil A auch in anderen inhaltlichen Zusammenhängen verfügbar machen (S. 11).

Die C-Teile führen neue Sprachhandlungen und grammatische Strukturen und Wörter ein (eher beschreibende, erzählende Texte). (S. 11)

Die D-Teile festigen die grammatischen Formen durch eher mechanistische Übungen (S. 11).

Die E-Teile bieten Bilder, Gedichte, Lieder, Zeitungsausschnitte u. ä. an (S. 14).

---

[4] Das Beispiel kommt aus Lektion 10, C_4+C_5, S. 120, Grundbuch Jugendliche.
[5] Neuner, Schmidt, Wilms, Zirkel: *Deutsch aktiv*, 1979.

Bezüglich der Sprachvermittlung versuchen die Autoren den handlungsorientierten Ansatz und den sprachsystematischen Ansatz zu verbinden, indem sie die „kommunikative Kompetenz und die sprachlich-grammatische Kompetenz als gleichgewichtig ansehen" (S. 111). Die Progression ist eine grammatische. Die Grammatikvermittlung basiert auf dem Valenzmodell. Es wird gemischt mit einem inhaltsbezogenen Modell. Diese „Mischgrammatik" (S. 121) wird begründet mit der Wichtigkeit einer „zweckgebundenen Gebrauchsgrammatik, die sich einige Unebenheiten leisten kann und unter dem Aspekt der ‚pädagogischen Rechtfertigung' vereinfachen darf." (S. 112)

Die Grammatik ist also fester Bestandteil des Buches, die Grammatikkapitel werden isoliert, aufeinander aufbauend, dargestellt. Grammatische Terminologie wird eingeführt. Die Vorweganalyse eines bestimmten Grammatikkapitels wird den Unterrichtenden nicht erspart, die Darstellung der Grammatik im Buch hat jedoch schon viel Vorarbeit geleistet. Es werden zusätzlich visuelle Hilfsmittel zur systematischen Übersicht angeboten (nicht immer erkennbar konsequent, s. dazu z. B. das Perfekt-kapitel). Das Lehrerhandbuch bietet *detaillierte* Hilfe, wie die Regel, die am Ende einer Systematisierung steht, induktiv von den Lernenden erarbeitet werden kann.

6 Zum Aufbau der einzelnen Grammatikkapitel

Jedes Grammatikkapitel ist in 5 Teile untergliedert.

Teil 1 dient der Information der Unterrichtenden. Sie sollen einen Überblick darüber erhalten, welche Funktion das behandelte Kapitel im Deutschen hat, und wie die entsprechenden Formen gebildet werden – z. B. beim Perfekt:

– Funktion: über Vergangenes reden

– Bildung: mit „haben" oder „sein", der Vorsilbe „ge-", dem Verbstamm und der Endung „-en" oder „-t" (gemacht).

Den Unterrichtenden soll damit zwar kein Blick in eine deutsche Grammatik erspart werden, aber das oft sehr zeitaufwendige Suchen eines Gesamtüberblicks: Die verschiedenen Aspekte eines Grammatikkapitels werden in der Grammatik auf unterschiedlichen Seiten behandelt. Der Überblick erhebt keinen Anspruch auf Vollständigkeit. Er enthält dennoch mehr als Basisregeln, weist auf Ausnahmen hin.

In einem Unterricht, in dem die Grammatik zugeordnete Funktion zu Mitteilungsbereichen hat und nicht Selbstzweck ist, sind von den Lernenden gefundene Beispiele, die nicht in das Regelschema des gerade Behandelten passen, eher die Regel als die Ausnahme.

Die Unterrichtenden sollten nicht nur korrigieren („Es heißt ‚repariert' und nicht ‚gerepariert'"), was jemandem, der gerade eine Regel verstanden hat und nun „falsch" anwendet (eher übergeneralisiert, d. h. er überträgt eine richtige Regel auf das falsche Wort), sehr frustrieren wird. Die Unterrichtenden sollen auch eine Erklärung geben können bzw. wissen, wo sie nachschlagen müssen, um in der nächsten Stunde eine Erklärung geben zu können. Die gibt es übrigens häufiger als man denkt – in dem genannten Beispiel, daß Fremdwörter auf „-ieren" das Perfekt ohne „ge-"

bilden. Das alles bedeutet jedoch nicht, in den Irrtum zu verfallen, Sprache sei ein totes Regelsystem!

In Teil 1 wird also mehr als das in diesem Buch in Unterrichtseinheiten Umgesetzte aufgelistet, auch weil nur so ein gut geplanter Unterricht möglich ist. Zusätzlich wird die weitergehende Planung ermöglicht. Zur Orientierung sind Quellen zur Nachinformation in der Grammatik von Helbig · Buscha angegeben. Aus dem gleichen Grund werden die lateinischen Begriffe übernommen.

Teil 2 enthält eine kurze Beschreibung des entsprechenden Systems in der Muttersprache der ausländischen Jugendlichen. Besonders ausführlich wird das Türkische als der im Sprachaufbau am weitesten vom Deutschen abweichenden Sprache analysiert. Das Italienische dient als Beispiel dafür, wie in einer dem deutschen syntaktisch vergleichbaren Sprache vom Unterrichtenden selbst ein Vergleich erarbeitet werden kann. Für das Spanische, Portugiesische, Serbokroatische und Griechische wird jeweils der Hauptunterschied zum Deutschen kurz dargestellt.

Der ausführliche Vergleich zu den Muttersprachen bedeutet nicht, daß ich Anhängerin der Kontrastivitätshypothese (s. S. 13) bin. Es scheint mir jedoch wichtig, möglichst viel von der Muttersprache der Lernenden zu wissen: Einmal aus psychologischen Gründen, daß man oder frau sich auch für die Sprache der Lernenden interessiert; dann, um Fehler nicht als dumm abzuqualifizieren, sondern sie vielleicht als konsequent zu erkennen; und schließlich besonders, um eine Entscheidung treffen zu können, wo (und wie!) ein Rückgriff auf die Muttersprache eine Lernhilfe und wo er lernerschwerend ist.[1]

Teil 2 ist jeweils für sich geschrieben, enthält daher vielleicht Wiederholungen, ist dafür aber leichter zu lesen.

Die Aussagen basieren auf den im Oldenbourg Verlag erschienenen Sprachvergleichen, auf dem Heft 2/3 1980 von ,,Deutsch lernen" und für das Türkische zusätzlich auf den folgenden Lehrwerken:
Liebe-Harkort: Türkisch für Deutsche, 1980.
Meyer-Ingwersen/Neumann: Türkisch für Lehrer, 1982.
Langenscheidts Praktisches Lehrbuch Türkisch, [5]1976.

Darüber hinaus wurden die Teile überprüft und korrigiert. Dafür möchte ich danken: Anette Hofmann für das Italienische, Ulla Varchmin und Angela Wodtke für das Spanische und Portugiesische und Jelena Kristl für das Serbokroatische. Mein besonderer Dank geht an Hülya Eralp, die den türkischen Teil verbessert hat.

Teil 3 behandelt mögliche Lernschwierigkeiten, die sich aus der vergleichenden Sprachanalyse, den Ergebnissen der genannten Forschungsprojekte und eigenen Erfahrungen ergeben. Dies Wissen hilft den Unterrichtenden, Fehler besser einzuschätzen und Korrekturstrategien zu entwickeln. Es sei jedoch nochmals darauf hingewiesen, daß es sehr schwierig ist, bestimmte Fehler eindeutig auf bestimmte Ursachen zurückzuführen. Unterschiedliche Faktoren spielen eine Rolle wie:

---

[1] Das ist besonders wichtig angesichts der vom Institut für Film und Bild (FWU) vertriebenen bilingualen Materialien, die dem deutschen Sprachteil einfach die jeweilige muttersprachliche Übersetzung zur Seite stellen.

- allgemeine Lernbedingungen (psychisch/sozial, unterrichtstechnisch);
- das jeweilige Sprachstadium der Interlingua, in dem sich die Lernenden gerade auf ihrem Weg zur Zielsprache Deutsch befinden (s. S. 12 ff.);
- die in der Interlingua stattfindenden Prozesse wie Übergeneralisierung oder Vermeidungsstrategien;
- muttersprachlich bedingte Schwierigkeiten, besonders auch im phonetischen Bereich. (Das Türkische setzt z. B. zwischen zwei Konsonanten immer einen Vokal, so daß, übertragen auf das Deutsche, ,,birot" für ,,Brot" entsteht.)

Übergeneralisierungen sind Übertragungen erlernter oder unbewußter Regeln auf Strukturen, die nach anderen Regeln gebildet werden. Das ist auch von deutschen Kindern bekannt, die sagen ,,er ist gelauft" statt ,,er ist gelaufen" – sie wenden also die richtige Regel der Perfektbildung auf ,,-t" auf ein Wort an, daß das Perfekt mit ,,-en" bildet.

Vermeidungsstrategien zeigen sich im Umgehen besonders komplexer Strukturen und der Anwendung einfacherer Strukturen. Die Benutzung einfacher Strategien verhindert jedoch häufig das richtige Verstehen: ,,Du Telefon. Telefon schon fertig."[2] könnte z. B. heißen: ,,Ich möchte telefonieren. Bist du schon fertig?" oder ,,Du kannst telefonieren. Ich bin schon fertig." Die fehlende korrekte Perfektbildung macht das Gemeinte (hier: ,,Jemand hat dich angerufen.") selbst aus dem Kontext kaum verständlich.

> Meister! – Telefon!
> Moment, ich komme.
> Nein, nein – nicht jetzt! Schon fertig.[3]

Die Ergebnisse der Forschungsprojekte sind jeweils in dem Kapitel ,,Lernschwierigkeiten" der einzelnen Grammatikkapitel angeführt. Das Heidelberger Forschungsprojekt wie auch Pienemann verwenden dabei sog. probalistische Regeln. Diese Regeln geben die Auftretenswahrscheinlichkeit an, z. B. daß das Verb lange unmarkiert auftritt (d. h. im Infinitiv und nicht konjugiert, also ,,sie machen" statt ,,sie macht").

Teil 4 untersucht die genannten Lehrwerke auf das jeweilige Grammatikkapitel: Wie ist die Verbindung zwischen Mitteilungsbereich und formalem System? Wie intensiv wird der formale Teil behandelt? Zielsetzung ist es, herauszufinden, welches Lehrwerk welche Anregung für den Unterricht geben kann und was sich die Unterrichtenden selbst erarbeiten müssen – kurz, was unter dem *Teilaspekt* Grammatik brauchbar ist.

Teil 5 versucht zunächst anhand eines selbstkonstruierten Beispiels den Blick dafür zu schärfen, daß wir Unterrichtenden selbst dann, wenn wir uns auf ein festgelegtes Grammatikkapitel vorbereitet haben, sehr häufig komplexe Formen verwenden. Diese sind häufig noch Ausnahmen zu einer erarbeiteten oder zu erarbeitenden Regel.

---

[2] Das Beispiel wurde verändert übernommen aus: Barkowski/Harnisch/Kumm: *Handbuch* . . ., a.a.O., S. 224.

[3] ebda.

Dann werden Vorschläge für den Unterricht gemacht: Exemplarisch wird eine konkrete Stunde mit Übungen ausführlich dargestellt, wobei vor allem das methodische Vorgehen aufgezeigt werden soll – die Beispiele selbst sind natürlich veränderbar.

Zusammenfassend sei noch auf den leider unvermeidlichen Mischcharakter innerhalb der einzelnen Kapitel hingewiesen: theoretische Analyse und Unterrichtspraxis klaffen mitunter noch auseinander, Lehrer- und Lernerperspektive wechseln.[4]

---

[4] s. Bausch/Kaspar, a.a.O., S. 3, die zwischen der Erwerbsperspektive und Vermittlungsmethode unterscheiden.

Systematische Grammatikvermittlung

A Satz und Verbkomplex (1. Teil)

1 Satz und Verbkomplex im Deutschen
1.1 Grammatikübersicht

Die dem übergeordneten Mitteilungsbereich „Gegenwärtige Handlungen benennen" zugeordneten Grammatikkapitel sind sehr umfangreich. Sie werden deshalb in kleine Teilgrammatikgebiete und Unterrichtsteilschritte untergliedert. Der Aufbau der Teilgebiete entspricht dem, der in der Einleitung beschrieben wurde (S. 43 ff.): Übersicht über das deutsche System; Vergleich zum muttersprachlichen System; Zusammenfassung der Lernschwierigkeiten; Analyse, wie das jeweilige Kapitel in verschiedenen Lehrwerken behandelt wird, und Unterrichtsvorschläge.

Ausgangspunkt des Unterrichts ist der Satz. Aus der Orientierung des hier vorgeschlagenen Unterrichts am Verb-Valenz-Modell ergibt sich die Konzentration auf den Verbkomplex: Zuerst auf einfache Strukturen im Präsens (Teil A), dann auf Satzergänzungen (Teil B) und dann auf die komplizierteren Verbstrukturen wie trennbare Verben, Perfekt und Modalverben (Teil C).

1.2 Vorbemerkung

Der Versuch, den Unterricht sowohl sprachsystematisch wie auch kommunikativ, d. h. auf die Bedürfnisse der Lernenden eingehend, zu gestalten, stößt auf ein durchgängiges Problem: Die Aufmerksamkeit der Unterrichtenden auf sprachlich korrekte Äußerungen blockiert häufig die Wahrnehmung der geäußerten Inhalte. Barkowski/Harnisch/Kumm berichten von einer Unterrichtseinheit zu dem Mitteilungsbereich „Zugehörigkeit benennen", in dem die Possessivpronomina (besitzanzeigende Fürwörter wie „mein", „dein" usw.) behandelt wurden. Bei einer Anwendungsübung entstand folgende Dialogsituation:

L: Ist das ihr Mann?
ef: Das ist mein Bruder.
L: Ja vielleicht.
ef: Nicht vielleicht.
ef: Ach, Sie sind Geschwister?
ef: Ja.

„Bei allen Gesprächen über die Familie war bisher nicht deutlich geworden, daß tatsächlich 2 Geschwister im Unterricht nebeneinander saßen."[5]

Dies Beispiel möge verdeutlichen, daß Fragen zur persönlichen Situation der Lernenden von der streng grammatischen Einführungssituation und Übungsphase getrennt werden sollten. Für den Unterricht bedeutet dies, daß anhand von anderen Personen

---

[5] Barkowski/Harnisch/Kumm: *Handbuch* . . ., a.a.O., S. 266.

(Leitfiguren, Stammcharaktere) die zum jeweiligen Zeitpunkt vorliegenden grammatischen Strukturen eingeübt werden sollten. Durch Rollenspiele oder direkten Transfer (= Übertragung auf die Lernenden) wird dann die Möglichkeit zum Ausdruck der eigenen Handlungen, Gefühle, Vorstellungen usw. gegeben.

1.3 Satzbau und Satzmodelle

Vielleicht erinnern sich manche an die unermüdliche Aufforderung der Unterrichtenden im Deutsch- und Fremdsprachenunterricht: ,,Antwortet bitte in ganzen Sätzen!" Das legt die Vorstellung nahe, es gebe halbe Sätze und die seien auch noch falsch. Natürlich gibt es unvollständige Sätze wie z. B. ,, *Ja, das bezahlt." – das Hilfsverb zur Perfektbildung (,,Ja. Das ist bezahlt.") fehlt. Wer jedoch den oben zitierten Satz ausspricht, meint etwas anderes. Auf die Frage ,,Gehst du mit ins Kino?" soll nämlich nicht nur mit ,,Ja", sondern mit ,,Ja, ich gehe mit ins Kino." geantwortet werden. Die beiden richtigen Antwortsätze werfen ein Licht auf die wesentliche Unterscheidung zwischen dem, was als richtig im Sprachgebrauch anzusehen ist, und dem, was Unterrichtende meinen, was richtig sei, und was in den Grammatiken als Norm vorgeschrieben ist.[1]

Beim Unterricht mit ausländischen Jugendlichen sollte man und frau sich bewußt machen, daß diese außerhalb des Unterrichts hauptsächlich gesprochene Sprache aufnehmen, und die sollte nicht im Unterricht als falsch abqualifiziert werden.

In Punkt 4 der Einleitung (S. 34 ff.) wurde bereits auf die Schwierigkeit einer Satzdefinition in den verschiedenen Grammatiken hingewiesen. Deshalb findet hier kein zusätzlicher Versuch einer Neudefinition statt, sondern es wird nur auf folgendes hingewiesen: Ein Satz baut sich aus mehreren[2] Bauteilen oder Bausteinen zusammen. Sie haben bestimmte Funktionen und manche auch festgelegte Positionen im Satz.

,,Selçuk kauft einen Blätterteig ein." Die Funktionen sind erkennbar: ,,Selçuk" ist die Nominativergänzung (Subjekt), das ,,t" in ,,kauft" weist auf die 3. Person hin[3], das ,,en" in ,,einen" auf den 4. Fall, die Akkusativergänzung. Der Satzbau ist durch den sogenannten Verbrahmen bzw. die Satzklammer typisch deutsch: Der nicht finite[4] Verbteil (,,ein") steht am Schluß des Satzes, rahmt das zwischen finitem Verbteil (,,kauft") und anderem Verbteil Stehende ein.

---

[1] Barkowski/Harnisch/Kumm weisen auf ,,zwei Sorten richtiger Sätze" hin, die Ausländern bei ihrem Spracherwerb begegnen: ,,die einen . . . sind richtig gemäß Sprachgebrauch, die andern sind richtig gemäß Grammatikalität und Sprachgebrauch." (*Handbuch* . . . , a.a.O., S. 129).

[2] Natürlich gibt es Sätze, die nur aus einem Bauteil bestehen, wie ,,Kuchen" als Antwort auf die Frage ,,Was ißt du gern?"

[3] Auch die Satzmelodie (Intonation) spielt eine Rolle. Der Satz kann so ausgesprochen werden, daß daraus eine Frage wird in dem Sinn: ,,S. kauft einen Blätterteig? Der sollte doch Nudeln kaufen!"

[4] Finites Verb = konjugiertes Verb – ,,er heißt S." im Gegensatz zum Infinitiv = Grundform –,,heißen".

Schulz · Griesbach stellen zwischen Satzbau und Inhalt einen Bezug her[5]: Je später im Satz ein Element auftaucht, um so höher sei sein Mitteilungswert. Der Satz wird in Felder eingeteilt. Das Mittelfeld geht vom finiten Verb bis zum nicht finiten Verbteil, das Nachfeld *muß* nicht besetzt sein.

Vorfeld	Mittelfeld	Nachfeld
Selçuk	kauft einen Blätterteig ein,	weil er Hunger hat.

Die Satzbaumodelle der Verb-Valenz-Grammatik beschreiben Grundstrukturen, ohne Auskünfte über den Inhalt zu geben[6]. Die Satzmuster sind abhängig von der Valenz der Verben, also der Fähigkeit der Verben, Plätze im Satz zu besetzen oder frei zu lassen. Man und frau könnte sich den Satz wie ein leeres Zugabteil vorstellen, das sechs Plätze hat. Manche Plätze können frei bleiben, manche müssen besetzt werden. Das hängt von dem Verb ab, das das Abteil ,,betritt''. Kommt z. B. das Verb ,,legen'' in das leere Abteil, so *muß* es drei Plätze belegen:

   * *Er legt*
   * *Er legt das Buch*
   Er legt das Buch auf den Tisch.

Die drei Plätze sind für

,,Er'' – die Nominativergänzung = das Subjekt
,,das Buch'' – die Akkusativergänzung
,,auf den Tisch'' – die Direktivergänzung (Richtungsergänzung)

Das Verb ,,essen'' dagegen muß nur einen Platz belegen, um einen Satz zu erzeugen, es braucht weniger Platz: ,,Er ißt.''

Je nach Grammatikmodell gibt es verschiedene Einteilungen der deutschen Sätze (Satzbaumodelle, Grundstrukturen deutscher Sätze, Satzbaupläne usw.).

Der Satz ,,Er legt das Buch auf den Tisch.'' entspräche nach der Verb-Valenz-Grammatik, die eine Liste von 10 Satzmodellen erstellt hat, dem Modell Nr. 10: Verb mit 3 obligatorischen Aktanten, d. h. alle 3 Ergänzungen sind erforderlich.[7]

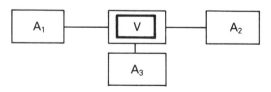

Die Unterrichtsvorschläge dieses Buches orientieren sich an dem Verb-Valenz-Modell. Die jeweiligen Satzstrukturen sind bei den einzelnen Kapiteln erwähnt oder sind in die Vorschläge integriert.

---

[5] Schulz · Griesbach: *Grammatik der deutschen Sprache,* a.a.O., S. 389 f.
[6] Helbig · Buscha: *Deutsche Grammatik,* a.a.O., S. 548 (S. 251).
[7] Helbig · Buscha, a.a.O., S. 558 (S. 255).

Die *Stellung* der einzelnen Satzglieder hängt von verschiedenen Faktoren ab, von denen hier nur kurz die syntaktischen erwähnt seien.[8] Sie legen die Stellung des finiten Verbs und der anderen Prädikatsteile fest.

1. Möglichkeit: Das finite Verb steht an 2. Stelle.
   Das ist im Aussagesatz so:
   Selçuk kauft ein Brot.
   Das ist im Fragesatz mit Fragepronomen so:
   Was kauft Selçuk?
2. Möglichkeit: Das finite Verb steht an 1. Stelle.
   Das ist im Fragesatz ohne Fragepronomen so:
   Kauft Selçuk ein Brot?
   Das ist im Imperativ so:
   Kauf ein Brot!
3. Möglichkeit: Das finite Verb steht am Satzende.
   Das ist z. B. im Nebensatz so:
   Ich hoffe, daß Selçuk ein Brot kauft.

Die Stellung des finiten Verbs wird definiert über die verschiedenen *Satzarten,* die deshalb noch einmal explizit genannt werden[9]:

Aussagesatz:	*Selçuk kauft ein Brot.*
	Entscheidungsfrage: Die Antwort ist ,,ja`` oder ,,nein``.
	Kauft Selçuk ein Brot?
Fragesatz:	
	Ergänzungs- oder Wortfrage
	Was kauft Selçuk?
	Wer kauft ein Brot?
Aufforderungssatz:	*Ich will, daß Selçuk ein Brot kauft.*
	Er soll ein Brot kaufen.
	Kauf ein Brot!

Abschließend soll der Unterschied zwischen *Satzglied* und *Wortart* erklärt werden. Der Satz ,,Selçuk kauft ein Brot.`` besteht aus drei *Satzgliedern:* ,,Selçuk`` / ,,kauft`` / ,,ein Brot``. Die Satzglieder geben eine Funktion wider, sie sind also nicht gleichzusetzen mit einem Wort oder einer Wortart. Ein Satzglied kann aus mehreren Wörtern bestehen. Die Funktionen der Satzglieder werden durch unterschiedliche grammatische Begriffe gekennzeichnet – je nach dem zugrunde liegenden Grammatikmodell. Für die folgenden Unterrichtsvorschläge wird die Terminologie des Valenzmodells verwandt.

---

[8] ebda., S. 498 ff. (S. 217 ff.).
[9] ebda., S. 541 f. (S. 244 f.).

Selçuk	Satzgegenstand Nominativergänzung Ergänzung im 1. Fall Subjekt Nominalphrase (NP)
kauft	Satzaussage Prädikat Verb[10] Verbalphrase (VP)
ein Brot	Akkusativergänzung Ergänzung im 4. Fall Akkusativobjekt Nominalphrase der VP

Auch für die *Wortarten* gibt es unterschiedliche Bezeichnungen:

Selçuk	Hauptwort Nomen Substantiv Eigenname
kauft	Tunwort/Tätigkeitswort Verb
ein	unbestimmter Artikel
Brot	Hauptwort Nomen Substantiv

1.4 Verbkomplex Präsens

Für den Muttersprachler ist das *Verb* an der Endung ,,-en" im *Infinitiv* (= Grundform: les/en) und an der Konjugierbarkeit (ich lese, du liest) erkennbar. Im Deutschen werden die Verben in *regelmäßige* und *unregelmäßige* eingeteilt. Regelmäßige Verben wechseln in den verschiedenen Zeitformen den Vokal nicht (holen – holte – geholt), sie bilden das Präteritum (auch Imperfekt oder Vergangenheit genannt) auf ,,-t" (er hol/te). Das ,,-t" ist wie eine Stütze, daher werden die regelmäßigen Verben auch ,,schwache Verben" genannt. Das *Partizip Perfekt* (Mittelwort der Vergangenheit) bilden sie ebenfalls auf ,,-t" (gehol/t).

Die unregelmäßigen oder starken Verben wechseln nach bestimmten Regeln den Vokal (lesen – las – gelesen; werfen – warf – geworfen). Sie bilden das Präteritum durch Vokalwechsel (lesen – er las) und das Partizip II auf ,,-en" (geles/en).

---

[10] ,,Verb" ist die Kennzeichnung einer Wortart. In manchen Unterrichtsvorschlägen, die am Verb-Valenz-Modell orientiert sind, so bei Barkowski/Harnisch/Kumm, wird der Begriff auch für die Funktionskennzeichnung übernommen, also statt ,,Prädikat" wird ebenfalls ,,Verb" gesagt. In diesem Buch wird das übernommen.

Es gibt für beide Gruppen Verben mit Besonderheiten, wie z. B. die häufig gebrauchten: ,,stehen", ,,gehèn", ,,denken", ,,bringen". Hier soll nur auf dreierlei aufmerksam gemacht werden:

Erstens auf die *Verbkonjugation* im Präsens. Im Deutschen sieht sie in der Regel so. aus:

1. Person Singular	ich	– e	(komme)
2. Person Singular	du	– (e)st	(kommst)
3. Person Singular	er, sie, es	– (e)t	(kommt)
1. Person Plural	wir	– en	(kommen)
2. Person Plural	ihr	– (e)t	(kommt)
3. Person Plural	sie	– en	(kommen)

Die Anrede ,,Sie" ist 2. Person Singular (höflich, statt ,,du"), sie wird jedoch wie die 3. Person Plural konjugiert: ,,Sie kommen". Das ,,e" in der 2. und 3. Person steht bei Verben, deren Stamm auf ,,d", ,,t" endet und nach Konsonantenverbindung mit ,,m" und ,,n": ,,du re*d*est", ,,du we*tt*est", ,,du rech*n*est". Bei Verben, die auf ,,s" enden, entfällt das ,,s" in der 2. Person Singular: ,,du rast".

Zweitens sei hingewiesen auf die notwendige Übereinstimmung (= *Kongruenz*) von Subjekt und Verbendung: ,,*er* lies*t*", ,,*ich* lese", wobei das Personalpronomen in der Regel mitgenannt wird (im Gegensatz zu anderen Sprachen).

Drittens auf den *Umlaut* in der 2. und 3. Person Singular bei manchen unregelmäßigen Verben, wo folgende Veränderungen stattfinden:

a →	ä	(fahren – er fährt)
au →	äu	(laufen – er läuft)
o →	ö	(stoßen – er stößt)
e →	i/ie	(geben – er gibt, lesen – er liest)

Die *Verneinung* (= Negation) wird nicht als extra Kapitel behandelt, sondern in die Unterrichtsvorschläge integriert. Im Deutschen gibt es eine Vielzahl von Möglichkeiten, etwas zu verneinen: durch ,,nicht", ,,nichts", ,,nie", ,,niemand", ,,niemals", ,,kein", ,,keineswegs", ,,nicht mehr", durch Vorsilben wie ,,un-" (unsinnig) usw. Hier wird nur die Verneinung durch ,,kein" und ,,nicht" erwähnt. Die Regeln, wann ,,kein", wann ,,nicht", wann beides verwendbar ist, sind sehr kompliziert[11].

,,Kein" wird z. B. verwendet,
– wenn der Nullartikel steht:
  Er hat Brüder. – Sie hat keine Brüder.
– wenn in einem nicht verneinten Satz der unbestimmte Artikel steht:
  Er hat ein Buch. – Sie hat keine Bücher.

Hinzu kommt noch die Schwierigkeit, daß sich ,,kein" wie ein Artikel verändert (keinen Hunger, keine Schule, kein Buch).

---

[11] Helbig · Buscha, a.a.O., S. 349 ff. (S. 193 ff.).

„Nicht" steht z. B.
– bei Verb + Akkusativergänzung, wenn beides nicht durch ein einziges Verb ersetzt werden kann:
Sie kann Auto fahren – Er kann nicht Auto fahren.
– bei geographischen Namen:
Er wohnt in der Türkei. – Sie wohnt nicht in der Türkei.

Unendlich komplizierter sind die Stellungsregeln für die Verneinung[12]. Deshalb wird hier nur auf die beiden verwiesen, die am Anfang wichtig zu vermitteln sind:
– „Nicht" steht *nach* dem finiten Verb:
Er ist Lehrer. Sie ist nicht Lehrerin.
Sie schaut auf die Uhr. Er schaut nicht auf die Uhr.
– „Nicht" steht nach finitem Verb und nach der reinen Objektergänzung, d. h. ohne Präposition:
Er findet das Buch nicht.
Sie gibt ihm die Uhr nicht.

2 Satz und Verbkomplex im Türkischen und in anderen Sprachen

Die folgenden Aussagen beschränken sich auf die Beantwortung folgender Fragen:

Zum Satzbau:	Wie ist die Reihenfolge der Satzglieder im Aussage- und im Fragesatz? Wo befindet sich das finite Verb?
Zum Verbkomplex:	Wie ist der Infinitiv? Wie wird konjugiert?
Zur Verneinung:	Gibt es Entsprechungen für „nicht" und „kein"? Wie wird das Verb verneint?

2.1 Satz und Verbkomplex im Türkischen

Im Türkischen gibt es genauso wie im Deutschen Aussage- und Fragesätze mit und ohne Pronomen. Im Gegensatz zum Deutschen ist das Türkische syntaktisch gesehen eine sparsamere Sprache, der *eine* grammatische Form zur Kennzeichnung eines grammatischen Gebiets ausreicht: Um zum Beispiel die 1. Person Singular des Verbs auszudrücken, wird nur die Endung (-um) an den Verbstamm angehängt, während im Deutschen sowohl die Endung (-e) wie das Personalpronomen (ich) erforderlich sind:

arbeiten	ich **arbeite**
çalışmak	**çalışıyorum**

Das finite Verb allein kann also einen Satz bilden. Auf die Frage: „Was machst du?" ist die korrekte Antwort: „çalışıyorum" = „arbeite" und nicht, wie im Deutschen erforderlich: „*ich* arbeite".

---

[12] Helbig · Buscha, a.a.O., S. 453–467 (S. 195 ff.).

Die Folge der Satzteile ist in Aussage- und Fragesätzen immer gleich, das Verb steht immer am Satzende[1]. ,,Satz" heißt im Türkischen ,,cümle".

Er arbeitet.	Er arbeitet bei BMW.
Çalışıyor.	BMW'de çalışıyor.

,,Frage" heißt im Türkischen ,,soru". Das Fragepronomen steht nicht wie im Deutschen am Satzanfang – wenn noch andere Satzglieder im Satz enthalten sind:

Wo arbeitet er?	**Wo** arbeitet Selçuk?
Nerede çalışıyor?	Selçuk **nerede** çalışıyor?

Fragen ohne Fragepronomen werden nicht durch Inversion, also die Umstellung von Subjekt und Verb, sondern durch eine Fragepartikel gebildet.

Das Türkische gehört zu den agglutinierenden Sprachen, die durch Anhängen von Endungen (Suffixen) – und nicht durch Einzelworte – grammatische Kategorien ausdrücken. Für die Frage ist das im Türkischen die Fragepartikel ,,mi" (mı, mu, mü – je nach Vokalharmonie), die direkt an die Präsenskennzeichnung ,,-yor" angehängt wird. Man oder frau könnte sich das wie eine Addition vorstellen:

Verb-stamm	+	Binde-vokal	+	Präsenz-kennzeichen	+	Frage-partikel	+	Binde-vokal	+	Personal-endung
çalış		ı		yor		mu		y		um

= çalışıyor muyum?

Er ⤬ arbeitet.	Çalışıyor.
Arbeitet er?	Çalışıyor **mu**?

Die *Verbkonjugation* ist im Türkischen ähnlich wie im Deutschen: Die Personen werden durch Endungen gekennzeichnet, die Personalpronomen werden jedoch nur gebraucht, wenn sie betont werden sollen.

---

[1] Laut Liebe-Harkort: *Türkisch für Deutsche*, a.a.O., S. 304, wird diese Regel in der gesprochenen Sprache häufig durchbrochen.

Präsens		çalışmak	arbeiten
1. Sg.	(ben)	çalışıyorum	ich arbeite
2. Sg.	(sen)	çalışıyorsun	du arbeitest
3. Sg.	(o)	çalışıyor	er arbeitet
1. Pl.	(biz)	çalışıyoruz	wir arbeiten
2. Pl.	(siz)	çalışıyorsunuz	ihr arbeitet
3. Pl.	(onlar)	çalışıyor(lar)	sie arbeiten

Die „Sie"-Form wird mit der 2. Person Plural wiedergegeben.

Die *Vokalharmonie* ist die Angleichung der Vokale in den Endungen an den Vokal der vorhergehenden Silbe. Es gibt eine große und eine kleine Vokalharmonie. Bei der großen Vokalharmonie folgt auf

a, ı e, i o, u ö, ü	in der vorangegangenen Silbe	ı i u ü	in der Folgesilbe.

Bei der kleinen Vokalharmonie folgt auf

a, ı o, u e, i ö, ü	in der vorangegangenen Silbe	a e	in der Folgesilbe.

Einen Vokalwechsel in der Verbkonjugation (laufen – er läuft) gibt es nicht. Vokalwechsel bedeutet im Türkischen: ein anderes Wort mit einem andern Sinn:

dönmek   *zurückkehren*
donmak   *einfrieren*[2]

„mek" oder „mak" sind die Infinitivendungen.

Die *Verneinung* wird hauptsächlich durch drei Formen ausgedrückt, nämlich durch
– *değil* bei deutschen Sätzen mit „sein":
  Selçuk değil.   *Das ist nicht Selçuk.*
– *yok* bei deutschen Sätzen mit „haben / es gibt":
  İşi yok.   *Er hat keine Arbeit.*
– *mi* (große Vokalharmonie) bei deutschen Vollverben. Die Silbe wird direkt an den Verbstamm angehängt:
  Çalışmıyor.   *Er arbeitet nicht.*

---

[2] Meyer-Ingwersen/Neumann/Kummer, a.a.O., S. 50.

Darüber hinaus gibt es das Wort „hiç", das jedoch im Verb noch die Verneinungssilbe „mi" erfordert und in etwa „nie" entspricht.

Hiç çalışmıyor.   *Er arbeitet nie.*

Je nach dem Modus der Verneinung im Türkischen wird das deutsche „nicht" oder „kein" übersetzt:

Türk değil.   *Er ist kein Türke.*
Passaportu yok.   *Er hat keinen Paß.*
Münih'te oturmuyor.   *Er wohnt nicht in München.*

2.2 Satz und Verbkomplex in anderen Sprachen (Italienisch, Spanisch, Portugiesisch, Serbokroatisch, Griechisch)

Im **Italienischen** entspricht der Satzbau dem deutschen. Die verschiedenen Satzelemente sind jedoch freier als im Deutschen. Das Personalpronomen wird, wie im Türkischen, nur verwendet, wenn es betont ist.

Es gibt Fragesätze mit und ohne Fragepronomen. Bei den Fragesätzen ohne Fragepronomen wird die Satzstellung des Aussagesatzes beibehalten. Die Frage ist dann nur an der Intonation (Satzmelodie) erkennbar:

Lavora?   *Arbeitet er?*
Lavora.   *Er arbeitet.*

Enthält der Satz ein Nomen als Subjekt, so ist die Inversion möglich:

(I bambini lavorano?)
Lavorano i bambini?   *Arbeiten die Kinder?*

Da die Personalpronomen in Subjektfunktion in der Regel entfallen, steht das Verb an 1. Stelle.

Die Verneinung steht immer vor dem Verb.

Non lavora.   *Er arbeitet nicht.*

Der Infinitiv wird durch die Endung „-are" (mangare), „-ere" „-ire" gebildet (premettere, venire).

Die Verbkonjugation ist an den Verbendungen ablesbar. Es gibt zwar einen Vokal- und Konsonantenwechsel innerhalb des Verbstammes, jedoch nur bei den unregelmäßigen Verben (vergleichbar dem deutschen „sein"):

tenere   *halten*
tengo   *ich halte*
tieni   *du hältst*
tiene   *er hält*

Die Verneinung ist „no" = „nein" oder „non" = „nicht". Eine direkte Entsprechung für „kein" gibt es nicht. „Nessuno" wird nur in der Hochsprache benutzt.

Non è Italiano.   *Er ist kein Italiener.*
Non ha passaporto.   *Er hat keinen Paß.*

Die Bildungen anderer Negationen durch Vorsilben wie auch im Deutschen ist im Italienischen „genauso produktiv"[3] (infelice = unglücklich; niente = nichts).

Die Satzstellung im **Spanischen** ist flexibler. Nach einem Subjekt (Substantiv) steht das Verb meist an zweiter Stelle. Die Personalpronomen werden wie im Türkischen und Italienischen weggelassen, da steht das Verb dann an 1. Stelle:

Trabaja en Madrid.   *Er arbeitet in Madrid.*

Die Frage wird häufig als rhetorische Frage durch Intonation, jedoch auch durch Inversion gebildet. Es gibt Fragepronomen, z. B. ,,quién" = ,,wer", ,,qué" = ,,was".

Die Verneinung steht vor dem Verb:
No trabaja.   *Er arbeitet nicht.*
No es turco.   *Er ist kein Türke.*

Es gibt drei Infinitivendungen (trabaj*ar* – arbeiten, com*er* – essen, viv*ir* – leben).

Der Vokalwechsel findet sich bei einer Vielzahl von Verben im Präsens in den stammbetonten Formen:

e – ie: *negamos, niego*   *(wir verneinen, ich verneine)*
o – ue: *contamos, cuento*   *(wir erzählen, ich erzähle)*
u – ue: *jugamos, juego*   *(wir spielen, ich spiele)*

Darüber hinaus gibt es noch andere Arten von Vokalwechsel. Es gibt, wie auch im Italienischen, zahlreiche Präverben:

convenir – übereinkommen,   **des**aparecer – verschwinden
disculpar – entschuldigen,   **en**cerrar – einschließen usw.

,,Nicht" und ,,kein" werden mit ,,no" wiedergegeben.
Hoy viene no.   *Er kommt heute nicht.*
No tengo plata.   *Ich habe kein Geld.*

Steht im positiven Aussagesatz ein unbestimmter Artikel, so kann ,,no" durch ,,ningun/ninguna" verstärkt werden.
No he encotrado   *Ich habe kein*
ningun libro interesante.   *interessantes Buch gefunden.*

Darüber hinaus gibt es noch andere Negationspartikel, z. B.:
imposible – unmöglich, **des**contento – unzufrieden usw.

Die Stellung des finiten Verbs im Satz ist im **Portugiesischen** nicht genau fixiert. Das Subjekt steht meistens vor dem Verb. Da auch im Portugiesischen die Pronominalisierung nicht obligatorisch ist, steht das Verb dann an 1. Stelle:
Vou para casa.   *Ich gehe nach Hause.*

Die Frage wird im Normalfall durch Intonationsänderung gebildet (Heben der Stimme). Inversion ist dann möglich, wenn das Subjekt besonders hervorgehoben werden soll. Es gibt auch Fragepronomen (quem = wer?; (o)que = was?), nach denen die Umstellung von Verb und Subjekt erforderlich ist.
Aonde vai a Cecília?   *Wohin geht Cecília?*

---

[3] Figge/Matteis: *Sprachvergleich Italienisch – Deutsch,* 1976, S. 51.

Es gibt drei Verbkonjugationen mit den folgenden Infinitivendungen: ,,-ar" (trabalhar = arbeiten), ,,-er" (comer = essen), ,,-ir" (abrir = öffnen).

Den Vokalwechsel gibt es in der 1. Person Singular:
dormir – schlafen; durmo – ich schlafe
servir – nützen; sirvo – ich nütze

Es gibt zahlreiche Präverben, z. B. ,,*com*por" – ,,zusammensetzen", ,,*pro*por" – ,,vorschlagen", ,,*im*pedir" – ,,hindern" usw.

Die Entsprechnung für ,,nicht, kein" ist ,,ñao". Andere Negationspartikel dienen der Hervorhebung und werden auch dementsprechend übersetzt, z. B.:
*Ñāo encontrei **nenhum** livro.*   *Ich habe **kein einziges** Buch gefunden.*
Andere Negationspartikel sind: ,,*des*agradável" = ,,unangenehm", ,,*im*possível" – unmöglich".
Die Verneinung steht unmittelbar vor dem finiten Verb:
Ñāo trabalha.   *Er arbeitet nicht.*
Ñāo é turco.   *Er ist kein Türke.*

Im **Serbokroatischen** ist der Satzbau dem Deutschen in verneinten Sätzen und in einfachen Sätzen verwandt. Das Personalpronomen dient nur zur Hervorhebung.

Die Verneinung ,,ne" oder ,,ni" steht vor dem Verb und wird in der Regel getrennt vom Verb geschrieben: ,,ne znam" – ,,ich weiß nicht". Zusammengezogen mit dem Verb wird ,,ne" oder ,,ni" nur in 3 Ausnahmefällen: ,,nisam, neću, nemam" – ,,ich bin nicht, ich werde (will) nicht, ich habe nicht". ,,Kein" wird ebenfalls durch ,,ni" wiedergegeben.

Im **Griechischen** entspricht der Hauptsatz im allgemeinen dem deutschen Hauptsatz. Die Stellung des Verbs ist jedoch nicht festgelegt. Bei Fragesätzen ist der Satzbau so wie beim Aussagesatz, nur die Intonation weist auf Aussage oder Frage hin.

Eine griechische Entsprechung zum deutschen Infinitiv gibt es nicht. Die Personen werden nur durch die Verbendung kenntlich gemacht. Der Vokalwechsel im Präsens ist unbekannt.

Die Verneinung bei Verben im Indikativ ist δεν (den) = ,,nicht" (im Konjunktiv = Möglichkeitsform μη(ν) (mi(n)) und steht vor dem Verb. ,,Nein" entspricht όχι (ochi). Für ,,kein" gibt es keine Extraentsprechung.

3 Lernschwierigkeiten

Zu Beginn des ungesteuerten Spracherwerbs finden sich bei den von Pienemann untersuchten Kindern Einzeläußerungen, zunächst Substantive, dann vereinzelt Umschreibungsversuche für einen Satz (,,italienisch" für: ,,Ich komme aus Italien".), dann vereinzelt die Negation (,,nich verstehn"), dann Verben.[1]

---

[1] Pienemann: ,,*Der Zweitspracherwerb* . . .", a.a.O., Tabelle auf S. 122.

Die Verben werden 10 Monate lang unmarkiert gebraucht, also im Infinitiv.[2]

Auch im HDP-Projekt wurde folgende Reihenfolge im ungesteuerten Spracherwerb des Verbkomplexes festgestellt: einfaches Verb – Kopula (sein, werden) – Modalverben – Hilfsverben (haben und sein) und erst sehr spät komplexe Verbstrukturen.[3] Lernende unteren Sprachniveaus stellen das Verb häufig auf den 3. oder 4. Platz und markieren es nicht. Die Drittstellung wird häufig durch eine vorangestellte Orts-, Zeit- oder Umstandsbestimmung oder durch ,,da/dann" bewirkt[4]. Bei den Anfängern haben vermutlich die muttersprachlichen Bedingungen einen Einfluß auf das Stellungsmuster[5].

Bei der Negation wird zunächst nur die Satznegation (,,nicht" bzw. ,,niks") erlernt. Nur sehr fortgeschrittene Lernende verwenden die Verneinung bestimmter Satzglieder (kein Buch – ich habe kein Buch.). Anfänger stellen das ,,nicht" vor das Verb, Fortgeschrittene stellen es richtig dahinter, die Gruppe dazwischen wechselt zwischen den beiden Möglichkeiten hin und her[6].

Folgende Lernschwierigkeiten müssen berücksichtigt werden:

Beim Satzbau:
– Tendenz zur Wort- statt Satzbildung.
– Die Zweitstellung des finiten Verbs, da besonders türkische Lernende durch ihre Sprache das Verb ans Ende setzen. Meyer-Ingwersen weist darauf hin, daß in vielen deutschen Sätzen das Verb ebenfalls am Satzende steht (wenn auch nicht immer die konjugierte Form), z. B.:
Er hat bei Karstadt eingekauft.
weil er bei Karstadt einkauft.
bei Karstadt einkaufen.[7]
– Die für türkische Lernende unerwartet nachgestellten Ergänzungen.
– Die Umstellung von Subjekt und Verb bei der Frage.
– Die Stellung des ,,nicht" nach dem finiten Verb.

Beim Verbkomplex:
– Der Umlaut.
– Verben mit Vorsilben (auch den untrennbaren Vorsilben wie in ,,besuchen"): Vom Türkischen her ist der Schüler gewöhnt, die Bedeutung ,,aus dem bloßen Stamm zu ermitteln (. . .) – ganz gleich, was im Satz sonst noch vorkommt."[8]

Bei der Negation:
– Die Unterscheidung und richtige Anwendung von ,,kein" und ,,nicht".

---

[2] ebda., S. 63.
[3] Klein: *Untersuchungen zum Spracherwerb ausländischer Arbeiter* . . ., a.a.O., S. 40.
[4] ebda., S. 46f.
[5] ebda., S. 49.
[6] ebda., S. 76.
[7] Meyer-Ingwersen: ,,Einige typische Deutschfehler bei türkischen Schülern", *Lili*, 5/1975, S. 70.
[8] Meyer-Ingwersen/Neumann/Kummer: *Zur Sprachentwicklung* . . ., a.a.O., S. 182.

Meyer-Ingwersen/Neumann/Kummer berichten, daß „kein" den türkischen Schülern sehr früh ins Auge springe, da sie es mit „hiç" (nie) identifizieren würden, während „nicht" langsamer aufgefaßt wird.[9]

4 Darstellung von Satz und Verbkomplex in verschiedenen Lehrwerken

4.1 Deutsch in Deutschland neu

Allgemeines über dieses Lehrwerk wurde bereits in der Einleitung gesagt (S. 38 f.): Primärer Anspruch sind die Vermittlung von Sprechintentionen und von sozialem Verhalten. Eine systematische Grammatikvermittlung ist nicht angestrebt.

Im 1. Kapitel werden (neben anderem) Aussage- und Fragesätze mit und ohne Fragepronomen vermittelt. Der Begriff „Satz" wird weder hier noch später erwähnt. Das gleiche gilt für das Verb als Begriff. Die Verbformen erscheinen zunächst in der 1., 2. und 3. Person Singular. Zum Verbumlaut wird im 6. Kapitel (S. 109) eine Gegenüberstellung der Verben mit Umlaut im Infinitiv und in den konjugierten Formen (ohne Kommentar) gegeben. Im Lehrerhandbuch wird die „Zweitstellung des Prädikats" (S. 45) zwar unter dem Stichwort Grammatik angeführt, jedoch nirgendwo als Regel berücksichtigt oder didaktisiert. Im gesamten Lehrwerk gibt es keinen Hinweis auf Stellungsregeln.

Die Verneinung zieht sich durch alle Kapitel. In der 1. Lektion kommt „kein" und „nein" vor. Die veränderten Formen von „kein" werden im Arbeitsheft in Verbindung mit dem Akkusativ geübt (Arbeitsheft L 3, S. 35). Die Form „nicht" wird zwar im Lehrerhandbuch als ein Grammatikkapitel zu L 2 angegeben, fehlt jedoch in der Lektion.

Sehr früh findet sich eine komplizierte Form mit Inversion: „Ein kleines kariertes Heft habe ich nicht." (Grundkurs 3.11., S. 45).

4.2 Deutsch für Jugendliche anderer Muttersprache

Das Lehrwerk wurde bereits auf S. 39 f. allgemein beschrieben: Es gibt zwar eine grammatische Progression, die der den einzelnen Kapiteln vorangestellten Übersicht zu entnehmen ist, eine explizite Begrifflichkeit gibt es darüber hinaus jedoch nicht. Im ersten Kapitel finden sich einfache Aussage- und Fragesätze mit und ohne Fragepronomen. Der Begriff „Satz" wird zwar nicht erwähnt, im Lehrerhandbuch (S. 21) gibt es jedoch einen Hinweis auf den Punkt am Satzende und die dadurch bedingte Intonation (Satzmelodie): Die Stimme senkt sich am Satzende. Im Arbeitsheft werden deshalb regelmäßig Intonationsübungen angeboten, die wichtig für das Erlernen der Satzmelodie und damit für das Verstandenwerden sind.

„Verb" als Begriff taucht nicht auf. Es wird jedoch in Lektion 3 des Grundbuches eine vollständige Konjugationstabelle aufgeführt, die die Beziehung zwischen Personalpronomen und Verbendung herausstellt. Das Verb wird in der 1. Lektion mit der 3. Person Singular eingeführt. Der Verbumlaut bleibt unerwähnt.

---

[9] ebda.

Zur Stellung des Verbs im Satz wird nur vereinzelt ein Hinweis gegeben: Bei trennbaren Verben in Lektion 9 und bei den Modalverben in Lektion 8. Die Verneinung mit ,,nein" und der Formenwechsel wird in Lektion 4 eingeübt. Die Verneinung mit ,,nicht" und die Stellungsregel werden nirgends erklärt und geübt. ,,Nicht" findet sich ab der ersten Lektion.

4.3 Sprich mit uns! Hauptschule

Auf S. 40 f. wurde bereits darauf hingewiesen, daß auch in diesem Lehrwerk eine systematische Grammatikvermittlung nicht beabsichtigt ist – zumindest nicht mit Benennung der einzelnen grammatischen Erscheinungen. Dem Lehrerhandbuch sind die Informationen entnehmbar (im Grundkurs allerdings nicht immer vollständig), welches Kapitel welches Grammatikgebiet behandelt. Aussage und Fragesätze mit und ohne Fragepronomen finden sich bereits in der ersten Lektion. Den Begriff ,,Satz" gibt es nicht.

Es werden weder zu Beginn noch im weiteren Verlauf der Lektionen Stellungsregeln angegeben, so auch nicht für das finite Verb.

Die Verben selbst werden bereits in der 1. Lektion in allen Personen eingeführt. Die 3. Person (er wohnt, sie wohnen) wird in der 1. Lektion, die ersten drei Formen Singular in der 2. Lektion und das gesamte Konjugationsschema in der 3. Lektion aufgelistet. Auf die im Text vorhandenen Ausnahmen wird im Lehrerhandbuch jedoch nicht aufmerksam gemacht (Umlaut). Im Arbeitsheft zu Lektion 5 wird ein Überblick gegeben, der auf den Vokalwechsel hinweist.

Die Verneinung mit ,,nicht" wird bereits in der 1. Lektion verwendet, ohne jemals erklärt zu werden. Die Flexionsformen von ,,kein" werden in Analogie zu ,,ein" systematisiert und geübt (L 5, Arbeitsheft).

4.4 Das Deutschbuch – Jugendliche

Auf S. 41 f. und im späteren Perfektkapitel wurde schon dargestellt, daß durch die Betonung von an der Alltagswirklichkeit ausländischer Jugendlicher orientierter Sprachhandlungen eine systematische Grammatikvermittlung entfällt.

Obwohl es in der Übersicht über den Stoff der einzelnen Lektionen im Lehrerhandbuch eine eigene Kategorie Syntax gibt, werden in den ausführlichen Kommentaren zu den einzelnen Lektionen Stellungsregeln nicht erwähnt.

In der 1. Lektion gibt es einfache Aussagesätze, Fragesätze mit und ohne Fragepronomen, Aufforderungssätze und die Verbkonjugationsformen aller Personen bis auf die 3. Person Singular. Umlaute in der Verbkonjugation werden nicht berücksichtigt.

Die Negation ,,kein" wird in der 5. Lektion im Akkusativ in allen Formen aufgeführt, auch das umgangssprachlich sehr wichtige ,,keins". ,,Nein" und ,,nicht" werden von der 1. Lektion an verwendet, aber nicht erklärt.

4.5 Deutsch hier

Unter den derzeit vorliegenden Deutschbüchern für ausländische Arbeitnehmer und Jugendliche ist ,,Deutsch hier" das einzige mit expliziter Grammatikvermittlung.

Es werden also auch die Begriffe für ,,Satz" und ,,Verb" eingeführt, in den Lehrerhandreichungen wird in der 1. Lektion auf die Stellung des finiten Verbs an zweiter Stelle im Satz hingewiesen. Die Frage wird in Wort- und Satzfrage gegliedert, was nicht unbedingt erforderlich wäre. Fragen werden bereits in der 1. Lektion mit und ohne Fragepronomen eingeführt, also mit Inversion. In den Lehrerhandreichungen wird empfohlen, bereits hier den Begriff ,,Subjekt" einzuführen. Das bedeutet insgesamt die Vermittlung von sechs grammatischen Begriffen, was sehr viel ist.

Die 1. Lektion enthält auch bereits eine Konjugationstabelle der 1. bis 3. Person Singular, inklusive ,,Sie". ,,Nein" und ,,nicht" werden nicht systematisch behandelt, ,,kein" wird im Nominativ und Akkusativ als Schema dargestellt.

5 Unterrichtsvorschläge zum Satz und Verbkomplex
5.1 Didaktische Fragestellungen

Das in den vorangegangenen Kapiteln Gesagte beinhaltet bereits eine Auswahl der grammatischen Kapitel zum Gesamtkomplex Satz, Verb, Negation. Zur Illustration wird ein kurzer Text vorangestellt. Wer will, kann versuchen, die Anzahl der in ihm enthaltenen Regeln herauszufinden und aufzulisten.

+ Wer ist denn das?
- Kennst du die nicht?
+ Ich glaub nicht.
- Das ist doch Gülçen.
+ Wer?
- Gülçen. Sie geht immer in unsern Deutschkurs.
+ Was sagst du? Das glaub ich nicht!
- Du schläfst auch immer!

Der Text enthält folgende Regelanwendungen:
- Aussagesatz;
- Inversion;
- Fragesatz mit und ohne Fragepronomen;
- Verbkonjugation 1.–3. Person Singular;
- Verb mit Umlaut;
- Verb ,,sein";
- Personalpronomen im Akkusativ;
- Präpositionalergänzung.

Die Lehrerentscheidung, anhand dieses Textes die Begriffe ,,Satz", ,,Frage" usw. zu erklären oder nicht, wird vom Sprachstand der Lernergruppe abhängen. Da es leichter ist, komplexe Texte zu finden, und schwieriger, einfache Texte, werden in allen Unterrichtsvorschlägen dieses Buches einfache Texte zur Erklärung der grammatischen Regelmäßigkeiten herangezogen. An ihnen wird das methodische Vorgehen exemplarisch erklärt – es kann jederzeit auf andere Textbeispiele übertragen werden.

Die zweite Frage ist die nach der Anzahl und der Differenzierung der auf einmal zu vermittelnden Regeln. Nach dem Prinzip der didaktischen Reduktion sollte möglichst nur eine Regel veranschaulicht werden.

In einem Exkurs werden vor der Darstellung des Unterrichts Anregungen zum Kursbeginn gegeben: zum Kennenlernen und zur Spracheinschätzung.

5.2 Exkurs: Die erste Stunde

Die Unterrichtenden stellen sich selbst vor: ,,Ich heiße . . . '' Ein Schüler oder eine Schülerin wird gefragt: ,,Und du/Sie?'' Die Lernenden fragen sich auch untereinander. Anschließend kann ein Spiel gemacht werden:

Alle sitzen im Kreis, neben dem Unterrichtenden steht ein leerer Stuhl, auf den er zeigt und sagt: ,,Mein rechter Stuhl ist leer, ich wünsche mir die/den (. . .) her.'' Wichtig ist dabei, die Angesprochenen anzusehen! Wer aufgerufen ist, setzt sich auf den leeren Stuhl. Wer rechts neben sich jetzt einen leeren Stuhl hat, macht weiter.

Die sprachliche Formulierung kann natürlich vereinfacht werden, indem man oder frau nur auf den leeren Stuhl zeigt und den Namen eines Lernenden sagt. Je nach Sprachstand kann die Ausgangsinformation erweitert werden mit dem Spiel ,,Flaschendrehen'':

Wieder sitzen alle im Kreis, einer in der Mitte dreht eine leere Sprudelflasche und stellt eine Frage: ,,Wie heißt du?'' Antworten müssen jeweils die, auf die der Flaschenhals zeigt. Die Fragen werden zunehmend ergänzt um ,,Woher kommst du? Wie alt bist du? Wo wohnst du? Wo arbeitest du? In welche Schule gehst du?'' usw. Wer richtig antwortet, wenn der Flaschenhals auf ihn gezeigt hat, darf weiterdrehen.

5.3 Exkurs: Einschätzung des Sprachstandes

Um wenigstens einen groben Überblick über den Sprachstand der Kursteilnehmer zu bekommen, haben wir im Goethe-Institut über Overheadprojektor der gesamten Gruppe ein Bild gezeigt, zu dem sich alle Teilnehmer mit sehr wenigen Lehrerimpulsen frei zum Bild äußern konnten. Sowohl Einzelworte wie Sätze haben wir gelten lassen, auch alle inhaltlichen Assoziationen. Dann haben wir das Bild kopiert und alle haben sich schriftlich geäußert.

Ein geeignetes Bild ist das auf Seite 64.

Quelle: *Deutsch hier*, Lehrbuch, S. 20.

5.4 Unterrichtsvorschlag
Der Satz / Die Frage mit Fragepronomen
Das Verb steht an zweiter Stelle im Satz

Es empfiehlt sich, anhand fester Figuren, die den Unterricht durchgehend begleiten, den Grammatikstoff zu systematisieren. Dazu eignet sich eine Handpuppe oder gezeichnete Figuren (die können aus einem Lehrbuch abgezeichnet werden). Die 1. Leitfigur hier heißt Adem.

1. Phase: Hinführung

Der Unterrichtende wiederholt nachdenklich einige Namen von Lernenden (Wie heißt du? Du heißt . . .), deutet dann auf die Puppe oder die gezeichnete Figur und fragt: ,,Und er/sie?". Der Unterrichtende spricht mit unterschiedlicher Stimmhöhe die beiden Rollen der Dialogpartner:

+ Wie heißt er?
- Adem.
+ Woher kommt er?
- Aus Adana.
+ Wo wohnt er?
- Er wohnt jetzt in München.
+ Was macht er in München?
- Er sucht Arbeit.
  Er lernt erst mal Deutsch.

Zur Freude der Lernenden haben wir beim Sprechen die Verben ausgelassen und stattdessen einen ,,Hikser" ausgestoßen: ,,Wie . . . er?" und dann die Verben von den Schülern finden lassen.

2. Phase: Verständnissicherung

Mit möglichst geringer verbaler Hilfestellung wird der Text mündlich rekonstruiert. Der Unterrichtende zeigt auf die Figur, beginnt mit der ersten Frage ,,Wie . . . ?" und läßt den ersten Satz und dann den ganzen Text wiedergeben. Es muß sicher sein, daß jeder Satz verstanden wird – durch Beispiele, Vorspiel oder abschließende Übersetzung.

3. Phase: Einüben der Strukturen

Der Text ist vom Unterrichtenden auf Tonband gesprochen worden und wird Satz für Satz eingeübt: Der Text wird einmal ganz vorgespielt, dann Satz für Satz von einzelnen Lernenden nachgesprochen. Wenn jemand den Satz nicht verstanden hat, wird er nochmal vom Band vorgespielt – nicht vorgesprochen, da sich die Intonation zu leicht ändert. Sprachlich Fortgeschrittenere können ganze Textpassagen (zu zweit mit verteilten Rollen) wiederholen, und nicht nur den gerade vorgespielten Satz. Eine alternative Einübungsmöglichkeit ist die Einübung in Partnerarbeit: Je zwei Lernende versuchen, für sich den Text (ohne Textvorlage!) zu sprechen.

4. Phase: Hinführung zur Systematisierung

Der Text ist bis auf die Verben auf ein großes Plakat geschrieben: An der Stelle, wo die Verben stehen, sind Lücken gelassen. Die Verben sind auf Kärtchen geschrieben (Achtung, daß die Lücken groß genug sind!), und oval als Kennzeichen für das Verb ausgeschnitten oder umrahmt. Die Kärtchen liegen auf dem Boden/Tisch und sollen in die richtige Lücke des Plakats gelegt werden (s. Abb. 1).

Abb. 1

usw.

Bei der ersten Anwendung dieser Übungsform kann der oder die Unterrichtende das stumm vormachen. Wenn die Gruppe das Gefühl hat, der Text stimme (in großen Gruppen sollten zwei Plakate geschrieben werden), wird vorgelesen und notfalls korrigiert.

Abb. 2

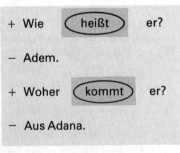

usw.

Abb. 3

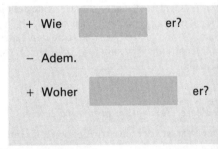

usw.

Die Kärtchen können umgedreht werden, so daß wieder ein Lückentext entsteht (Abb. 3), und noch einmal gelesen werden. Wer nicht weiter kommt, kann ja das Kärtchen umdrehen und nachschauen. Dieser Teil ist besonders für sprachlich Schwächere gut geeignet.

5. Phase: Systematisierung

Der oder die Unterrichtende nimmt ein Kärtchen hoch, zeigt es allen Lernenden und fragt: ,,Was ist das?" Diese Frage ist zwar ungenau, aber unkomplizierter als das präzise ,,Welche Wortart ist das? Was für ein Wort ist das?". Antworten wie ,,heißt" oder ,,ein Kärtchen" sind zu erwarten. Wichtig ist jedoch, daß die Lernenden, die wissen, was erfragt wird, ihr Wissen anbringen können. Kommt die erwartete Antwort nicht, so gibt erst dann der oder die Unterrichtende sie selbst: ,,Das ist ein Verb." Die anderen Kärtchen werden ebenfalls hochgehoben, der Begriff von den Lernenden wiederholt, dann angeschrieben und oval eingerahmt. Die muttersprachlichen Begriffe werden erfragt und ebenfalls angeschrieben (türkisch: fiil).

TA 1 (Tafelanschrift)

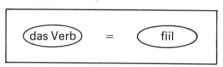

Weiter wird gefragt: ,,Zu dem Verb gehört auch eine Person."[1], dabei wird auf ,,er" gezeigt: ,,Wie heißt die Person?" (Er – Adem). Die anderen Beispiele werden ebenfalls auf die dazugehörige Person (Personalpronomen oder Namen) untersucht. Die Verbformen werden an die Tafel / auf ein Plakat geschrieben, der Begriff ,,Verb mit Person" wird wiederholt, angeschrieben, der muttersprachliche Begriff ebenfalls (türkisch: kişi ile fiil). Die Infinitivformen werden erfragt oder angegeben (,,Wie heißt das Verb ohne Person?" bzw. ,,Wie heißt der Infinitiv?") und angeschrieben. In diesem Stadium gibt es die folgende Tafelanschrift:

TA 2

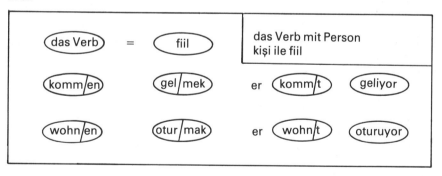

Der oder die Unterrichtende fragt nach der Position des Verbs: ,,Wo steht das Verb?" Die Tafelanschrift wird um die Antwort ergänzt: Das Verb mit Person steht an 2. Stelle. (Mit ,,an zweiter Stelle" ist das Satzglied gemeint, nicht das Wort. Es ist schwierig, den Lernenden diesen Unterschied klarzumachen. Das ist gebunden an die Satzanalyse der Nominativergänzung (des Subjekts). Hier ist also bewußt ein Satzbeispiel wie ,,Adem und seine Schwester wohnen in München" vermieden.)

---

[1] Barkowski/Harnisch/Kumm haben das finite Verb im Unterricht ,,Verb mit Person" genannt. s. Handbuch . . ., a.a.O., S. 203.

Weiter liest der Unterrichtende den Satz „Er wohnt jetzt in München." und fragt mit gestischer Unterstützung: „Wie heißt das (Ganze)?"

„Das ist ein Satz." Der muttersprachliche Begriff (türkisch „cümle") wird erfragt, beides wird mit dem Beispiel angeschrieben und ein betont dicker Punkt gemacht.

TA 3

der Satz	cümle
Er wohnt in München ●	Münih'te oturuyor ●

In gleicher Vorgehensweise wird der Begriff „Frage" erarbeitet: Es wird auf eine Frage (z. B. „Wo wohnt er?") und besonders auf das Fragezeichen gezeigt, die Begriffe und ein Beispiel angeschrieben.

TA 4

die Frage	soru
Wo wohnt er?	Nerede oturuyor?

Die Verbposition wird nochmals wiederholt, besonders bei der Frage.

6. Phase: Anwendung

Zur ersten Anwendung sind die Beispielsätze aus dem Dialog auf Kärtchen geschrieben (je ein Satzteil), sie werden verteilt. Die Lernenden sollen gemeinsam Sätze bilden und die entsprechenden Kärtchen in das abstrakte Satzmuster legen:

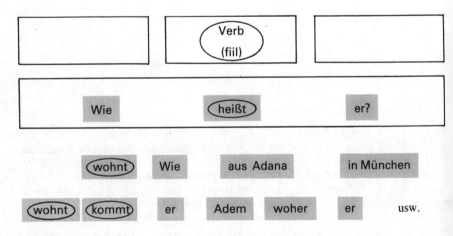

Diese Übung kann auch auf einem Arbeitsblatt gemacht werden.

Die Tafelanschrift soll von den Lernenden in ein extra Grammatikheft abgeschrieben werden, oder sie wird fotokopiert und in Mappen eingeheftet. Sie sollte zusammenfassend so aussehen:

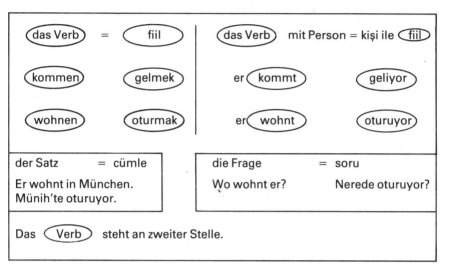

Weitere Übungsmöglichkeiten:
- In Gruppen oder in Partnerarbeit schreiben die Lernenden eigene ,,Daten" oder die des Partners auf Kärtchen – also z. B. ,,Ich wohne . . ." oder ,,Er wohnt . . .". Alle Kärtchen werden gemischt und gemeinsam in das abstrakte Satzmuster gelegt.
- Der Ausgangstext wird als Lückentext verteilt, wobei schon differenziert werden kann: Bessere Lernende erhalten einen Text, in dem sowohl das Verb wie auch die dazugehörige Person (Subjekt) fehlen.
  Abschließend und auch zur Korrektur wird allen der Dialogtext ausgeteilt (oder diktiert).

Zum Abschluß des 1. Teilschritts sei noch folgendes erwähnt:

Die technische Fähigkeit, bestimmte Übungstypen überhaupt zu erkennen und damit schriftliche Übungsaufgaben lösen zu können, sollte nicht als selbstverständlich vorausgesetzt werden. Das Ausfüllen eines Lückentextes erfordert z. B. das Wissen, daß die Lücke ausgefüllt werden soll und daß etwas Bestimmtes in diese Lücke gehört. Dabei sind zwei Mißverständnisse möglich: Einmal, es gehe um den Inhalt eines Satzes und nicht um seine formale Struktur. Zur Illustration dient das folgende Beispiel, in dem nach den Ortspräpositionen gefragt wurde (,,in die Schule", ,,in den Kindergarten").

> Meine Kinder gehen _____*keine*_____ Schule.
>
> Meine Tochter geht _____ Kindergarten. *keine Platz*

Quelle: Barkowski/Harnisch/Kumm: *Handbuch für den Deutschunterricht mit ausländischen Arbeitern*, 1980, S. 38.

Zum andern wird automatisch, ohne Nachdenken irgendetwas eingesetzt, z. B. das Gleiche wie beim letzten Lückentext, oder es wird der Satzteil über der Lücke einfach abgeschrieben.[2]

Eine wirksame Möglichkeit, die Unsicherheit zu verringern, ist es, das erste Beispiel der Arbeitsblätter *vor* dem Austeilen der Blätter an der Tafel (am OHP) gemeinsam zu erarbeiten.

5.5 Unterrichtsvorschlag
Vergleich der Laute und Buchstaben des deutschen und des türkischen Alphabets

Die Aufmerksamkeit für die lautlichen Schwierigkeiten der Lernenden beim Sprechen, Schreiben und Lesen sollten den Unterricht kontinuierlich begleiten. Eine ausführliche Analyse für die türkischen Lernenden findet sich bei Meyer-Ingwersen/Neumann/Kummer, ,,Zur Sprachentwicklung . . . ", Übungsmöglichkeiten in ,,Deutsch hier".

Zur Lehrerinformation
– Es gibt im Deutschen Laute und Buchstaben, die es in der jeweiligen Muttersprache nicht gibt. Die Lernenden suchen sich dann als Ersatz für den unbekannten Laut oder Buchstaben einen Laut oder Buchstaben, der einem ihm aus seiner Muttersprache bekannten am ähnlichsten ist. Die größten Lernschwierigkeiten stellen jedoch die ,,schwerer erfaßbaren *geringen* Unterschiede"[3] dar, weil die nicht wahrgenommen werden.
– Es gibt im Deutschen Buchstaben, die in der Muttersprache der Lerner anders ausgesprochen werden. Diese Aussprache wird dann ins Deutsche übernommen. Deshalb ist es wichtig, im Unterricht erst viel mündlich zu üben, bevor der Laut/das Wort im Schriftbild auftaucht, also gelesen oder geschrieben wird.

Das folgende Schema gibt einen Überblick über das deutsch-türkische Alphabet und faßt die Unterschiede zusammen. Für die anderen Sprachen kann das entweder in den Sprachvergleichen nachgelesen werden (s. Literaturangaben) oder in dem Heft 2/3 1980 der Zeitschrift ,,Deutsch lernen". Die Gegenüberstellung geht vom deutschen Lautsystem aus. In der türkischen Spalte ist nur dann etwas angegeben, wenn es dort anders ist.

---

[2] Meyer-Ingwersen/Neumann/Kummer: *Zur Sprachentwicklung* . . ., a.a.O., S. 222f.
[3] Klein: *Untersuchungen zum Spracherwerb* . . . , a.a.O., S. 37.

Deutsche Laute	Türkische Aussprache	Türkische Buchstaben
a	Kurze und lange Aussprache gibt es nicht.	
ä		Existiert als Buchstabe nicht.
b		
c	wie ,,dsch" gesprochen (Django)	ç = tsch (tschüs)
d		
e	meist kurz	
f		
g		ğ, kaum gesprochen, leicht wie ,,j"
h	in der Wortmitte häufig wie ,,ch".	
i		ı (ohne Punkt) und i
j	wie in ,,Journal"	
k		
l		
m		
n		
o		
ö		
p		
q		—
r		
s	immer stimmlos wie in ,,Eis"	s ş (wie ,,sch")
t		
u		
ü		
v	immer stimmhaft wie ,,Vase"	
w		—
x		—
y	immer wie ,,j"	
z	immer stimmhaft, nie stimmlos wie ,,Zahn" (ts)	

Für türkische Lernende gilt also:
- Lange und kurze Laute werden nicht unterschieden, der Unterschied muß gelernt werden („Schal", „Schall").
- Die Buchstaben ä, q, ß, w und x gibt es im Türkischen nicht.
- Im Deutschen gibt es die türkischen Buchstaben ç, ş, ğ, ı (ohne Punkt) nicht. Sie werden jedoch manchmal von den Schülern angewandt, z. B. „şule" (für „Schule").
- Die Buchstaben h, s, v, z werden im Türkischen anders gesprochen als im Deutschen:
  h wie ch („er geht" wie „er *gecht");
  s stimmlos wie in „Eis";
  v weich wie in „Vase", nicht hart wie in „Vater";
  z wird weich wie in „Sahne" gesprochen („der *Sahn").

Zum Unterricht

Im Unterricht können sich die Unterrichtenden einen Namen (auch Nachnamen), den sie immer noch nicht aussprechen können, mit Hilfe der Lernenden buchstabieren lassen, um zu sehen, ob einige dazu schon in der Lage sind. In jedem Fall wird gemeinsam das Alphabet anhand der Namen, die es in der Gruppe gibt, erarbeitet. Dazu könnte vor Unterrichtsbeginn das deutsche Alphabet schon auf Plakat, Tafel oder OHP geschrieben sein. Die allgemein gültige phonetische Umschrift für die Laute ist ein Zeichensystem für sich, das wiederum einer Erklärung bedarf und somit keine Hilfestellung bietet. Am sinnvollsten ist es, die Aussprache der deutschen Buchstaben nur mündlich zu üben (buchstabieren) und schriftlich nur die Buchstaben, so wie sie geschrieben werden, festzuhalten.

Vorbereitende Übungen[4]:
- Das Alphabet ist auf Einzelkärtchen geschrieben. Jeder Teilnehmer nimmt ein Kärtchen und spricht den Buchstaben, der auf seinem Kärtchen ist, aus, liest ihn also vor. Fortgeschrittenere können zusätzlich ein Wort bilden, das mit dem genannten Buchstaben beginnt.

- Bingo:
  Alle Lernenden haben ein Blatt, auf das ein Quadrat gezeichnet und das in 9 Felder unterteilt wird. In jedes Feld wird ein Buchstabe geschrieben, den sich die Lernenden selbst ausdenken.

---

[4] Beide Spiele sind aus: Spier, A.: *Mit Spielen Deutsch lernen*, 1981, S. 8 und S. 14.

Vor Spielbeginn kontrolliert der oder die Unterrichtende, ob die Kästchen richtig ausgefüllt sind, und hat selbst einen Zettel mit dem deutschen Alphabet. Ein Buchstabe wird aufgerufen (z. B. ,,b‟), und alle Lernenden, die diesen Buchstaben aufgeschrieben haben, streichen ihn durch – der Unterrichtende bei sich auf dem Zettel auch, damit kein Buchstabe zweimal aufgerufen wird. Wer zuerst alle Buchstaben auf seinem Blatt durchgestrichen hat, ruft ,,Bingo‟ und hat gesiegt.

Es können auch Zettel mit ausgefüllten Quadraten verteilt werden, der Unterrichtende ruft die entsprechenden Buchstaben und nicht auf dem Zettel enthaltene Buchstaben auf. Die Lernenden müssen sie ausstreichen.

– Eine weitere Übungsmöglichkeit ist das Telefonspiel. Auf Kärtchen sind Namen geschrieben. Alle Teilnehmer erhalten ein Kärtchen mit einem Eigennamen. Der Name auf der jeweiligen Karte ist der, den die Teilnehmer bei der Telefonauskunft erfragen wollen. Einer von den Teilnehmern oder der Unterrichtende spielt Telefonauskunft. Ein Teilnehmer beginnt die Auskunft anzurufen:

+ Ich möchte die Nummer von Busche.   + Busche.
– Wie ist der Name?   – Buchstabieren Sie bitte!

Der Anrufer buchstabiert. Zur Teilnahme und Kontrolle für alle können die Namenskärtchen aufgestellt werden (Karteikarten mit dickem Filzstift beschriften). Der erste Frager spielt dann die Auskunft – wobei der Dialog natürlich beliebig ausgewalzt werden kann.

Eine Variante des Spiels für Fortgeschrittenere: Es werden verschiedene Namen an die Lernenden verteilt (z. B. zusammengeschnittene Kopie aus dem Telefonbuch, ohne die Nummern), alle suchen sich einen Namen aus, rufen die Auskunft an und müssen den Namen nach der Telefonbuchstabiertafel buchstabieren. Diese Tafel sollten alle in der Hand haben. Der Dialog könnte dann so aussehen:

+ Welche Nummer hat bitte Josef Hitzler?   + Hitzler, Josef.
– Wie bitte?   – Also: Heinrich, Ida . . .
    + Ach so.

(Um den Schwierigkeitsgrad zu ermessen, könnte man oder frau das ja mal selbst mit z. B. türkischen Vornamen machen.)

Buchstabiertafel

A = Anton	J = Julius	S = Samuel
Ä = Ärger	K = Kaufmann	Sch = Schule
B = Berta	L = Ludwig	T = Theodor
C = Cäsar	M = Martha	U = Ulrich
Ch = Charlotte	N = Nordpol	Ü = Übermut
D = Dora	O = Otto	V = Viktor
E = Emil	Ö = Ökonom	W = Wilhelm
F = Friedrich	P = Paula	X = Xanthippe
G = Gustav	Q = Quelle	Y = Ypsilon
H = Heinrich	R = Richard	Z = Zacharias
I = Ida		

Quelle: *Deutsch hier*, Lehrbuch, S. 10.

5.6 Unterrichtsvorschlag
Verkonjugation
Verneinung mit „nicht"

Zur Behandlung der Verbkonjugation werden zwei Situationsbilder angeboten. Das sich anschließende methodische Vorgehen ist identisch.

Bild 1

Quelle: *Deutsch hier*, Lehrbuch, S. 9.

Bild 2

Quelle: *Sprich mit uns!*, Hauptschule, Textbuch, Lektion 9, S. 17.

1. Phase: Einführung – freie Äußerung zum Bild

Die Lernenden äußern sich zu allem, was sie auf dem Bild (1 oder 2) sehen, in Einzelworten oder ganzen Sätzen, je nach Sprachstand. Die Unterrichtenden sollten nur zwei Leitfragen stellen: ,,Was seht ihr?" und später ,,Was sagen sie?", um die Entstehung von Dialogteilen zu initiieren. Zur zusammenfassenden Wiederholung können die Lernenden die Rollen der auf dem Bild dargestellten Personen übernehmen: ,,Du bist der . . . " (bei Bild 1 auf den Wirt zeigen), ,,Du bist der . . . " (auf den zeigen, der in die Kneipe kommt), ,,Du bist der . . . ", (auf den zeigen, der an der Theke sitzt): ,,Was sagt ihr?"

Wenn sich die Lernenden nicht trauen, kann man oder frau zunächst selbst eine der Rollen übernehmen. Wichtig ist, daß die sprachlichen Strukturen aufgenommen werden, die von der Gruppe in dieser Phase gekommen sind. Alle Lernenden sollten zwei Strukturen aktiv beherrschen (z. B. ,,Guten Abend". – ,,Was trinken Sie?" – ,,Ein Glas Tee." / ,,Ein Bier.").

2. Phase: Vertiefen der Strukturen

Die Lernenden teilen sich in Gruppen zu viert auf. Im Verlauf des gesamten Unterrichts sollten die Gruppen nach folgenden Kriterien gewechselt werden: a) Zusammensetzung nach Neigung der Lernenden; b) die Unterrichtenden setzen die Gruppen so zusammen, daß unterschiedlich Sprachniveaus in einer Gruppe sind; c) wie b), aber nach Sprachniveau getrennt, d. h. sprachlich Fortgeschrittenere sitzen in einer Gruppe und sprachlich Schlechtere in einer anderen Gruppe.

Die Gruppen erstellen auf einem großen Plakat einen Dialog. Der kann mit dem vorher Geübten identisch sein oder neu gestaltet werden. Die Unterrichtenden gehen in den Gruppen herum und korrigieren die Fehler. Dann werden die Plakate mit den Texten aufgehängt, so daß alle sie lesen können, und werden von der Gruppe, die den Text erstellt hat, vorgelesen oder vorgespielt.

Phase 3: Hinführung zur Systematisierung

Der Unterrichtende hat auch einen Text gemacht, der ebenfalls aufgehängt und gelesen wird.

Textvorschlag zu Bild 1

+ Guten Abend. – Ach, was machst du denn hier?
– Ich rede und trinke ein bißchen.

O Guten Abend. Was trinken Sie?
+ Ein Glas Tee.
– Komm, wir trinken ein Bier.
+ Nein, ich mag das nicht.
O Also, trinkt ihr jetzt ein Bier?
+ Nein danke.
– Na gut. Ein Bier und ein Glas Tee bitte.

Textvorschlag zu Bild 2

+ Wer kommt denn da?
– Fazıl. Hallo Fazıl.
O Wie heißt du?
– Fazıl.
+ Woher kennst du Fazıl?
– Er wohnt auch in der Müllerstraße.
O Komm, wir gehen jetzt.
– Wohin geht ihr denn?
O Ich weiß noch nicht.
– Komisch. Ich verstehe das nicht. Warum geht ihr?

Nach der ersten Lektüre durch den Unterrichtenden muß das Textverständnis geklärt werden! Dazu wird jeder Satz gelesen und erklärt (mit Gesten und notfalls Übersetzung durch bessere Lernende) und dann von den Lernenden mit verteilten Rollen gelesen.

Phase 4: Systematisierung

Der oder die Unterrichtende liest den Satz noch mal und fragt: ,,Wo ist das Verb?" (Text 1: Was *machst* du denn hier?; Text 2: Wer *kommt* denn da?) Das Verb wird auf dem Plakat oval eingerahmt. So werden alle Verben in dem jeweiligen Text erfragt und eingerahmt. Dann wird gefragt und dabei auf das Verb gedeutet: ,,Ist das ein Verb mit Person? Wie heißt die?" Dabei sollte als Beispiel die erste Person herausgegriffen werden: Text 1: ,,ich trinke", Text 2: ,,ich verstehe". Die Form wird angeschrieben. Alle andern konjugierten Verbformen werden der Reihe nach aus dem Text erfragt, parallel angeschrieben und dann die fehlenden Personen (in Text 1: 3. Person Singular und Plural; in Text 2: 3. Person Plural und ,,Sie") ergänzt. Dabei ist folgende Tafelanschrift entstanden:

TA 1

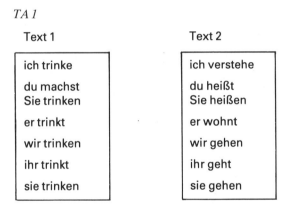

Text 1

ich trinke
du machst
Sie trinken
er trinkt
wir trinken
ihr trinkt
sie trinken

Text 2

ich verstehe
du heißt
Sie heißen
er wohnt
wir gehen
ihr geht
sie gehen

Anhand dieser Tafelanschrift wird die Verbkonjugation erklärt. Am besten wird mit der 3. Person Singular begonnen, weil die Struktur aus Teilschritt 1 bekannt ist.

Der oder die Unterrichtende zeigt auf ,,er wohnt" und fragt ,,Was ist das?" (Verb mit Person). ,,Die Person heißt ,er', dann steht am Verb ein ,t'." Das Beispiel wird angeschrieben, das ,,t" abgetrennt und das ,,er" eckig eingerahmt:

So werden alle Übereinstimmungen von Person und Verbendung erklärt bzw. erfragt.

Zur Vertiefung sollte anhand *eines* Verbs überprüft werden, ob das Schema verstanden worden ist. Dazu wird ein Beispiel herausgegriffen (Text 1: ,,du machst", Text 2: ,,er wohnt") und nach dem Infinitiv gefragt. Der wird ebenso wie der muttersprachliche Begriff an die Tafel geschrieben.

Das erste Personalpronomen (ich) wird angeschrieben, die konjugierte Verbform erfragt, und so werden alle Formen durchkonjugiert und angeschrieben – wobei die Lernenden selbst soviel wie möglich herausfinden. So entsteht zunächst die Konjugationstabelle ohne „Sie". Die Personen werden mit Ziffern gekennzeichnet (1. „ich", 2. „du" usw.), die dritte Person wird um „sie" und „es" erweitert (Fatma = sie, Adem = er, das Baby = es). Abschließend wird „Sie" ergänzt. Durch ein Beispiel sollte das erklärt werden: Einer der Lernenden wird gefragt: „Wo wohnst du?" (Er antwortet:) „Ich frage Frau (Namen einer Person nennen, z. B. einer anderen Lehrerin, die die Lernenden kennen): Wo wohnen Sie?" Das Schema wird um die „Sie"-Form ergänzt. Folgende Tafelanschrift müßte entstanden sein:

Text 1

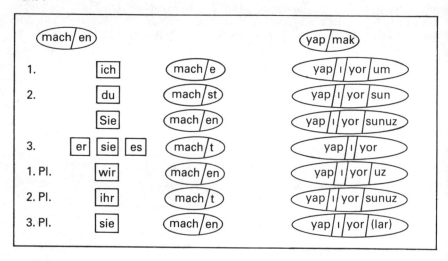

Text 2

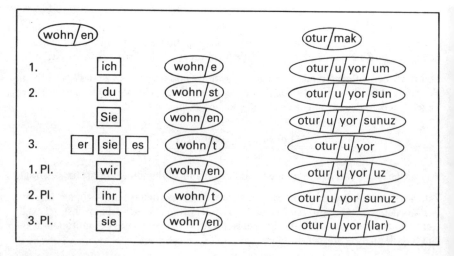

Phase 5: Übungen

1. Zunächst sollte das Formensystem mündlich eingeübt werden. Ein Verb wird im Infinitiv vorgegeben, und die Lernenden sollen es mit einer Person ihrer Wahl konjugieren (heißen – ich heiße). Wer über eine Muttersprache der Lernenden verfügt, könnte es wagen, einen deutschen Verbstamm z. B. mit einer türkischen Endung kombinieren zu lassen, etwa ,,wohnen" – ,,ich" wird zu ,,ich wohnuyorum". (Diese Übung wird in Liebe-Harkort, ,,Türkisch für Deutsche", vorgeschlagen und hat viel Spaß gemacht).

2. In einen Kartonstreifen werden Einschnitte geschnitten, durch die Papierstreifen gezogen werden[5]. Auf dem ersten stehen die Personalpronomen, auf dem zweiten die Verbstämme, auf dem 3. die Endungen und auf dem letzten die Ergänzungen. Ist z. B. der Verbstamm ,,wohn" gegeben, so wird ein Personalpronomen hineingesteckt (ich) und die zugehörige Verbendung (und eventuell Ergänzung) gesucht.

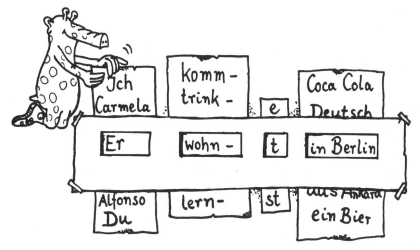

Quelle: *Deutsch hier*, Lehrbuch, S. 18.

3. Auf Kärtchen sind Personalpronomen, Verbstämme, Verbendungen geschrieben, die die Lernenden zusammensetzen müssen.

Variante
Die Verbendungen sind nicht vorgegeben, die Lernenden haben leere Kärtchen, auf die sie die Endungen schreiben müssen.

---
[5] Die Idee hat ein Seminarteilnehmer, Wolfgang Lehmann, mitgebracht.

79

4. Memory

Auf jeweils einem Kärtchen sind Personalform und Verbstamm geschrieben, auf dem anderen die Endung.

ich **(wohn|** **|e.)**

Alle Karten liegen verdeckt. Alle Lernenden dürfen zwei Karten aufdecken, zeigen sie den anderen, behalten sie, wenn sie zusammen passen, sonst drehen sie sie wieder um und zwar so, daß sie wieder am gleichen Platz liegen. Der nächste deckt zwei Karten auf usw., gewonnen hat, wer die meisten zusammengehörigen Kärtchen behalten konnte.

5. Es werden zwei Gruppen gebildet: Jede Gruppe schreibt Verben im Infinitiv und die Personalpronomen auf. Gruppe 1 nennt Gruppe 2 ein Verb und ein Personalpronomen (wohnen – sie), jemand aus Gruppe 2 muß die richtige Antwort sagen. Dann umgekehrt: Gruppe 2 nennt Gruppe 1 ein Verb und ein Personalpronomen.

Es können verschiedene Spielregeln festgelegt werden:
– Jede Gruppe darf jemanden aus der anderen Gruppe zur Antwort aufrufen, erst wenn alle dran waren, darf der- oder dieselbe noch einmal aufgerufen werden.
– Die Gesamtgruppe darf z. B. 30 Sekunden beraten, bevor die Antwort gegeben wird.
– Jede falsche Antwort ergibt einen Minuspunkt.

6. Arbeitsblätter

Adem fragt Fazıl:

+ Was _machst_	du in München?	(machen)
– Ich _____	bei BMW.	(arbeiten)
+ Was _____	du?	(arbeiten)
– Ich _____	Autos.	(lackieren)
+ Wie _____	deine Kollegen?	(heißen)
– Ich _____	nicht.	(wissen)

Adem fragt Frau Busche:

+ Wo _____	Sie?	(arbeiten)
○ Ich _____	bei Siemens.	(arbeiten)
+ Was _____	Sie?	(arbeiten)
○ Ich _____	Glühbirnen.	(montieren)
+ Was _____	Sie gerne?	(trinken)
○ Milch		
+ Was _____	Sie gerne?	(essen)
○ Brot.		

Frau Busche fragt Fazıl:

○ Wo _____	Adem?	(wohnen)
Was _____	Adem?	(arbeiten)

usw.

80

Anmerkung:
Noch so gut überlegte kommunikative und spielerische Übungen, noch so viele Arbeitsblätter ersetzen das eigene Lernen nicht. Um dies zu unterstützen, sollte man oder frau keine Scheu haben, die Konjugationsformen stur abzufragen. Es geht dabei nicht um den Rückfall in alte Paukerei, sondern um die Einsicht, daß in bestimmten Phasen Formenlernen ohne kommunikative Einbettung lernverkürzend ist. Wir haben das übrigens im Goethe-Institut im Lehrerfortbildungsprojekt nie gemacht. Inzwischen scheint mir diese Ablehnung des Formenlernens eher der eigenen ideologischen Selbstbefriedigung (nämlich kommunikativ zu sein) gedient zu haben, als daß sie den Lernenden genützt hätte.

6. Phase: Verneinung

Die Verneinung mit ,,nicht" soll inhaltlich und in ihrer Stellung im Satz nach dem finiten Verb verdeutlicht werden. Dazu kann auf das Bild auf S. 75 zurückgegriffen werden. In Ergänzung zu dem für dieses Bild vorgeschlagenen Dialog können die Lernenden den Personen Namen geben und etwas über ihre Beziehungen aussagen. (Etwa: Gülē sie mag Fazıl. Peter kennt Fazıl nicht. Er mag Fazıl nicht.) Zwei der Antworten, die von den Lernenden kamen, werden an die Tafel geschrieben – eine positive und eine negative. Dann wird nach dem Verb in den beiden Sätzen gefragt, es wird eingerahmt. Die Bedeutung von ,,nein" oder ,,nicht" kann gestisch (Kopfschütteln oder ablehnende Bewegung) erklärt werden. Dabei entsteht in etwa diese Tafelanschrift:

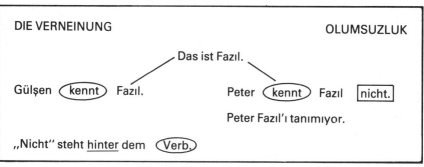

Wer lieber auf den Ausgangstext zurückgreifen möchte, kann folgende Textpassagen entwickeln und systematisieren: Das Bild wird gezeigt, der oder die Unterrichtende übernimmt die Rolle des Mädchens und fragt: ,,Wohin geht ihr?" Die Lernenden antworten in den Rollen der anderen Personen auf dem Bild. Statt des in der oberen Tafelanschrift genannten Beispiels stünde dann dort:

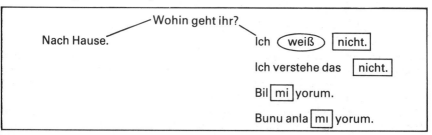

Zur Einübung ist die Stellung des „nicht" nach dem Verb am wesentlichsten. Als erste Übung bietet sich daher ein Arbeitsblatt an, auf dem die Sätze gepuzzelt sind:

Mache Sätze!

Er   nach   nicht   geht   Hause.

Fazıl   nicht   Peter   kennt.

bei Siemens   nicht   Frau Busche   arbeitet.

usw.

Für Fortgeschrittenere können alle Sätze gepuzzelt werden und nicht nur je ein Satz.

Als zweite, mündliche Übung bietet sich ein Rollenspiel zur Sprechintention „Etwas ablehnen" an. Das kann in Gruppen oder – später – mit einzelnen Lernenden gemacht werden. Einer der Lernenden oder eine Gruppe erhält ein Kärtchen, auf dem z. B. steht: „Du bist ein Junge. Du möchtest mit Ayşe ins Kino gehen." Der Spieler muß sich – allein oder in der Kleingruppe – überlegen, wie er die Einladung formuliert. Eine andere Lernende oder eine Gruppe erhält das „Gegenkärtchen": „Ein Junge will mit dir ins Kino gehen. Du möchtest nicht." Nach kurzer Beratungszeit wird vorgespielt. Die Differenzierungsmöglichkeiten sind hier besonders groß. Von der einfachen Struktur:

    – Gehst du mit ins Kino?
    + Nein.

sind zahlreiche Varianten bis zu einem Dialog denkbar:

    – Ich gehe ins Kino. Kommst mit?
    + Ich weiß nicht. Was gibt's denn?
    – Das weiß ich auch nicht.

7. Phase: Transfer und Benützung des Wörterbuchs

Dasjenige Bild und derjenige Text von S. 74/75, die bisher nicht benutzt wurden, sollten hier, auch zur Vokabelerweiterung, eingebracht werden. Das Bild wird gezeigt und dann mündlich (oder auch zusätzlich schriftlich) von den Lernenden ein Dialog erstellt. Dann wird der Lehrertext ausgeteilt. Die unbekannten Worte sollten erst auf deutsch von einem der Lernenden durch Gestik, Zeichnung usw. erklärt werden, dann sollen in Gruppen die entsprechenden muttersprachlichen Begriffe im Wörterbuch nachgesehen werden. Man oder frau könnte mit den Verben beginnen: Zunächst muß der Infinitiv gebildet, dann das Alphabet richtig beherrscht und dann die richtige Entsprechung gefunden werden. Letzteres können die Unterrichtenden zwar nicht mehr kontrollieren, aber die Technik, ein Wörterbuch überhaupt zu benutzen, sollte im Unterricht eingeführt werden.

5.7 Unterrichtsvorschlag
Verbkonjugation mit Umlaut

Es ist wichtig, frühzeitig auf den Umlaut hinzuweisen, damit er im Hören überhaupt wahrgenommen und bei der Vokabelarbeit bewußt mit einbezogen werden kann: Um die Bedeutung von ,,sie liest" im Wörterbuch nachschauen zu können, muß gewußt werden, daß der Infinitiv ,,lesen" heißt. Zwei Möglichkeiten für den Unterricht bieten sich an:

1. Der folgende Text wird vom Unterrichtenden vorgelesen und dann an die Lernenden ausgeteilt: Adem kommt nach Hause. Sein Vater schläft. Seine Mutter wäscht Wäsche. Seine Schwester trägt die Wäsche. Adem nimmt ein Stück Brot. ,,Ne yiyorsun?" fragt seine Mutter. ,,Ekmek." sagt er und liest Zeitung.[6]

Die Lernenden sollen dem Unterrichtenden den Text erklären. Dazu könnte von dem türkischen Satz ,,Ne yiyorsun?" (Was ißt du?) ausgegangen und gefragt werden: ,,Wie heißt das auf Deutsch?". An Details kann erfragt werden: ,,Welche Person ist das?" (-sun = du) ,,Wie heißt das Verb ohne Person im Türkischen?" yemek yemek. Die deutsche Bedeutung soll im Lexikon nachgeschlagen bzw. überprüft werden. Beide Infinitive und die 2. Person Singular, die ja im Text vorkommt, werden in deutsch und in der jeweiligen Muttersprache angeschrieben. Die anderen Konjugationsformen werden erfragt. Wenn sie unbekannt sind, so werden sie vom Unterrichtenden genannt. Die Tafelanschrift sieht so aus:

essen	yemek	
1. ich esse	yemek	yiyorum
2. du ißt	yemek	yiyorsun
Sie essen	yemek	yiyorsunuz
3. er, sie, es ißt	yemek	yiyor

Gemeinsam werden nun im Text alle Verben oval eingerahmt. In zwei Gruppen erhalten die Lernenden die Aufgabe, den deutschen und türkischen Infinitiv der Verben durch Nachschlagen im Wörterbuch zu ermitteln und aufzuschreiben. (Wegen möglicher mehrerer Übersetzungsmöglichkeiten sollte man einen türkischen oder anderssprachigen Kollegen – je nach dem, wie jeweils die Muttersprache in der Gruppe ist – vorher um Übersetzung bitten.)

---

[6] Die Rollenverteilung (Vater und Sohn lesen, die Frauen waschen) sollte problematisiert werden: ,,Wie ist das bei euch? Wie findet ihr das? – ohne sie zu verurteilen. Wer will, kann ja schon im Ausgangstext die Rollen ändern: Die Mutter schläft – der Vater macht die Wäsche . . .

Wenn beide Gruppen fertig sind, wird folgende Fassung gemeinsam erstellt:

(Verb) ohne Person = Infinitiv	2. Person	3. Person
(komm/en) = (gel/mek)	du kommst	er kommt
(schlaf/en) = (uyu/mak)	du schläfst	er schläft
tragen = taşımak	du trägst	er trägt
nehmen = almak	du nimmst	er nimmt
fragen = sormak	du fragst	er fragt
sagen = söylemek	du sagst	er sagt
lesen = okumak	du liest	er liest

Manche Verben haben bei „du" (2. Person) und „er, sie, es" (3. Person) einen anderen Vokal:
e → i   nehmen: du nimmst, er nimmt
e → ie   lesen: du liest, er liest
a → ä   schlafen: du schläfst, er schläft

Die Tafelanschrift wird so entwickelt, daß zunächst nur die Infinitive in deutsch und der jeweiligen Muttersprache angeschrieben werden, dann die konjugierten Formen der 3. Person, die aus dem Text herausgesucht werden können, und zuletzt wird die 2. Person Singular ergänzt. Erst wenn alle Beispiele angeschrieben sind, wird die Regel erarbeitet (dazu die Vokale im deutschen Infinitiv unterstreichen).

2. Die einzelnen Verben mit Umlaut werden auf Kärtchen gezeichnet und verteilt. Die Bedeutung in deutsch und in türkisch bzw. der entsprechenden Muttersprache wird erfragt, im Lexikon nachgeschaut und aufgeschrieben. So entsteht wie bei Version 1 eine Tafelanschrift, wiederum zuerst nur alle Infinitivformen, dann die 3. Person und dann die 2. Person.

Verb ohne Person = Infinitiv		2. Person	3. Person
	(les/en) = (oku/mak)	du liest	er liest
	(essen) = (ye/mek)	du ißt	er ißt
usw.			

Zur Erfragung der 3. Person werden die Kärtchen verteilt, die dort gezeichnete Tätigkeit wird vorgespielt und gefragt: ,,Was macht er/sie?" (z. B.: Er schläft.) Die Formen werden angeschrieben, dann die 2. Person und zum Abschluß erst wird die Regel formuliert.

Bei 1 und 2 wird die Tafelanschrift abgeschrieben oder als Fotokopie verteilt. Abschließend wird nach dem Muster der Tafelanschrift ein Arbeitsblatt verteilt, das die wichtigsten Verben im Infinitiv auf deutsch enthält. Im Wörterbuch sollen die muttersprachlichen Bezeichnungen nachgesehen, eingetragen und die 2. und 3. Person Singular aufgeschrieben werden.

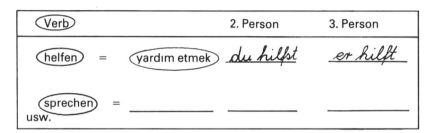

Geeignete Verben sind:
treffen, werfen, messen, geben, lesen, blasen, graben, raten, brechen, fangen, halten, stoßen, sehen, fallen, tragen, geschehen, schlagen, stehlen, stecken, raten, nehmen.

Für Fortgeschrittenere können Sätze vorgegeben werden bzw. die Aufgabe wird gestellt, eigenständig Sätze mit den Verben zu bilden. Im ersten Fall müßte das Arbeitsblatt so aussehen:

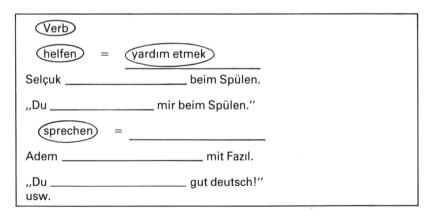

5.8 Unterrichtsvorschlag
Zusammenfassung der Fragepronomen
Frage ohne Fragepronomen

Aus dem Bisherigen können wiederholend die Fragemöglichkeiten zusammengestellt werden. Dazu wird die Leitfigur Adem gezeigt (als Puppe oder am OHP), der Sprechimpuls des Unterrichtenden ist: ,,Ich bin sehr neugierig. Wo wohnst du?" Ein Schüler spielt Adem, oder alle Lernenden sagen, was sie über Adem wissen – ,,Ich wohne . . ." oder ,,Er wohnt . . .".

Die Fragen werden von den Lernenden an der Tafel notiert. Ebenso die muttersprachlichen Übersetzungen. Dann wird der Begriff ,,Frage" (auf das Fragezeichen deuten) und die Verbposition wiederholt. Dabei entsteht die erste Tafelanschrift. Der Begriff ,,Fragepronomen" wird eingeführt, und die Fragepronomen selbst werden eingerahmt.

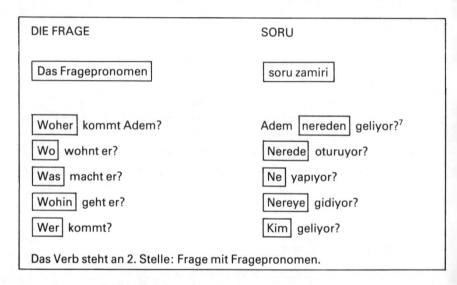

Die im ersten Schritt der Systematisierung gegebenen Schülerantworten werden vom Unterrichtenden aufgegriffen: Bei ,,Woher kommt Adem?" – ,,Adem kommt aus der Schule." wird die Frage ,,Kommt Adem aus der Schule?" gestellt. Die Antwort und die Frage werden untereinander angeschrieben, dann ein weiteres Beispiel:

,,Adem wohnt in München." – ,,Wohnt Adem in München?" Es wird nach dem Verb gefragt, das eingerahmt wird. ,,Wo steht das Verb im ersten Satz?" – ,,Wo steht das Verb im zweiten Satz?" Mit Pfeilen wird der Positionswechsel – das Verb rückt an die erste Stelle – gekennzeichnet und verbalisiert. Die erste wie die folgende Tafelanschrift werden abgeschrieben bzw. fotokopiert und verteilt.

---

[7] Die Frage bezieht sich z. B. auf die Antwort ,,Aus der Schule.", nicht auf ,,Aus der Türkei.", da wird anders gefragt.

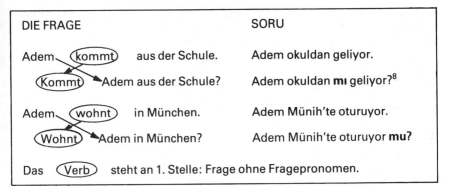

DIE FRAGE	SORU
Adem **kommt** aus der Schule.	Adem okuldan geliyor.
Kommt Adem aus der Schule?	Adem okuldan **mı** geliyor?[8]
Adem **wohnt** in München.	Adem Münih'te oturuyor.
Wohnt Adem in München?	Adem Münih'te oturuyor **mu?**

Das **Verb** steht an 1. Stelle: Frage ohne Fragepronomen.

5.9 Das Verb ,,sein''
5.9.1 Das Verb ,,sein'' im Deutschen

Das Verb ,,sein'' – in der Grammatik auch ,,Kopula'' genannt – unterscheidet sich von den anderen Verben dadurch, daß es im Deutschen kaum im Infinitiv benutzt wird und nicht in Endstellung vorkommt[9]. Es wird jedoch sehr häufig benutzt – und zwar in den konjugierten Formen[10].

Der Anteil von ,,sein'' an der Satz*bedeutung* ist relativ begrenzt. Wenn es fehlt, so fehlt zwar die Zeitdimension, jedoch ist ,,Ich Ingenieur''[11] verständlich – unklar bleibt nur, ob der Sprecher Ingenieur *war* oder *ist*. Als Vollverb (im Gegensatz zu seiner Funktion als Hilfsverb in zusammengesetzten Zeiten, etwa ,,ich bin gelaufen'') regiert ,,sein'' den Nominativ als Prädikativ, also eine Ergänzung zum Verb im 1. Fall. Diese Ergänzung kann sein:
– ein Adjektiv: ,,Er ist müde.''
– ein Nomen/Substantiv: ,,Sie ist Türkin.''
– ein Adverb: ,,Sie ist dort.''

5.9.2 Das Verb ,,sein'' im Türkischen und in den anderen Sprachen
5.9.2.1 Das Verb ,,sein'' im Türkischen

Die türkischen Entsprechungen von ,,sein'' sind sehr vielfältig und kompliziert, da es ein Verb ,,sein'' nicht gibt – das Verb ,,olmak'' kommt nur in bestimmten Funktionen und Redewendungen vor.

---

[8] Aus inhaltlichen Gründen (nicht aus strukturellen) wird in dem Beispiel die Fragepartikel ,,mu'' an das Nomen gehängt. (,,Kommt er aus der *Schule?*)

[9] Meyer-Ingwersen: ,,Einige typische Deutschfehler . . .'', a.a.O., S. 72.

[10] Klein/Dittmar: *Developing Grammars* . . ., a.a.O., S. 128: Ein Satz von 5 Sätzen hat bei den untersuchten Heidelberger Sprechern eine Kopula.

[11] ebda., S. 129.

Statt des Verbs wird eine Endung verwendet, die den Personalendungen beim Vollverb entspricht, z. B.:

> müde   = yorgun
> Ich bin müde.   = Yorgunum.
> Du bist müde.   = Yorgunsun.
> Er ist müde.   = Yorgun(dur).

Bei Substantiven werden die gleichen Endungen angehängt:

> Ich bin Türkin.   = Türküm.
> Sie ist Türkin.   = Türk(tür).

Ebenso bei den Adverbien:

> Ich bin dort.   = Oradayım.
> Sie ist dort.   = Orada(dır).

(,,y" ist ein Bindekonsonant)

Bei der Verneinung steht das Wort ,,değil", an das ebenfalls die Endungen des Personalpronomens angehängt werden:

> Ich bin nicht müde.   = Yorgun değilim.
> Er ist nicht müde.   = Yorgun değil.
> Ich bin keine Türkin.   = Türk değilim.
> Sie ist nicht dort.   = Orada değil.

5.9.2.2 Das Verb ,,sein" in den anderen Sprachen

Im **Italienischen** gibt es das Verb ,,sein" = ,,essere" als Vollverb und als Hilfsverb.

Im **Spanischen** entspricht ,,sein" = ,,ser" bzw. ,,estar", wobei ,,ser" eine dauernde Eigenschaft, ,,estar" einen vorübergehenden Zustand bezeichnet.
(Soy turco. Ich bin Türke.
Estoy cansado. Ich bin müde.)

Auch im **Portugiesischen** gibt es die beiden Verben mit den gleichen Funktionen.
(Sou turco. Ich bin Türke.
Estou cansado. Ich bin müde.)

Im **Serbokroatischen** gibt es ,,sein" als Voll- und Hilfsverb.

Im **Griechischen** tritt ,,sein" als Hilfsverb nur zur Bildung der Passivvergangenheitsformen auf. Die Formen ,,sind" und ,,ist" entsprechen einer einzigen Form: είναι (ine).

5.9.3 Lernschwierigkeiten

Auffällig ist, daß die Deutschlernenden die konjugierten Formen von ,,sein" sehr regelmäßig und sehr lange nicht benutzen: Drei der vier im Heidelberger Projekt untersuchten Sprechergruppen wenden die Kopula auch nach langer Aufenthaltsdauer in Deutschland nicht an, bzw. sehr selten.[12] Auch die von Pienemann untersuchten Kinder erwerben zunächst andere Verben, sie verwenden die Formen von ,,sein" in einer bestimmten Phase des Spracherwerbs gar nicht mehr (tilgen sie)[13] und gebrauchen sie dann mit richtiger Satzstellung.

Unwesentlich erscheint mir, ob das Weglassen durch die Muttersprache bedingt ist oder eine Phase auf dem Weg zum Deutschlernen (Interlingua); wesentlich ist, daß die Weglassung bei allen Ausländern vorkommt:
– ,,das Türe" (für: ,,Das ist eine Tür.")[14]
– ,,hier Junge" (für: ,,Hier ist ein Junge.")[15]
– ,,Ich Ingenieur" (für: ,,Ich bin Ingenieur.")[16]

Der Gebrauch von ,,sein" stellt eine Lernschwierigkeit dar, die gesondert berücksichtigt werden sollte. Das wird in den vorhandenen Lehrwerken jedoch nicht getan.

5.9.4 Das Verb ,,sein" in den Lehrwerken

In **Deutsch in Deutschland neu** tauchen Formen mit ,,ist" regelmäßig ab der ersten Lektion auf (Das ist Maria. Das ist gar kein Bleistift).

In **Deutsch für Jugendliche anderer Muttersprache** ist die Konjugation von ,,sein" in die der allgemeinen Verbkonjugation integriert.

Sprich mit uns! Hauptschule enthält bereits in der 1. Lektion alle Formen. ,,Ist" und ,,sind" werden im Arbeitsheft geübt. Ein vollständiges Konjugationsmuster wird in Lektion 8 im Zusammenhang mit der Perfektbildung gegeben.

Das Deutschbuch druckt alle Formen bis auf die 3. Person (,,ist") rot, betont sie also, erklärt jedoch die 3. Person der Personalpronomen ,,sie" und ,,er" und nicht die Konjugation von ,,sein": ,,*Ich bin* Türke." Aber: ,,*Arif* kommt aus der Türkei. *Er* ist Türke." (Grundbuch S. 24)

Die Form ,,ich bin" wird sehr ausführlich im Zusammenhang mit Berufen eingeübt (leider werden alte Rollenklischees reproduziert: ,,Er ist Arzt. Sie ist Krankenschwester.")

---

[12] Klein/Dittmar: *Developing Grammars* . . ., a.a.O., S. 128.
[13] Pienemann: ,,Der Zweitspracherwerb . . .". , a.a.O., S. 45f., S. 76. Auf die unterschiedlichen Erklärungen des Heidelberger Pidgin Projektes, der ZISA und Pienemanns als nicht erworbener vs. getilgter Strukturen wurde bereits auf S. 15f. hingewiesen.
[14] Meyer-Ingwersen/Neumann/Kummer: *Zur Sprachentwicklung* . . ., a.a.O., S. 200.
[15] Pienemann, a.a.O., S. 51.
[16] Klein/Dittmar, a.a.O., S. 129.

Auch in **Deutsch hier** werden die Formen verstreut ab der 1. Lektion verwendet und dann im Zusammenhang mit dem Perfekt (Lektion 10!) aufgelistet, wobei jedoch die 2. Person Singular und Plural fehlt. Vorher wird die 3. Person im Zusammenhang mit dem Adjektiv herausgehoben (,,Paul ist stark." S. 47).

Nebenbei bemerkt: ,,bin" heißt im Türkischen ,,tausend".

5.9.5 Unterrichtsvorschläge

Der Mitteilungsbereich ,,Personen identifizieren" kann erweitert werden. Ausgangspunkt sind die Leitfiguren Adem und seine Freundin Rosa.

1. Phase: Einstiegsmöglichkeiten

a) Das folgende Bild wird über OHP projiziert:

Quelle: *Deutsch hier*, Lehrbuch, S. 42.

Die Lernenden äußern sich mündlich zum Bild, sie können auch zusätzlich einen eigenen Dialog verfassen. Dann hören sie folgenden Text vom Tonband:

> + Hallo Rosa, wie geht's?
> − Nicht gut.
> + Warum? Was ist los?
> − Ich bin krank.
> + Das ist nicht schlimm.
>   Ich bin immer müde.
> − Du bist lustig.
>   Ich bin wirklich krank.
> + Das tut mir leid.
>   Hier, das ist für dich.

b) Der folgende Text wird vorgelesen:

Adem ist Türke. Er kommt aus Adana. Er ist 17 Jahre alt. Er ist Lehrling. Er arbeitet jetzt
bei BMW. Er ist oft müde.
Rosa ist Arzthelferin. Heute ist Berufsschule. Es ist langweilig.
,,Woher bist du?" fragt Adem.
,,Aus Italien. Und du?"
,,Aus Adana."
Der Lehrer ruft: ,,Jetzt seid still."
,,Wir sind ja schon still", sagt Adem.

2. Phase: Verständnissicherung

Bei a) wird gefragt: ,,Was ist los?", und der Inhalt des Dialogs wird rekonstruiert, bei
b): ,,Wer ist Adem?" – ,,Wer ist Rosa?"

3. Phase: Hinführung zur Systematisierung

Bei a) wird der Dialog vom Tonband Satz für Satz eingeübt, bis er ganz wiedergegeben werden kann. Bei b) wird der Text ausgeteilt und mehrmals gelesen, anschließend werden Fragen zum Text gestellt. Das Textverständnis muß in Phase 2 gesichert
worden sein.

4. Phase: Systematisierung

Das Vorgehen bei a) und b) ist gleich: Der Text wird auf OHP (Plakat) gezeigt, bei a)
der Satz ,,Ich bin krank.", bei b) der Satz ,,Er kommt aus Adana." gelesen und nach
dem Verb gefragt. Es wird oval eingerahmt. Die anderen Sätze werden nacheinander
gelesen und das Verb von den Lernenden eingerahmt. Bei a) werden ,,Wie geht's?"
und ,,Das tut mir leid" nicht analysiert (nur auf Schülerfrage hin). Folgendes Tafelbild wird entwickelt:

a) ,,Ich bin krank" und die muttersprachliche Übersetzung werden erfragt und aufgeschrieben. Die anderen Formen von ,,sein" und der Infinitiv werden angeschrieben.

1. Ich <u>bin</u> krank.	Hastayım.
2. Du <u>bist</u> lustig.	Delisin. (verrückt)
3. Das <u>ist</u> schlimm.	Bu kötü.

Anhand eines anderen Beispiels wird eine vollständige Tabelle mit den Lernenden
gemeinsam erstellt.

Es kann eine Schülerin gefragt werden: ,,Woher bist du?" – ,,Aus der Türkei." –
,,Du bist Türkin." Alle Formen werden aufgeschrieben, abgeschrieben oder wieder verteilt:

sein	
1. Sg. Ich bin Türkin.	Türküm.
2. Sg. Du bist Italienerin.	İtalyansın.
2. Sg. Sie sind Türke.	Türksünüz.
3. Sg. Er ist Türke.	Türk.
3. Sg. Sie ist Türkin.	Türk.
1. Pl. Wir sind Türken.	Türküz.
2. Pl. Ihr seid Türken.	Türksünüz.
3. Pl. Sie sind Türken.	Türkler.

b) Die Konjugationsformen werden aus dem Text herausgefiltert und abschließend die 1. Person Singular, die „Sie"-Form und der Infinitiv hinzugefügt.

sein

1. Sg. Ich bin aus der Türkei.
2. Sg. Du bist aus Italien.
       Sie sind aus Italien.
3. Sg. Er ist Lehrling.
3. Sg. Sie ist Arzthelferin.
1. Pl. Wir sind still.
2. Pl. Ihr seid still.
3. Pl. Sie sind still.

5. Phase: Übungen

Die Texte werden als Lückentexte ausgeteilt. Die Formen von „sein" müssen eingesetzt werden. Da „sein" im Deutschen sehr vielseitig verwendet wird, bieten sich Wortschatzerweiterungsübungen an. Dazu einige Anregungen:
– Kärtchen mit Symbolen (je nach Sprachstand der Gruppe mit dem Begriff auf der Rückseite des Kärtchens) werden verteilt. Ein Kursteilnehmer fragt: „Wie geht's?" und ruft jemanden auf. Der oder die gibt die Antwort entsprechend dem Kärtchensymbol, z. B. „Schlecht. Ich bin krank."

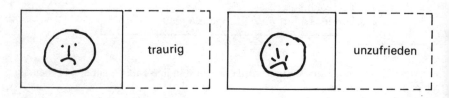

Geeignete Adjektive sind:
krank, traurig, allein, müde, glücklich, verheiratet, unzufrieden, arbeitslos . . .

– Arbeitsblatt: Bilde Sätze!

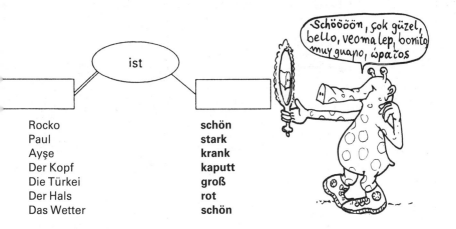

Rocko	schön
Paul	stark
Ayşe	krank
Der Kopf	kaputt
Die Türkei	groß
Der Hals	rot
Das Wetter	schön

Quelle: *Deutsch hier,* Lehrbuch, S. 47.

– Berufe:
Von dem folgenden Bild kann eine Folie hergestellt werden. Vor der Herstellung
sollten die Berufsbezeichnungen mit Tipp-Ex auslackiert werden und gefragt werden, welche Berufe dargestellt sind. Darüber hinaus kann dazu erfragt werden, wer
was über diese Berufe weiß, was man oder frau da machen muß, welche Ausbildung erforderlich ist, welche Berufswünsche die Kursteilnehmer haben. (Abb.
S. 94)
– Behördenspiel:
Einer ist Beamter und fragt die zu ihm Kommenden (,,Woher sind Sie? Woher
kommen Sie? . . .‟). Da die Behördenerfahrungen der Jugendlichen negativ sein
werden, ist dies Spiel eine Möglichkeit, darüber zu reden. Wer dies vermeiden
möchte, kann das Spiel als Rollenspiel umdrehen, indem er oder sie die 1. Rolle
spielt und dabei sichtlich unwahre Angaben macht (,,Ich bin Türkin.‟ – bei deutschen Lehrerinnen).
– Personenraten:
In Kleingruppen denken sich die Lernenden eine Person aus der Gruppe aus,
schreiben auf, was sie von der zu ratenden Person wissen (Nationalität, Alter,
Schule, Beruf). Die Aufzeichnungen werden vorgelesen und es wird gemeinsam
geraten, wer gemeint ist.

Quelle: *Das Deutschbuch*, Grundbuch Jugendliche, S. 20.

5.10 Das Personalpronomen im Nominativ
5.10.1 Das Personalpronomen im Deutschen

Im Deutschen wird der Begriff „Personalpronomen" gern mit „Fürwort" übersetzt. Das trifft bei der 1. Person (ich/wir) und bei der 2. Person (du/Sie/ihr) nicht zu. Es wird auch gesagt, das Personalpronomen stünde für eine Person, das trifft bei der 3. Person „es" nicht zu, da „es" für Sachen steht. (Wo liegt das Buch? Es liegt dort.)[17] Am günstigsten ist es, die Stellvertreterfunktion in der 3. Person an Beispielen zu erklären.

Das Wort „es" ist im Deutschen so kompliziert[18], daß es hier nur als Ersatz für das Neutrum (das Buch) systematisch behandelt wird. Die anderen Funktionen bleiben unerklärt; sie sollten im Anfangsunterricht nur als Vokabeln gelernt werden (so die Funktion als logisches Subjekt, „Es friert mich.", und als formales Subjekt, „Es klingelt.").

Das unpersönliche „man" und die noch nicht in die Sprache und Grammatik allgemein selbstverständlich eingegangene „frau" kommen nur im Nominativ vor. Sie werden aus dem Kontext erklärt: „man/frau" im Sinne von „jeder", „alle Leute", wobei auf Passivkonstruktionen geachtet werden muß: „Man öffnete die Tür." = „Die Tür wurde geöffnet."

5.10.2 Das Personalpronomen im Türkischen und in den anderen Sprachen
5.10.2.1 Das Personalpronomen im Türkischen

Die Personalpronomen werden im Türkischen nur dann ausdrücklich genannt, wenn sie betont oder hervorgehoben werden sollen.

Beispiel:

Nerede çalışıyorsun?	*Wo arbeitest du?*
BMW'de. Ya sen?	*Bei BMW. Und du?*
Ben Siemens'te çalışıyorum.	*Ich arbeite bei Siemens.*

Normalerweise entfallen die Personalpronomen, insbesondere dann, wenn sie als Subjekt stehen:

Ne yapıyorsun?	*Was machst du?*
Almanca öğreniyorum.	*Ich lerne Deutsch.*

Die Personalpronomen im Türkischen heißen im Nominativ (= Fall) GOETHE-INSTITUT

_____

[17] Helbig · Buscha, a.a.O., S. 199 (S. 95).
[18] s. ebda., S. 352ff. (S. 156 ff.).

Stennerstraße 4
5860 Iserlohn
Tel.: (02371) 28083

1.	ben	(ich)
2.	sen	(du)
3.	o	(er, sie, es)

1. Pl.	biz	(wir)
2. Pl.	siz	(ihr/Sie)
3. Pl.	onlar	(sie)

„Man" und „sie" und „es" gibt es nicht. „Sie" entspricht der zweiten Person Plural (siz).

5.10.2.2 Das Personalpronomen in den anderen Sprachen

Auch in den anderen *Vergleichssprachen* wird das Personalpronomen nur verwendet, wenn es betont ist.

Im **Italienischen** gibt es für „man" die Entsprechung „si", für „es" gibt es theoretisch die Entsprechung „esso/essa", die in der gesprochenen Sprache jedoch nicht vorkommt.

Das „Sie" wird durch die 3. Person Singular „lei" wiedergegeben – es kann auch durch die 2. Person Plural „voi" ausgedrückt werden, was jedoch eine sehr höfliche Anrede ist, z. B. für den Papst!

Im **Spanischen** wird „man" durch die reflexive Form mit „se" gebildet („Man sagt, daß . . ." = „Se dice que . . ."), bei reflexiven Verben wird für „man" „uno" verwendet.

Die „Sie"-Form wird mit „usted" und der 3. Person Singular bzw. mit „ustedes" und der 3. Person Plural gebildet.

Für „es" gibt es zwar keine Entsprechung, jedoch eine Reihe von unpersönlichen Ausdrücken wie z. B. „Es ist notwendig." = „Es necesario."

Im **Portugiesischen** gibt es für „man" zwei Entsprechungen: „se", die reflexive Form („Não se sabe." – „Das weiß man nicht.") und die 3. Person Plural, z. B. „Man sagt, daß . . ." = „Dizem que . . ."

Die Hierarchisierung in der Anrede „Sie" ist im Portugiesischen sehr viel stärker als im Deutschen:

– *o senhor* (+ 3. Person Singular)	Distanzierte Anrede gegenüber gesellschaftlich Höherstehenden.
– 3. Person Singular/Plural des Verbs ohne Personalpronomen	Entspricht in etwa der „Sie"-Anrede bei Gleichgestellten.
– 3. Person Singular/Plural mit Personalpronomen *você/vocês*	Anrede zwischen „Sie" und „du", z. B. unter Kollegen.

Eine Entsprechung von „es" gibt es nicht: „*É* necessário." = „Es *ist* notwendig."

Im **Serbokroatischen** gibt es für „Sie" die 2. Pluralform, die dann groß geschrieben wird. Für „man" und „es" gibt es keine direkte Übersetzung.

Im **Griechischen** gibt es für „man" und „es" keine Entsprechung, auch „Sie" wird durch die zweite Person Plural und nicht durch eine eigene Form ausgedrückt.

5.10.3 Lernschwierigkeiten

Bei der von Pienemann untersuchten Sprache der drei Kinder wird das Personalpronomen zum ersten Mal in der 29. Woche des Aufenthaltes in der Bundesrepublik erworben. Ein Kind verwendet zuerst das Pronomen, das andere zuerst den Artikel mit Nomen („der Mann")[19]. Pienemann sieht einen Zusammenhang zwischen dem Erwerb der Inversion (Umstellung von Subjekt und Verb, z. B. in der Frage: Warum arbeitest du?) und der Tilgung des Personalpronomens[20].

Im Pidgin Projekt wird festgestellt, daß die erforderliche Anwendung nur jedes vierte Mal von den untersuchten Sprechern realisiert wurde[21]. Weiter wurde beobachtet, daß die Pronomen „ich" und „du" auch von denjenigen erlernt werden, die ein relativ niedriges Sprachniveau beibehalten, während von der 3. Person (er, sie, es) auch von fortgeschritteneren Lernern nur „er" angewandt wird. „Wir" wird kaum benutzt[22].

Daraus ergeben sich folende Schwierigkeiten:
– Die richtige Anwendung des Personalpronomens in einfachen Aussage- und Fragesätzen, d. h. daß die Pronomen überhaupt angewandt werden.
– Die Auswahl des richtigen Personalpronomens, besonders in der 3. Person, da es das Wissen um den richtigen Artikel voraussetzt.
– Die umgangssprachlichen Formen „der", „die", „das" statt „er", „sie", „es". („Das ist Adem. Der ist aber nett.")

5.10.4 Das Personalpronomen in den Lehrwerken

In **Deutsch in Deutschland neu** werden die Singularformen (ich/du/er/sie) im Zusammenhang mit der Verbkonjugation hervorgehoben (Verbkongruenz: „*ich* komm*e*"), die Pluralformen werden nicht gesondert aufgeführt.

In **Deutsch für Jugendliche anderer Muttersprache** gibt es in der 2. Lektion eine Zusammenstellung aller Personalpronomen (auch „Sie") im Zusammenhang mit der Verbkonjugation. In der 1. Lektion werden „er" und „sie" als Ersatz für Personennamen bereits systematisiert.

---

[19] Pienemann: „Der Zweitspracherwerb . . .", a.a.O., S. 69.
[20] ebda., S. 47 ff.
[21] Heidelberger Pidgin Projekt: *Sprache und Kommunikation* . . . , a.a.O., S. 123. Die Anwendungswahrscheinlichkeit liegt bei den Sprechern bei 0.28, 0.25, 0.33, 0.51, wobei 1 = richtige Anwendung wäre.
[22] Klein/Dittmar: *Developing grammars* . . ., a.a.O., S. 134.

Im Arbeitsheft zur 3. Lektion von **Sprich mit uns! Hauptschule** findet sich eine Tabelle der Verbformen und Personalpronomen (ohne „Sie"). Die Ersatzfunktion von „er", „sie", „es" wird in einer Übung zur 1. Lektion verdeutlicht.

Das Deutschbuch erwähnt die Personalpronomen ebenfalls über die Verbkongruenz (mit „Sie", Lektion 1). Der Ersatzcharakter von „er", „sie", „es" wird in Lektion 6 erläutert. Nur in diesem Lehrwerk findet sich der systematische Hinweis auf „der" statt „er", „die" statt „sie" und „das" statt „es".

Deutsch hier enthält bereits in der 1. Lektion die Tabelle zur Verbkonjugation und damit die Personalpronomen, inklusive „Sie". Auf die Dreiteilung der Person wird besonders hingewiesen:

Quelle: *Deutsch hier*, Lehrbuch, S. 15.

Die Systematisierung unter dem Begriff „Personalpronomen" ist in Lektion 5, dort jedoch gemeinsam mit den Pronomen im Dativ und Akkusativ.

5.10.5 Unterrichtsvorschläge

Da die Personalpronomen durch die Verbkonjugation schon (unbewußt) bekannt sind, kann direkt mit einem Spiel begonnen werden, da die Einführungsphasen ja bereits in den vorangegangenen Stunden stattgefunden haben.

Die Teilnehmer teilen sich in zwei Gruppen, jede Gruppe erhält einen Kartensatz eines Dominospiels: Die Karten müssen so gelegt werden, daß Zueinanderpassendes aneinander gelegt wird.[23]

---

[23] Spier, a.a.O., S. 104.

wohnt	sie	arbeiten	ich	komme	Sie
sind	es	geht	er	weiß	du
spielst	wir	kaufen	ihr	weint	er
		ist traurig	sie	kommen	sie

Die Kärtchen werden vorher gemischt. Die Spielregel kann am OHP erklärt werden, indem einige Beispiele aufgeschrieben und wie Dominospielkarten ausgeschnitten werden.

Variante
In einsprachigen Gruppen kann das Pronomen auf Deutsch und das zugehörige Verb auf Türkisch geschrieben werden:

oturuyor	sie	çalışıyorlar	ich	geliyorum	Sie
gidiyorsunuz	er	biliyor	du	oynuyorsun	wir
alıyoruz	ihr	ağlıyorsunuz	er	üzgün	sie
geliyorlar	sie				

Die Beispiele entsprechen den deutschen, nur ,,Sie sind" fehlt.

Gelegt sieht das so aus:

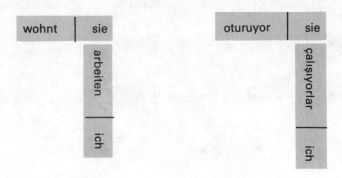

Aus den Beispielen im Dominospiel wird die folgende Übersicht zusammengestellt und abschließend der Begriff „Personalpronomen" benannt bzw. erfragt:

DAS PERSONALPRONOMEN		ŞAHIS ZAMİRİ
1. Sg.	ich	ben
2. Sg.	du / Sie	sen (siz)
3. Sg.	er, sie, es	o
1. Pl.	wir	biz
2. Pl.	ihr	siz
3. Pl.	sie	onlar

Anhand des Bildes auf S. 90 oder der eigenen im Unterricht eingeführten Personen wird der Ersatzcharakter verdeutlicht:

Das ist Adem.	Das ist Rosa.
Adem ist Lehrling.	Rosa ist Arzthelferin.
Er ist Lehrling.	Sie ist Arzthelferin
Der ist Lehrling.	Die ist Arzthelferin.

Beide Tabellen werden abgeschrieben oder fotokopiert verteilt.

Zur Übung wird ein Arbeitsblatt verteilt:

Setze die Personalpronomen ein!

Wohin gehst _____ ?

_____ gehe in die Berufsschule.

Was machst _____ da?

_____ lerne Deutsch.

Woher kommt Adem? _____ kommt aus Adana.

Und Rosa? _____ ist aus Italien. _____ ist Arzthelferin.

Zur weiteren Einübung, besonders des Ersatzcharakters, können, je nach Wortschatz der Lernenden, Übungsblätter erstellt werden, und zwar nach folgendem Muster[24]:

Der Baum _____ .   Er _____ .

Die Stadt _____ .   Sie _____ .

Das Haus _____ .   Es _____ .

oder:

Der Mann ist traurig.

_____ hat kein Geld.

Die Frau ist krank.

_____ hat Grippe.

Das Mädchen ist müde.

_____ lernt viel.

Der Mantel ist teuer.

_____ kostet 200 Mark.

usw.

---

[24] s. Meyer-Ingwersen/Neumann/Kummer: *Zur Sprachentwicklung* . . ., a.a.O., S. 224 und S. 214. Beim letzten Beispiel wird auch nach der türkischen Übersetzung gefragt.

5.11 Das Nomen (Substantiv)
Der Artikel im Nominativ
Der verneinte Artikel („kein, -e")
5.11.1 Nomen und Artikel im Deutschen

Nomen[25], die auch Hauptwörter, Dingwörter, Substantive und Nomenwörter genannt werden, teilen sich unter inhaltlichem Aspekt in Konkreta (= konkrete Gegenstände: „Stuhl") und Abstrakta („das Leben") auf. Die Konkreta haben weitere Untergruppen, wie z. B. Eigennamen usw.

Nomen sind Wörter, die allein stehen können. Sie werden nach *Genus* (= Geschlecht) in

maskuline Nomen	(= männliche N. mit dem Artikel „der")
feminine Nomen	(= weibliche N. mit dem Artikel „die")
neutrum Nomen	(= sächliche N. mit dem Artikel „das")

eingeteilt.

Eine Erklärung dafür, welches Wort welches Geschlecht hat und damit, welchen Artikel es hat, gibt es nicht. Die Regeln, die es gibt, sind sehr speziell (z. B. alle Kollektivbegriffe mit „Ge-" sind sächlich: „das Gebirge") und bieten keine Orientierung. Die Nomen werden *dekliniert:* „*Der* Stuhl ist hart. Ich nehme *den* Stuhl." Genaueres dazu steht in den einzelnen Kapiteln zur Verbergänzung.

Zur Deklination gehört auch die *Plural*bildung. Es gibt 5 Typen von Pluralbildung, die wiederum mehrere Untergruppen haben, die hier jedoch nicht erwähnt werden[26]:

Typ 1: Der Plural wird auf „-e" gebildet:
der Schuh – die Schuhe
der Stuhl – die Stühle (also mit Umlaut)

Typ 2: Der Plural wird auf „-en", „-n" gebildet:
der Fleck – die Flecken
der See – die Seen

Typ 3: Der Plural wird ohne Endung gebildet:
der Lehrer – die Lehrer
der Mantel – die Mäntel (mit Umlaut)

Typ 4: Der Plural wird auf „-er" gebildet:
das Ei – die Eier
das Buch – die Bücher (mit Umlaut)

Typ 5: Der Plural wird auf „-s" gebildet:
das Sofa – die Sofas

Natürlich gibt es Ausnahmen, wenn z. B. ein Wort verschiedene Bedeutungen hat („die Bank" – „die Bänke"/„die Banken"), oder bei Fremdwörtern.

Die *Artikel*[27] ändern sich, je nachdem welches Genus das Nomen hat, in welchem Fall es steht und ob es im Singular oder Plural gebraucht wird.

---

[25] s. Helbig · Buscha, a.a.O., S. 194 ff. (S. 86 ff.).
[26] s. ebda., S. 206 ff. (S. 90 ff.).
[27] s. ebda., S. 314 ff. (S. 142 ff.).

Der Artikel kann seine Position im Satz nur gemeinsam mit dem Nomen ändern. Der Artikel muß immer stehen[28]. Es wird zwischen dem unbestimmten (,,ein, eine") und dem bestimmten Artikel (,,der, die, das") unterschieden. Die Bedeutung ist nicht klar abgrenzbar. Pauschal kann gesagt werden, daß der bestimmte Artikel, der aus dem Demonstrativpronomen entstanden ist (dieser, diese, dies[es]), identifizierend wirkt: Ein Gegenstand oder eine Person werden näher bestimmt. Der unbestimmte Artikel läßt Personen und Gegenstände unbestimmter, allgemeiner. Ob der unbestimmte oder der bestimmte Artikel gebraucht werden, hängt von verschiedenen Bedingungen ab.

Der *bestimmte Artikel* steht vor allem zur Identifizierung von Objekten der außersprachlichen Realität. Das ist möglich[29]
– durch Individualisierung:
die Türkei
das Brot von Adem
– durch den Situationskontext:
Der Unterricht beginnt um acht.
– durch den sprachlichen Kontext:
Das ist eine Schule.
Adem geht in die Schule.
– durch Generalisierung:
Das Auto ist ein Verkehrsmittel.

Der *unbestimmte Artikel* steht bei Objekten, die unbestimmt gelassen, nicht näher identifiziert werden, sie sind also:
– Ein beliebiges Objekt / Eine beliebige Person einer Klasse:
Dort steht ein Ausländer.
– Ein Objekt als Klasse:
Die Tannen sind ein Nadelbaum.
– Ein Objekt als Stellvertreter einer Klasse:
Ein Arbeiter muß hart arbeiten.[30]

Der *Nullartikel* steht
– als Ersatz für den bestimmten/unbestimmten Artikel:
Autos sind ein wichtiges Verkehrsmittel.
– vor bestimmten inhaltlichen Gruppen von Nomen:
Sie hatte Geduld.
Er ist Lehrer.
– vor bestimmten syntaktischen Umgebungen, z. B. ,,haben", ,,sein":
Sie hat Angst.
Er ist zu Hause.
– bei Eigennamen, geographischen Namen, Festen usw.:
Das ist Rosa.
Sie kommt aus Italien.[31]

---

[28] Manchmal entfällt er. Grammatikalisch gesehen ist das der Gebrauch des ,,Nullartikels" – z. B. bei Verallgemeinerungen und Redewendungen.
[29] s. Helbig · Buscha, a.a.O., S. 326 ff. (S. 148 ff.).
[30] Helbig · Buscha, a.a.O., S. 333 ff. (S. 151).
[31] ebda., S. 335–347 (S. 152 ff.).

Der *verneinte Artikel* („kein", „keine") steht, wenn ein Satzglied verneint werden soll (im Gegensatz zur Satznegation mit „nicht", s. auch S. 52f.), und wird genauso wie der unbestimmte Artikel dekliniert.

5.11.2 Nomen und Artikel im Türkischen und in den anderen Sprachen
5.11.2.1 Nomen und Artikel im Türkischen

Im Türkischen gibt es kein Genus des Nomens: „arkadaş" = „der Freund / die Freundin", „öğretmen" = „der Lehrer/die Lehrerin". Es gibt zwar die theoretische Möglichkeit, zur Kennzeichnung der femininen Form dem Nomen „kız" voranzustellen, so daß aus „kardeş" = „Geschwister" (= „Bruder"/„Schwester") „kız kardeş" wird, was eindeutiger „Schwester" heißt; dies wird jedoch kaum getan.

Die Pluralbildung ist sehr viel einfacher als im Deutschen: An das Nomen wird „ler" oder „lar" (der kleinen Vokalharmonie entsprechend) angehängt:

arkadaş	*der Freund*
arkadaşlar	*die Freunde*
öğretmen	*der Lehrer*
öğretmenler	*die Lehrer*

Nach den Zahlwörtern steht jedoch im Türkischen der Singular:

üç arkadaş	*drei Freunde*
çok arkadaş	*viele Freunde*

Die verschiedenen Fälle – im Türkischen gibt es zusätzlich den Lokativ und den Ablativ – werden durch Anhängen bestimmter Endungen gebildet (Näheres dazu in Teil B).

Der bestimmte Artikel fehlt im Türkischen: „das Buch" = „kitap". Es gibt jedoch ein Demonstrativpronomen „bu", das in manchen Gesprächssituationen dem deutschen bestimmten Artikel gleich ist:

Bu bayan kim?	*Wer ist die(se) Frau?*

Für den unbestimmten Artikel gibt es eine Form, das Zahlwort „bir" = „ein/e", an das keine Endungen gehängt werden.

bir kitap	*ein Buch*
bir gazete	*eine Zeitung*

Der Gebrauch von „bir" ist jedoch nicht wie im Deutschen notwendig – „bir" wird häufig weggelassen:

Bu ne?	*Was ist das?*
Masa.	*Ein Tisch.*

Zur Verneinung mit „kein" gibt es keine Entsprechung, s. dazu S. 55f.

5.11.2.2 Nomen und Artikel in den anderen Sprachen

Im **Italienischen** gibt es nur zwei Genera, das männliche und das weibliche. In süditalienischen Dialekten ist jedoch ein Neutrum des Artikels bekannt.

Der Plural wird durch verschiedene Artikel (männliche und weibliche) und Änderungen am Nomen gekennzeichnet, an das die Pluralendung angehängt wird („i", „a", „e").

Die Deklination wird durch Hinzufügen von Präpositionen gebildet, wobei sich an den Nomen nichts ändert („il uomo" wird zu „all'uomo").

Der männliche bestimmte Artikel ist „il" („lo"), der weibliche „la" („l'"), die unbestimmten „un" („uno") und „una". Das Artikelsystem ist also dem deutschen ähnlich, in der Anwendung gibt es jedoch manchmal Unterschiede, z. B. wird „Ich habe hohes Fieber" = „Ho la febbre alta" im Italienischen mit Artikel gebraucht.

Die Verneinung mit „kein" wird mit „non" („Ich habe kein Brot." = „Non ho pane.") oder mit „nessuno/a" widergegeben.

Im **Spanischen** gibt es ebenfalls nur das maskuline und das feminine Geschlecht (mit den Artikeln „el", „la" und im Plural „los", „las"). Das Neutrum gibt es bei substantivierten Adjektiven wie z. B. „das Gute". Zur Pluralbildung wird an das Nomen die Endung „s" bzw. „es" angefügt. Die Deklination der Fälle wird mit Präpositionen realisiert. „Kein" wird bei Verben mit „no" gebildet und kann durch „ningun/o/a" verstärkt werden.

Im **Portugiesischen** gibt es ebenfalls zwei Genera und Artikel („o" = maskulin, „a" = feminin, „os" und „as" im Plural), die Deklination erfolgt über Präpositionen. „Kein" wird durch „ñão" ausgedrückt.

Das **Serbokroatische** kennt wie das Deutsche die Deklination nach verschiedenen Fällen, den drei Geschlechtern und nach Singular und Plural. Ebenso wird das Genus durch eine Endung gekennzeichnet, da es keinen Artikel gibt. Manchmal übernimmt das Demonstrativpronomen die Funktion des bestimmten Artikels. Die Verneinung mit „kein" existiert nicht.

Im **Griechischen** gibt es wie im Deutschen die drei Genera, die Pluralbildung und alle Artikel, wobei die Pluralformen vielfältiger als im Deutschen sind. Es gibt je 4 maskuline und feminine Deklinationstypen und 5 neutrale. Die Verneinung mit „kein" fehlt im Griechischen.

5.11.3 Lernschwierigkeiten

– Einfache Nomen werden schnell gelernt. Der Formenreichtum im Plural bereitet Schwierigkeiten: Sprecher mit niedrigem Niveau, die im Heidelberger Pidgin Projekt untersucht wurden, beherrschen nur eine Pluralform, Sprecher mit mittlerem Niveau zwei und selbst Sprecher mit hohem Sprachniveau nur drei Pluralbildungen.[32]
Zusätzlich entstehen Verwirrungen, wenn zunächst ein Wort im Plural gelernt wird, ohne daß der Plural erkannt ist („Kinder" wird dann zu „eine Kinder"), oder wenn eine weibliche Singularform („die Lehrer*in*") als Plural, wohl in Analogie zu „Frau*en*", gehört bzw. eingeordnet wird.[33]

---

[32] Klein: *Untersuchungen* . . ., a.a.O., S. 39.
[33] Meyer-Ingwersen/Neumann/Kummer: *Zur Sprachentwicklung* . . ., a.a.O., S. 176.

- Bevor der Artikel gelernt wird, verfügen die Sprecher über Zahlwörter und Quantoren (= „viele Kinder").[34]
- Es entstehen Probleme in der Zuordnung, besonders in der Deklination, z. B. „*die* Straße", aber „auf *der* Straße".[35]

Das Genus des Nomens hat im Deutschen weitreichende Konsequenzen:

- Für die Deklination: „*der* Apfel", aber „Ich esse *den* Apfel."
- Für die Adjektivdeklination: „ein schöne*s* Buch", aber „ein schöne*r* Apfel".
- Für Nebensätze: „*das* Buch, *das* ich gelesen habe", aber „*der* Apfel, *den* ich gegessen habe".

Da das Genus des Nomens nicht natürlich ist, sondern eine konventionelle Festlegung, ist es für die Lernenden wichtig, den Artikel und das entsprechende Nomen zu lernen und zu begreifen, „daß man die grammatischen Eigenschaften des Substantivs zum großen Teil am Artikel erkennt"[36].

5.11.4 Nomen und Artikel in den Lehrwerken

Bis zum 3. Kapitel von **Deutsch in Deutschland neu** wird der bestimmte Artikel nicht verwendet. Die Übungen zum Wortschatzaufbau („Was ist das?" – „Ein Apfel." – „Wie heißt das auf deutsch?" – „Straßenbahn.") gebrauchen Strukturen, die sprechüblich sind, d. h. den Artikel nicht verwenden. Die erste Anwendung des bestimmten Artikels kommt gleichzeitig im Nominativ und Akkusativ vor; das ist eine Überforderung. In der nächsten Anwendung (Kapitel 3.13) werden Kleidungsstücke bezeichnet („die Hose"), die sich direkt anschließende Übung („Im Sommer habe ich . . . an") erfordert jedoch den unbestimmten Artikel („Im Sommer habe ich eine Hose an.").

Der Plural wird anhand der Zahlen eingeführt, und es wird ein Überblick über die verschiedenen Bildungssysteme mit Beispielen gegeben.

„Kein" wird von Anfang an parallel zu „ein" gebraucht. Grammatische Begriffe gibt es nicht.

Anhand einer Collage, die die Körperteile, Fahrrad- und Autoteile benennt, wird in **Deutsch für Jugendliche anderer Muttersprache** in der 3. Lektion der bestimmte Artikel eingeführt und geübt (Autounfall; Benennen der wichtigsten Sehenswürdigkeiten einer Stadt). Die Erfragung bestimmter Gegenstände bedingt den unbestimmten Artikel für alle Genera im Singular und Plural. Die Pluralformen werden systematisch im Lehrerhandbuch (S. 43) erklärt, ohne in den Lektionen ein eigenes Thema zu sein.

Der bestimmte und der unbestimmte Artikel sowie das Possessivpronomen maskulin und feminin finden sich alle in der ersten Lektion von **Sprich mit uns! Hauptschule.** Auf die Pluralformen wird in Lektion 9 aufmerksam gemacht, allerdings nur auf den Artikel und nicht auf die Veränderungen des Nomens.

[34] Klein, a.a.O., S. 41.
[35] Meyer-Ingwersen/Neumann/Kummer: *Zur Sprachentwicklung* . . ., a.a.O., S. 221.
[36] ebda., S. 164.

,,Kein" wird in der 5. Lektion im Nominativ und Akkusativ zusammen mit den Formen des bestimmten und des unbestimmten Artikels eingeführt.

Der bestimmte und der unbestimmte Artikel werden in der 4. Lektion von **Das Deutschbuch** behandelt. Der Artikel von Schreibwaren und Kleidungsstücken steht im Nominativ (,,der Block", ,,der Pullover"), situativ ist diesen einzelnen Gegenständen ein Foto des entsprechenden Ladens mit der Frage ,,Was findest du im Schreibwarengeschäft?" – ,,Was findest du im Jeansladen?" (S. 44) vorangestellt. So entsteht die grammatisch falsche Form:
,,Was findest du im Jeansladen?"
,,Der Pullover"
Falsch deshalb, weil das Verb ,,finden" den Akkusativ verlangt, also ,,*den* Pullover".

In der 2. Lektion von **Deutsch hier** werden der unbestimmte (,,Was ist das?") und der bestimmte Artikel systematisiert. Die unterschiedliche Bedeutung wird durch folgende Gegenüberstellung graphisch zu erklären versucht:

ein Bügeleisen

Es handelt sich um kein bestimmtes Bügeleisen, es ist nicht identifiziert, es bleibt quasi im Dunklen.

das Bügeleisen ist heiß

Ein durch eine Eigenschaft identifiziertes, bestimmtes Bügeleisen.

Quelle: *Deutsch hier,* Lehrbuch, S. 30.

In Lektion 3 gibt es eine systematische Übersicht über die verschiedenen Möglichkeiten der Pluralbildung. Dort wird auch ,,kein" zusammen mit dem bestimmten und dem unbestimmten Artikel im Nominativ und Akkusativ zugleich systematisiert.

5.11.5 Unterrichtsvorschläge

Eingeführt werden sollten die Begriffe ,,Artikel", ,,Nomen" (Substantiv), ,,Plural"; betont werden sollte die Tatsache, daß die Zugehörigkeit von Artikel und Nomen wichtig ist und bei jedem Wort neu gelernt werden muß, weil sie nicht von einer Regel abgeleitet werden kann.

1. Phase: Einführung des bestimmten und des unbestimmten Artikels

Zuerst wird der unbestimmte Artikel eingeführt, da er häufiger gebraucht wird. Dazu können Begriffe zu bestimmten Oberkategorien als Wortschatzarbeit unter der Fragestellung ,,Was ist das?" gesammelt werden. Inhaltlich eignen sich die Gegenstände des Kursraums (,,ein Stuhl", ,,ein Tisch"), Unterrichtsmaterial (,,ein Bleistift", ,,ein Heft") und andere Bereiche (,,Kleidung", ,,Werkzeug"), die auch über Bilder gezeigt und dann benannt werden können. Die Begriffe werden ungeordnet angeschrieben.

Ein Verkaufsgespräch wird initiiert: Auf einem Tisch liegen verschiedene Gegenstände oder Bilder von Gegenständen. Eine Verkäuferin oder ein Verkäufer wird gesucht, ebenso Kunden, die fragen: ,,Was kostet die Hose?". Dabei wird auf den erfragten Gegenstand gedeutet. Es bleibt den Lernenden überlassen, ob sie das Gespräch über eine Frage und eine Antwort hinaus weiterführen, z. B.:

+ Was kostet eine Hose?
– 100 Mark.
+ Das ist zu teuer.
– Aber die Qualität ist gut.
+ Na ja. Ich will die Hose mal probieren.

Zum Spielabschluß nimmt der oder die Unterrichtende drei verschiedene Gegenstände (zur Bezeichnung der drei Genera), hält sie nacheinander hoch und fragt wiederholend: ,,Was ist das?" Die Bezeichnungen werden mit den Artikeln angeschrieben, zuerst die maskulinen, dann die femininen, dann die neutralen. Die Frage ,,Was kostet . . .?" wird vom Unterrichtenden initiiert, von den Lernenden zu Ende gefragt. So entsteht die Tafelanschrift 1.

TA 1

ein Pullover	Was kostet der Pullover?
eine Hose	Was kostet die Hose?
ein Kleid	Was kostet das Kleid?

2. Phase: Systematisierung

Das Nomen „Pullover" wird eingerahmt, und es wird nach dem Begriff „Nomen" gefragt: „Wie heißt das Wort?". Wenn die Lernenden den Begriff nicht kennen, nennt der oder die Unterrichtende den Begriff. Auch die anderen Nomen werden auf den Zuruf der Lernenden eingerahmt, der Begriff Nomen (Substantiv, Hauptwort) darübergeschrieben, in der Muttersprache erfragt und ebenfalls angeschrieben. So entsteht:

TA 2

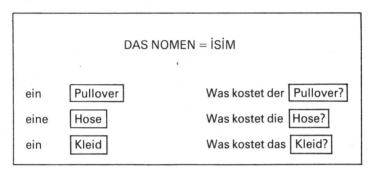

Als nächster Impuls wird gefragt: „Zum Nomen gehört ein anderes Wort. Welches?" Zur Unterstützung kann auf den Artikel gezeigt werden. Die Artikel werden eingerahmt und als Artikel bezeichnet. Der muttersprachliche Begriff wird daneben geschrieben (im Türkischen gibt es ihn nicht, deshalb fehlt er in der Tafelanschrift).

TA 3

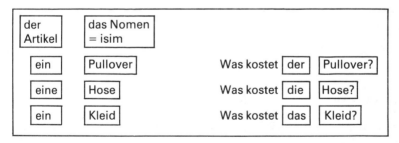

Abschließend werden die drei Genera und die bestimmten und unbestimmten Artikel erarbeitet. Dazu wird zunächst ein bestimmter Artikel erfragt („*der* Pullover"), andere Beispiele mit Artikel „der" gesucht und dann erklärt: „Alle Nomen, die den Artikel ‚der' haben, sind männlich oder maskulin." Der Begriff wird angeschrieben. Ebenso wird mit den anderen Genera verfahren. Dabei entsteht als abschließende Tafelanschrift:

TA 4

	der unbe-stimmte Artikel	das Nomen = isim		der be-stimmte Artikel	
männlich = maskulin	ein	Pullover	Was kostet	der	Pullover?
weiblich = feminin	eine	Hose	Was kostet	die	Hose?
sächlich = neutrum	ein	Kleid	Was kostet	das	Kleid?

Pullover Hose, Kleid = Nomen (isim)

der/ein, die/eine, das/ein = Artikel

der Pullover = bestimmter Artikel
Der Pullover gehört Adem.

ein Pullover = unbestimmter Artikel

> Der Artikel steht zusammen mit dem Nomen.
> m = maskulin = mask. = der/ein Pullover
> f = feminin = fem. = die/eine Hose
> n = neutrum = neutr. = das/ein Kleid

3. Phase: Übungen

Zuordnungsübungen[37]

a) Für die Sprachen, in denen es den Artikel gibt, wird die Übersetzung im Lexikon nachgeschaut. Die anderen Lernenden, z. B. Türken, überprüfen ihre Angaben, indem sie im Lexikon den Artikel, bzw. das Genus nachschauen. Dazu wird noch einmal auf den letzten Teil der Tafelanschrift 4 verwiesen, die die Abkürzungen im Lexikon erklärt. Nach folgendem Muster wird für diese Aufgabe ein Arbeitsblatt erstellt.

der		
——————— die *der*		Pullover
das		

---

[37] Die Übungen a und b sind dem Heft 2/3 1980 von *Deutsch lernen,* S. 87 f., entnommen („Muttersprachlich bedingte Fehlerquellen").

b) Eine Reihe von Nomen aus einem inhaltlichen Zusammenhang soll von den Lernenden in eine Tabelle eingeordnet werden:
*Hammer/Säge/Nadel/Faden/Nähzeug/Zange/*usw.

feminin (f) die	maskulin (m) der	neutrum (n) das
die Säge usw.		

c) Eine Reihe von Gegenständen wird nicht unter dem Aspekt der Genuszugehörigkeit, sondern unter einem anderen geordnet, z. B. Gegenstände aus dem Kaufhaus unter dem Aspekt des Preisniveaus („Was ist billig? Was ist teuer?") bei Kleidung, Kosmetika, Haushaltwaren u. a.[38]

Was ist billig?	Was ist teuer?
der Käse	
usw.	

d) Zur Beantwortung der Frage „Was ist das?" müssen Bildern Gegenstände mit dem unbestimmten Artikel zugeordnet werden[39]. Als Material eignen sich Memory- und Bilderlottospiele, für Ältere müßten wiederum aus Versandhauskatalogen Gegenstände für ein Arbeitsblatt kopiert werden:

Was ist das?

ein Buch _____ _____

---

[38] s. Spier, a.a.O., S. 119.
[39] vgl. *Deutsch hier*, a.a.O., S. 26.

e) Ein Arbeitsblatt zu bestimmtem und unbestimmtem Artikel:

	ein	ein	eine		Der	Das	Die	
Da ist			**X**	Tasche.			**X**	Tasche ist aus Italien.
				Gitarre.				Gitarre . . . .
				Radio.				Radio . . . .
				Fahrrad.				. . . . .
				Uhr.				. . . . .
				Ball.				. . . . .
				Schreibmaschine.				. . . . .
				Eimer.				. . . . .
				Stuhl.				. . . . .
				Tonbandgerät.				. . . . .
				Tageslichtprojektor.				. . . . .
				Bild.				. . . . .
				Glas Bier.				. . . . .
				Zigarette.				. . . . .
				Käsebrot.				. . . . .
				Flasche Cola.				. . . . .
				Kännchen Kaffee.				. . . . .
				Bratwurst.				. . . . .
				Hamburger.				. . . . .
				Füller.				. . . . .
				Buch.				. . . . .
				Pinsel.				. . . . .
				Bügeleisen.				. . . . .

Quelle: *Deutsch hier,* Lehrbuch, S. 33.

Pantomime

Auf Kärtchen werden je ein Begriff/Nomen geschrieben (,,die Katze", ,,der Lehrer", ,,der Mond", ,,die Koranschule", . . .). Die Kärtchen werden gemischt; alle, die spielen möchten, ziehen ein Kärtchen und spielen den Begriff, der auf dem Kärtchen steht, vor. Die anderen raten. Wer zuerst richtig geraten hat, darf weiterspielen.[40]

Variante: Die Gruppe wird in 2 Kleingruppen (A und B) eingeteilt. Jede Kleingruppe denkt sich 5 Begriffe aus, schreibt je einen Begriff auf ein Kärtchen. Einer aus Gruppe A zieht ein Kärtchen von Gruppe B und spielt den Begriff der eigenen Gruppe, also A, vor. Die Gruppe A errät gemeinsam den Begriff.

Zur Einübung von ,,kein/e" kann eine mechanische Übung gemacht werden: Der oder die Unterrichtende zeigt auf einen Gegenstand und fragt so, daß die Antwort ,,kein" enthält: ,,Ist das ein Stuhl?" – ,,Nein, das ist kein Stuhl."

Diese Übung erfordert das Abweichen von sprechüblicher Norm, denn die natürliche Antwort ist entweder ,,Nein." oder ,,Das ist doch ein Tisch.".

---

[40] Spier, a.a.O., S. 66.

Eine kommunikativere Übung, die allerdings den Akkusativ erfordert, wäre: Ein Schüler oder eine Schülerin fragt die anderen nach Getränken/Speisen/Spielen/Hobbys: ,,Magst du Bier/Fußballspiel . . .?" – ,,Nein./Ja./Ich mag kein Bier." usw.

4. Phase: Einführung, Systematisierung und Übung: Plural

Zur Einübung des Plurals werden Memory-Karten verteilt (möglichst sollten Karten für zwei Gruppen vorhanden sein): Die Karten werden verteilt, ausgelegt, vom ersten Spieler aufgedeckt und eine Pluralform und ein Bildsymbol, die zusammengehören, herausgesucht (zur genauen Spielbeschreibung s. S. 80).

die
Schuhe

41

An Begriffen eignen sich:
die Brote, die Mäntel, die Kulis, die Bleistifte, die Hände, die Füller, die Fenster, die Tische, die Fische, die Pullover, die Koffer, die Radios, die Autos . . .

Nach Abschluß des Spiels werden die Lernenden aufgefordert, in ihren Gruppen eine Liste zu machen, wo zuerst (auf der rechten Seite!) alle Wörter, die im Spiel vorkommen, untereinander aufgeschrieben werden sollen. Links dazu soll die entsprechende Singularform mit Artikel geschrieben werden. Das erste Beispiel (auf Zuruf) sollte gemeinsam gemacht werden (an der Tafel). Die Arbeitsanweisung ist: ,,Schreibt alle Worte auf." (Dabei ein Memory-Kärtchen hochhalten, z. B. ,,die Schuhe", und anschreiben.) ,,Das sind zwei. Wie heißt einer?" – ,,Der/ein Schuh." (anschreiben). Die entstehenden Listen werden vom Unterrichtenden kontrolliert. Der Gebrauch des Lexikons sollte empfohlen werden (da steht die Singularform drin!).

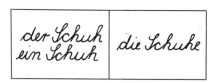

Für die abschließende systematisierende Tafelanschrift werden zunächst drei Begriffe herausgegriffen, z. B. ,,die Schuhe", ,,die Hände" und ,,die Fenster". Die Begriffe werden angeschrieben, und es wird erklärt: ,,Das sind zwei. Das sind mehrere. Das nennt man ,Mehrzahl' oder ,Plural'". Die Begriffe ,,Einzahl" bzw. ,,Singular" und die muttersprachlichen Begriffe werden erfragt. Der erste Teil der Tafelanschrift sieht dann so aus:

---

[41] Spier, a.a.O., S. 94f.

SINGULAR = TEKİL	PLURAL = ÇOĞUL
der Schuh	die Schuhe
die Hand	die Hände
das Fenster	die Fenster

Anschließend wird auf die Nomen in der Pluralform gezeigt („Was ist anders?"), und dabei wird die Singularform zum Vergleich herangezogen. „Bei ‚Schuh' kommt ein ‚e' dazu." Das wird angeschrieben (s. Tafelanschrift 2), ebenfalls werden „Hand" (im Plural mit „e" und Umlaut/oder „zwei Punkten") und „Fenster" erklärt und angeschrieben. Alle Beispiele aus dem Memory-Spiel werden herangezogen und eingeordnet, bzw. sie eröffnen eine neue Kategorie der Pluralbildung.

TA 2

-er	-e	¨-e	¨-er
das Ei die Eier	der Schuh die Schuhe	die Hand die Hände	das Rad die Räder
	die Tische die Fische	die Füße die Körbe	die Bücher

-	-s	-n
das Fenster die Fenster	das Auto die Autos	der Junge die Jungen
die Lehrer die Pullover	die Radios die Kulis	die Straßen

Beide Tafelanschriften werden abgeschrieben bzw. fotokopiert.

Abschließend kann gemeinsam ein Bilderstadtplan des Ortes, in dem der Kurs stattfindet, mit den wichtigsten Einrichtungen erstellt werden. Zuerst werden die groben Straßenzüge gezeichnet, anschließend Bilder von wichtigen Einrichtungen eingeklebt, und zwar dort, wo sie sich in der Stadt befinden: „Wo ist die Volkshochschule, wo die Arbeiterwohlfahrt, die Ausländerbehörde, ein Fußballplatz, Schwimmbad, Freizeitheim, Kino, eine Bücherei, ein Laden mit (türkischen) Lebensmitteln?" usw.

Man kann sich Prospekte in den Stadtinformationszentren holen, Postkarten kaufen, selbst fotografieren . . . Weiterhin können die Telefonnummern der Institutionen aus dem Telefonbuch herausgesucht werden, die Adressen dazu aufnotiert werden. Später können Orientierungsspiele „Wo ist . . .? Wie komme ich dahin?" und Spiele mit Ereigniskarten gemacht werden.

5.12 Das Possessivpronomen im Nominativ
5.12.1 Das Possessivpronomen im Deutschen

Die Possessivpronomen (besitzanzeigende Fürwörter) drücken Besitz, Zugehörigkeit, Interesse aus. Das kann im Deutschen auch durch andere, kompliziertere sprachliche Möglichkeiten getan werden[42] (,,Ich habe einen Bruder. Das Auto gehört mir. Das ist das Auto von meinem Vater." usw.). Jedem Personalpronomen entspricht ein Possessivpronomen[43]:

ich – mein/e   *wir – unser/e*

du – dein/e   *ihr – ihr/e*

Sie – Ihr/e   *sie – ihr/e*

er – sein/e

sie – ihr/e

es – sein/e

Im Wortstamm richtet sich das Possessivpronomen nach Person, Genus und Numerus des Besitzers, in den Endungen richtet es sich nach Kasus, Genus und Numerus des Besitztums – also bei ,,Buch" (Nominativ Singular Neutrum): ,,mein Buch", aber: ,,meine Schwester". Und:

> *Das ist mein Buch. – Das ist meins.*
> *Das ist meine Schwester. – Das ist meine.*
> *Das ist mein Bruder. – Das ist meiner.*

5.12.2 Das Possessivpronomen im Türkischen und in den anderen Sprachen
5.12.2.1 Das Possessivpronomen im Türkischen

Ähnlich wie die türkischen Entsprechungen von ,,sein" durch eine Endung gebildet werden, wird das Possessivpronomen durch das Anhängen verschiedener Endungen an das Nomen erzeugt. Die Endungen richten sich wiederum nach der großen Vokalharmonie. Endet ein Nomen auf einen Vokal, so wird in der 3. Person Singular ein ,,s" eingeschoben (in Ausnahmefällen auch ein ,,y"). Die deutsche Unterscheidung von ,,sein/ihr" und die Deklination je nach Genus und Numerus ist im Türkischen unbekannt. Ein Überblick soll dies verdeutlichen:

---

[42] Barkowski/Harnisch/Kumm: *Handbuch* . . ., a.a.O., S. 251.
[43] s. auch zum folgenden Helbig · Buscha, a.a.O., S. 230 ff. (S. 102 f.).

Endung	Beispiel + Vokal	Beispiel + Konsonant	Deutsch
1. Sg.	(i, ı, ü, u) m	babam	gözüm	mein Vater/ mein Auge
2. Sg.	(i, ı, ü, u) n	baban	gözün	dein . . .
3. Sg.	(s) i, (ı, ü, u)	babası	gözü	sein/ihr . . .
1. Pl.	(ı, ü, u) miz	babamız	gözümüz	unser . . .
2. Pl.	(ı, ü, u) niz	babanız	gözünüz	euer . . .
3. Pl.	leri ları	babaları	gözleri	ihr . . .

Zur Hervorhebung und Bestärkung kann das Personalpronomen im Genitiv noch vor das Nomen gesetzt werden:

ben	ich	benim adım	mein Name
benim	mein	benim babam	mein Vater

In der Umgangssprache wird häufig nur das Personalpronomen im Genitiv gebraucht, ohne daß das Substantiv die Possessivendung erhält.

5.12.2.2 Das Possessivpronomen in den anderen Sprachen

Auch im **Italienischen** richtet sich das Possessivpronomen nach dem Genus des Nomens (männlich oder weiblich), nach Singular und Plural, es wird jedoch nicht nach dem Kasus differenziert („Ich hole mein*en* Vater."). Eine Ausnahme bildet das Possessivpronomen der 3. Person Plural („ihr/seine") „loro", das jedoch wenig gebraucht wird. Statt dessen wird die Singularform der 3. Person „suo" oder „sua" (im Plural „suoi", „sue") angewandt. Dem deutschen „sein/e, ihr/e" entspricht nur eine Form: „La sua amica" bedeutet sowohl „seine" wie „ihre" Freundin. Vor dem Possessivpronomen steht – mit Ausnahme der Verwandtschaftsbezeichnungen – ein Artikel: „il mio libro" = „mein Buch."

Auch im **Spanischen** wird die Unterscheidung von „ihr/e, sein/e" nicht gemacht, es gibt nur ein Wort, „su" (im Plural „sus"). Die deklinierten Formen werden mit Präpositionen gebildet.

Im **Portugiesischen** gibt es ebenfalls keine Unterscheidung in der 3. Person Singular zwischen „ihr" und „sein". Das Possessivpronomen richtet sich ausschließlich nach dem Besitztum, nicht nach dem Besitzer. Auch das Portugiesische verwendet das Possessivpronomen mit Artikel.

Im **Serbokroatischen** ist das Possessivpronomen in Funktion und Gebrauch identisch mit dem Deutschen. Es wird auch wie ein Adjektiv dekliniert.

Im **Griechischen** gibt es eine starke und eine schwache Form, die beide mit dem Genitiv des Personalpronomens gebildet werden. Zusätzlich ist der Gebrauch des bestimmten Artikels notwendig: το βιβλίο μου (to vivlio mu = *das mein Buch).

5.12.3 Lernschwierigkeiten

Hier wirken sich Wissen oder Nichtwissen um das Genus des zugehörigen Nomens aus:
- bei der Wahl der richtigen Endungen am Possessivpronomen;
- bei der richtigen Wahl von „sein" bzw. „ihr" in der 3. Person Singular.

5.12.4 Das Possessivpronomen in den Lehrwerken

Die Singularformen werden im 3. Kapitel von **Deutsch in Deutschland neu** systematisch (mit Fettdruck) eingeführt, erst nur an einem maskulinen Beispiel („der Malkasten"), dann auch für die anderen Genera (Thema: „meine Familie"). Zu schnell folgt im gleichen Kapitel die Akkusativform und die wichtige Zusammenziehung von „dein Bleistift" zu „deiner" usw.

Die Possessivpronomen werden in **Deutsch für Jugendliche anderer Muttersprache** innerhalb des Dialogs verwendet („Ist deine Familie hier?", Lektion 2), ohne ein eigenes Grammatikthema zu sein. Im Lehrerhandbuch wird ein kurzer Hinweis auf die Zugehörigkeit zum Personalpronomen und auf eine Einübungsmöglichkeit gegeben (S. 31).

Bereits in der 1. Lektion von **Sprich mit uns! Hauptschule** werden die 1. und 2. Person Singular der Possessivpronomen angewandt und systematisiert („der Bruder – mein Bruder", „die Schwester – meine Schwester"), die 3. Person Singular folgt in der 4. Lektion.

Das Deutschbuch verwendet die 1. und 2. Person („Wie ist deine Adresse? Wie ist Ihre Adresse?") in der 2. Lektion mit Dialogteilen. Zwischen der Einführung der 3. Person (Lektion 8) liegt die Einführung des Akkusativs der 1. und 2. Person.

Nach der Einführung der Personalpronomen im Akkusativ und Dativ findet sich in **Deutsch hier** eine Tabelle der Possessivpronomen der 1.–3. Person in Verbindung mit den Personalpronomen (Lektion 5). Spezielle Übungen dazu gibt es nicht.

5.12.5 Unterrichtsvorschläge

Barkowski/Harnisch/Kumm schildern in dem „Handbuch für den Deutschunterricht mit ausländischen Arbeitern" sehr ausführlich, wie sie den Mitteilungsbereich „Zugehörigkeit" im Unterricht behandelt haben und was sie anders machen würden (S. 251–272). In ihrem alternativen Unterrichtsentwurf schlagen sie folgendes Vorgehen vor (S. 269–272):

Der oder die Unterrichtende erzählt von Familienangehörigen und -verhältnissen, fragt dann die Lernenden, die sich auch untereinander nach dem gleichen Muster fragen können: „Sind Sie verheiratet? Was macht Ihre Frau/Ihr Bruder . . .?" Das gleiche wird in der „du"-Form gefragt: „Bist du verheiratet?" usw. „Sein" und „ihr" werden in einem zweiten Schritt anhand der Leitfigur Aslan eingeführt: Ihm werden von den Lernenden Personen und Besitzgegenstände zugeordnet (Welche Freundin paßt zu Aslan? Ist das seine Freundin? Hat Aslan ein Auto? Ist das sein Auto?).

Alternative Möglichkeiten

Bild 1 wird über den OHP gezeigt, die Lernenden sollen die Situation versprachlichen. Im Anschluß daran wird folgender Text verteilt:

+ Verzeihung, das ist mein Platz.
O Nein, mein Platz.
− Ihr Platz?
+ Ja. Hier ist meine Karte.
  Und Ihre Karte?
O Hier.
− Das ist ja die gleiche Nummer.

Bild 1

Quelle: *Deutsch hier*, Lehrbuch, S. 69.

Das Verständnis des Textes wird zunächst geklärt und dann vorgespielt. Es entsteht der erste Teil der Tafelanschrift: Der Mann sagt: ,,,Das ist mein Platz.' Wie ist der Artikel von ,Platz'?'' (,,der'', maskulin). Auch die anderen Formen werden erfragt, so entsteht (links Platz lassen):

TA 1

maskulin	feminin
der Platz	die Karte
mein Platz	meine Karte
Ihr Platz	Ihre Karte

Das Bild wird über den OHP gezeigt, ein möglicher Dialog von den Lernenden entworfen und danach um den folgenden Dialog ergänzt:

Bild 2

○ Das ist mein Ball.
● Dein Ball? Das ist mein Ball!
○ Was, dein Ball?? Das ist mein Ball!!
● Was sagst du? Dein Ball???
   Das ist mein . . . . .!!!

○○ Das ist sein Ball.
●● Sein Ball? Das ist ihr Ball!
○○ Was, ihr Ball?? Das ist sein Ball!!
●● Was sagst du? . . . . .

Quelle: *Deutsch hier,* Lehrbuch, S. 74.

Anhand des Bildes wird das Textverständnis geklärt, die Äußerungen werden den Personen zugeordnet, und dann wird das Spiel, so die weitere Anleitung in ,,Deutsch hier", mit anderen Gegenständen (,,mein Feuerzeug", ,,meine Zigaretten") von den Lernenden vorgespielt.
Eine einfache Textvariante wäre:

   + Das ist mein Ball.
   ○ Nein. Mein Ball.
   + Dein Ball?
   ○ Ja.
   ● Das ist doch sein Ball.
   − Nein, ihr Ball.

Bei der Besprechung wird die Tafelanschrift ergänzt:

maskulin der Platz der Ball	feminin die Karte
mein Platz dein Ball Ihr Platz sein Ball ihr Ball	meine Karte Ihre Karte

Es wird nach den Personen gefragt: ,,Wer sagt ,Das ist mein Platz/dein Ball/Ihre Karte?' " Die Personen werden durch Gestik verdeutlicht (*Ich* sage: ,,Das ist *mein* Platz."), die Personalpronomen werden angeschrieben und die Beispiele ergänzt. Der Begriff ,,Possessivpronomen" wird eingeführt, angeschrieben, ebenso der muttersprachliche Begriff. Zum Abschluß ist dabei die folgende Tafelanschrift entstanden, die abgeschrieben oder fotokopiert wird.

DAS PERSONAL- PRONOMEN	DAS POSSESSIVPRONOMEN = İYELİK ZAMİRİ		
	maskulin der Platz Ball	neutrum das Bild	feminin die Karte
1. ich 2. du Sie	mein Platz dein Ball Ihr Platz		mein e Karte dein e Karte Ihr e Karte
3. er	sein Ball		sein e Karte
sie	ihr Ball		ihr e Karte

Möchten die Lernenden das komplette Schema haben, so kann es um die Pluralform ergänzt werden (1. Pl.: unser/e, 2. Pl.: euer/e (eure), 3. Pl.: ihre/seine).

Übungen

Auf Kärtchen sind verschiedene Berufe geklebt (z. B. von S. 94), auf anderen Karten werden den Beruf charakterisierende Gegenstände gezeichnet. Die Kärtchen werden gemischt, die passenden nebeneinander gelegt und dann vertextet[44], z. B.:

Das ist ein Arzt.	Das ist sein Zimmer.
Das ist ein Automechaniker.	Das ist seine Zange.

Das Gleiche kann mit Gegenständen/Personen gemacht werden[45], die Adem und Rosa zugeordnet werden sollen. Dabei entsteht, in Kleingruppen oder Partnerarbeit:

Das ist Adem.	Das ist Rosa.
Das ist sein Auto.	Das ist ihr Buch.
Das ist sein Zimmer.	Das ist ihre Chefin.

Arbeitsblatt:[46]

Was macht dein Freund?
Mein Freund arbeitet.
Und dein Freund?

(Ebenso mit: ,,Was macht deine Mutter/deine Schwester/dein Bruder/usw.)

---

[44] s. Barkowski/Harnisch/Kumm: *Handbuch* . . ., a.a.O., S. 271.
[45] s. ebda., S. 265.
[46] ebda., S. 265.

Zur abschließenden Familiencollage können alle Lernenden und natürlich die Unterrichtenden Fotos von der eigenen Familie mitbringen und die Fotos auf ein großes Plakat kleben. Die Fotos sollten untertitelt werden, was gemeinsam z. B. am Plakat des Unterrichtenden geübt werden kann:

Das ist meine Mutter.   *Das ist mein Vater.*
Sie ist in der Türkei.   *Er arbeitet bei BMW.*

Wer für seinen Kurs für alle eine Art Album fotokopieren möchte, in dem die Angaben von allen für alle sind, der müßte diese Übung auf DIN-A4-Blättern machen lassen.

B Satzergänzungen

1 Satzergänzungen im Deutschen: Das Verb-Valenz-Modell

Der Begriff „Satzergänzung" hängt mit dem Grammatikmodell der Verb-Valenz zusammen (Ausführliches s. S. 22 ff.): Das Verb steht im Mittelpunkt des Satzes und bestimmt, wieviele andere Plätze im Satz von den Ergänzungen besetzt werden müssen bzw. können, damit der Satz vollständig bzw. grammatikalisch richtig ist (s. S. 49).

*Er legt
*Er legt das Buch
Er legt das Buch auf den Tisch.

Nur der letzte Satz ist richtig, weil das Verb „legen" notwendigerweise drei Ergänzungen fordert.

Auf dieser Basis entsteht eine Liste von Satzmodellen, die sich an der Anzahl der obligatorischen (notwendigen) und fakultativen (möglichen) Aktanten (Ergänzungen) orientiert:

a) *Selçuk friert.*
„Frieren" ist ein Verb, das nur einen obligatorischen Aktanten fordert, hier das Nomen als Nominativergänzung (= Subjekt).

b) *Selçuk liest (ein Buch).*
„Lesen" ist ein Verb mit einem obligatorischen Aktanten und einem fakultativen Aktanten („ein Buch": Akkusativergänzung).

Abstrakt sieht Satz a) so aus:

Ein Verb mit einem obligatorischen Aktanten, d. h. eine Ergänzung *muß* stehen.

Satz b) sieht so aus:

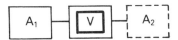

Ein Verb mit einem obligatorischen und einem fakultativen Aktanten: Eine Ergänzung *muß* stehen, eine *kann* stehen.[1]

Das Valenzmodell ist, wie bereits erwähnt (s. S. 24) sehr weitgehend didaktisiert worden, auch für den Unterricht DfaA. Die beiden Beispielsätze sähen didaktisiert so aus:

---

[1] Helbig · Buscha, a.a.O., S. 554 ff. (S. 251 ff.).

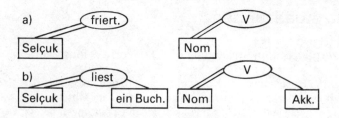

Zur Erklärung sei zweierlei hinzugefügt:
– Welchen Begriff die Unterrichtenden in ihrem Unterricht einführen, sollte abhängig gemacht werden von dem Buch, mit dem im Kurs oder in der Schule gearbeitet wird, und von der Grammatik, in der nachgeschlagen werden soll. Wichtig ist die Vermittlung, daß das Verb Ergänzungen hat, unwichtig, ob die Ergänzung ,,Nominativergänzung" oder ,,Subjekt", ,,Akkusativergänzung" oder ,,Akkusativobjekt" heißt. In den Unterrichtsvorschlägen dieses Buches wird der Begriff ,,Nominativergänzung" (= Subjekt) und ,,Akkusativ-", ,,Dativergänzung" verwendet, weil der Begriff am klarsten ist.
– Der Doppelstrich (so in ,,Deutsch aktiv") hebt die Nominativergänzung, das Subjekt, unter den anderen Ergänzungen hervor. In den Unterrichtsvorschlägen wird dies nicht übernommen, weil die Nominativergänzung als eine den anderen gleichgestellte Ergänzung behandelt werden soll. Für die Hervorhebung spricht die Betonung der Subjekt-Verb-Kongruenz, die für die Lernenden ja schwierig ist.

Unterschieden werden muß bei diesen Modellen zwischen den vom Verb abhängigen Aktanten/Ergänzungen, die den Objekten der traditionellen Grammatik entsprechen, und den freien Angaben (Umstandsbestimmungen), die nicht von der Valenz des Verbs abhängen, sondern beliebige Erweiterungen der Grundstrukturen sind: *Er liest gern im Garten.*

Die Anzahl der Ergänzungen ist beschränkt[2]:
– Nominativergänzung (Subjekt):
Er heißt Selçuk.
Daß du da bist, *freut mich.*
– Akkusativ-Ergänzung (Akkusativobjekt):
Selçuk kauft **einen Kuchen.**
Ich glaube, **daß er ein Brot kauft.**
– Genitivergänzung (Genitivobjekt):
Das ist der Bruder **von Selçuk.**
– Dativergänzung (Dativobjekt):
Der Koffer gehört **dem Mann.**
– Präpositivergänzung (Präpositionale Ergänzung):
Selçuk wartet **auf dich.**
Er kommt **zu dir.**

---

[2] Diese Einteilung stammt von Rall/Engel/Rall, a.a.O., S. 42f.

- Subsumptivergänzung (Prädikativ):
  Er heißt **Selçuk.**
- Qualitativergänzung:
  Selçuk ist **krank.**
- Verbativergänzung:
  Selçuk läßt die Tür **reparieren.**

Die ersten vier Ergänzungen entsprechen im Duden und bei Helbig · Buscha dem Subjekt und den Objekten, die fünfte dem Präpositionalobjekt. Die folgenden Ergänzungen werden so genannt:[3]

	im Duden	bei Helbig · Buscha
Situativergänzung:	Raum-/Zeit-/Artergänzung	Adverbialbestimmung
Direktivergänzung:	Raumergänzung	Adverbialbestimmung
Subsumptivergänzung:	Gleichsetzungsnominativ/-akkusativ	Subjektprädikat/Objektprädikativ
Qualitativergänzung:	Artergänzung	Subjektprädikat/Objektprädikativ
Verbativergänzung:	Infinitiv	Infinitiv als Prädikatsteil

Bei der Präpositivergänzung ist die Präposition nicht austauschbar, während bei der Situativergänzung und der Direktivergänzung die Präpositionen austauschbar sind und eine Bedeutungsdifferenzierung bewirken. Sie können auch durch ein Adverb ersetzt werden:
Selçuk wohnt in München = Selçuk wohnt dort.[4]

Deshalb wenden sich die Autoren auch dagegen, diese Ergänzungen unter dem Oberbegriff der ,,präpositionalen Ergänzungen" zusammenzufassen (ebenda).
Zur Stellung der einzelnen Satzergänzungen kann grob gesagt werden,
- daß ein Pronomen im Akkusativ vor dem Dativ steht:
  Er zeigt **es** *dem Freund.*
- daß ein Nomen im Akkusativ nach einem Pronomen im Dativ steht:
  Er zeigt **ihm** *das Bild.*
- daß der Akkusativ mit unbestimmtem Artikel nach dem Dativ steht:
  Er zeigt dem Freund **ein Bild.**

---

[3] Diese (verkürzte) Gegenüberstellung ist aus: U. Engel u. a.: *Das Zertifikat Deutsch als Fremdsprache*, S. 110–112.
[4] Rall/Engel/Rall, a.a.O., S. 45 f.

125

– daß ein Akkusativ-Nomen vor oder nach dem Dativ steht:
Er zeigt dem Freund das Bild.
Er zeigt das Bild dem Freund.
– daß bei Akkusativ- und Situativ- oder Direktivergänzung und Präpositivergänzung zuerst der reine Kasus steht:
Er zeigt das Bild auf dem Tisch.
Er fragt den Mann nach dem Weg.[5]

2 Satzergänzungen im Türkischen und in den anderen Sprachen
2.1 Satzergänzungen im Türkischen

Die Satzergänzungen werden im Türkischen durch Endungen, die an das Substantiv, Pronomen, Adverb usw. angehängt werden, gebildet.

Die Nominativergänzung wird wie im Deutschen gebildet, das Nomen behält seine Grundform:

Otobüs *geliyor.*   **Der Bus** *kommt.*

Ist die Nominativergänzung ein Personalpronomen, so entfällt sie in der Regel, es sei denn, das Pronomen soll betont werden:

Geliyor.   **Er** *kommt.*

Die Akkusativergänzung entspricht der Nominativergänzung; nur wenn eine bestimmte Sache/Person gemeint ist, wird die Akkusativendung angehängt:

Selçuk **pasta** *alıyor.*   *Selçuk kauft* **(irgend)einen Kuchen.**
Selçuk **pastayı** *alıyor.*   *Selçuk kauft* **einen (ganz bestimmten) Kuchen.**

Die Genitivergänzung wird durch das Possessivpronomen am ,,Gegenstand/Besitz'' und durch die Endung ,,-in/-nin'' (-ın, -ün, -un,) am ,,Besitzer'' ausgedrückt.

Hülya' **nın** *kardeşi.*   *Das ist der Bruder* **von Hülya.**

(Etwa ,,der Hülya ihr Bruder'', nur mit Genitiv statt Dativ).

Die Dativergänzung steht nach bestimmten Verben, die nicht mit den deutschen Verben und ihren Rektionen identisch sein müssen.

Anneme *soruyorum.*   *Ich frage* **meine Mutter.**
e-hali = E-Dativ .   E-Akkusativ

Hauptsächlich kennzeichnet der Dativ jedoch gemeinsam mit dem *Lokativ* und dem *Ablativ* die Direktiv- und Situationsergänzung, ohne im Fall mit ihnen übereinzustimmen.

Münih' **te** *oturuyor.*   *Er wohnt* **in München.** (Wo?)
de-hali = Lokativ   E-Sit.
Okul **dan** *geliyor.*   *Er kommt* **aus der Schule.** (Woher?)
den-hali = Ablativ   E-Dir.
Sinemaya gidiyor.   *Er geht* **ins Kino.** (Wohin?)
e-hali = Dativ.   E-Sit.

---

[5] Helbig · Buscha, a.a.O., S. 513 f. (S. 226 f.).

Die Präpositivergänzung wird durch Endungen an den Nomen – je nach Fall – ausgedrückt:

*Selçuk **seni** bekliyor.*   *Selçuk wartet **auf dich.***
(Selçuk dich wartet.)

Subsumptiv- und Qualitativergänzung werden ebenfalls je nach Verb im Türkischen ausgedrückt (s. z. B. ,,sein", S. 87 f.).

Die Personalpronomen werden ebenfalls durch Anhängen der Endungen (,,-i") gebildet:
ben = ich, beni = mich

2.2 Satzergänzungen in den anderen Sprachen

Im **Italienischen** entspricht die Nominativergänzung dem Deutschen, wobei jedoch auch die Personalpronomen nicht obligatorisch sind. Zu beachten sind auch die Verben, die unterschiedlich gebraucht werden: ,,aufstehen" ist im Italienischen reflexiv. Die Akkusativergänzung ist mit der Nominativergänzung identisch. Die Dativ- und Genitivergänzungen werden mit Präpositionen gebildet, ebenso die Präpositivergänzung.

Die übrigen Ergänzungen entsprechen der Struktur des Deutschen – mit unterschiedlichen Valenzen:
    Ich frage Paul.   *Domando a Paolo.*
      E-Akkustiv.   E-Dativ

Die Personalpronomen werden im Genitiv und Dativ ebenfalls mit Präpositionen gebildet. Es gibt betonte und unbetonte Pronomen. Die unbetonte Form des Dativpronomens fällt in der 1. und 2. Person Singular mit der unbetonten Form des Akkusativpronomens zusammen, so daß ,,mir", ,,mich" = ,,mi" ist. Im Süditalienischen fallen auch Dativ und Akkusativ der 3. Person zusammen. Nach Präpositionen kann nur die betonte Form (me) stehen.

Im **Spanischen** sind Nominativ- und Akkusativergänzung bei femininen und maskulinen Nomen, die Sachen bezeichnen, gleich. Bei Lebewesen wird die Präposition ,,a" zur Akkusativbildung hinzugefügt, mit dem Artikel verschmolzen und ist dann mit dem Dativ identisch! Die anderen Ergänzungen entsprechen der Struktur des Deutschen. Genitiv- und Dativergänzungen werden mit Präpositionen gebildet. Die Personalpronomen werden im Genitiv, Dativ und Akkusativ mit den gleichen Präpositionen wie die Nomen gebildet.

Nominativ- und Akkusativergänzung sind im **Portugiesischen** nicht zu unterscheiden. Die Dativergänzung wird mit der Präposition ,,a" gebildet, die sich mit dem Artikel zusammenzieht. Die Unterscheidung von Dativ- und Akkusativpronomen in den ersten beiden Personen gibt es nicht: ,,me" = ,,mir/mich".

Im **Serbokroatischen** gibt es 7 Fälle und damit mehr Ergänzungsmöglichkeiten: Der Lokativ steht nur nach bestimmten Präpositionen. Der Instrumental dient zur Differenzierung des Dativs, der Vokativ zur Anrede. Die Ergänzungen sind am Nomenende, wie im Türkischen, erkennbar, den Artikel gibt es ja nicht. Die Valenzen der Verben sind nicht immer identisch. Die Personalpronomen werden in 6 Fällen dekliniert, es gibt eine betonte und eine unbetonte Form. Dativ und Akkusativ unterscheiden sich (,,meni, mene" = ,,mir, mich").

Im Griechischen gibt es die Nominativ-, Akkusativ- und Genitivergänzung. Die Dativergänzung wird durch den Genitiv oder den Akkusativ mit Präposition ausgedrückt.

Im **Spanischen, Portugiesischen** und **Griechischen** wird die Unterscheidung von Situativ- und Direktivergänzung nicht getroffen. Der unterschiedliche Ausdruck von Lage (,,Das Buch liegt auf dem Tisch.") mit der Dativergänzung und Richtung (,,Er legt das Buch auf den Tisch.") mit Akkusativergänzung entfällt. Die Personalpronomen im Dativ werden ebenfalls durch den Genitiv oder den Akkusativ mit Präposition ausgedrückt. Die Personalpronomen haben eine schwache und eine starke Form.

Im **Serbokroatischen** unterscheidet man zwischen Situativ- und Direktivergänzungen. Der unterschiedliche Ausdruck der Lage mit der Dativergänzung (,,Knjiga leži na stolu." – ,,Das Buch liegt auf dem Tisch.") und Richtung (,,Položio je knjigu na stol." – ,,Er hat das Buch auf den Tisch gelegt.") wird wie im Deutschen getroffen.

3 Lernschwierigkeiten

Die unterschiedliche Valenz der Veben bereitet dann Schwierigkeiten, wenn auf die Muttersprache zurückgegriffen wird. Zusätzlich wird die Unterscheidung von Dativ- und Akkusativergänzung erschwert, wenn die Muttersprache keine Unterscheidungen macht oder sie Präpositionen verwendet.

Die Verwendung des Pronomens in der Nominativergänzung ist in den meisten Sprachen nicht obligatorisch und entfällt daher auch im Deutschen oft. In frühen Lernstufen der Deutschlernenden werden alle Pronomen durch das eine, nämlich ,,das" ersetzt, die deklinierten Akkusativ- und Dativformen werden sehr selten gebraucht[1]. (Näheres s. in den einzelnen Kapiteln).

Stellungsprobleme sind am ehesten bei türkischen Schülern zu erwarten, da im Türkischen die Satzergänzungen *vor* dem Verb stehen.

4 Satzergänzungen in den Lehrwerken

Bis auf **Deutsch hier** wird in keinem der analysierten Lehrwerke ein explizites Grammatikmodell vertreten, sondern die Überzeugung, Grammatikvermittlung sei über situatives Üben/Einschleifen möglich. Die Realisierung dieser Vorstellung sieht

---

[1] Heidelberger Pidgin Projekt, *Abschlußbericht V*, 1979, S. 58.

unterschiedlich aus (s. auch S. 38 f.): Während **Deutsch für Jugendliche anderer Muttersprache** und **Sprich mit uns!** Hauptschule noch eine klare Progression haben, ist sie in **Deutsch in Deutschland** neu ein wenig und in **Das Deutschbuch** kaum zu finden. Eine Analyse der genannten Lehrwerke unter dem Aspekt der Satzergänzungen, also des Verb-Valenz-Modells, ist von daher schwierig.

Deutsch in Deutschland neu baut die Satzergänzungen nicht systematisch aus. Einige Ergänzungen tauchen früh in den Texten auf und werden erst später zusammengefaßt (z. B. verwendet Kapitel 3, S. 48 das Personalpronomen im Dativ: ,,Was ist mit dir?" ,,Zieh dir deine Jeans wieder an!". Erst Kapitel 6 stellt die Pronomen zusammen.). Die wenigen Systematisierungen sind in ihrer Auswahl von keinem erkennbaren grammatischen Kriterium geleitet: Die Nomen im Akkusativ werden nicht hervorgehoben, die Pronomen im Akkusativ werden hervorgehoben.

In **Deutsch für Jugendliche anderer Muttersprache** tauchen neben der Nominativergänzung als erstes die Direktivergänzung (Lektion 2: ,,aus Spanien") und Situativergänzung (L 5: ,,im Haus 13") auf, dann die Akkusativergänzungen sowohl der Nomen wie der Pronomen (L 6). Die reine Dativergänzung wird nicht erwähnt, der Dativ ist bei den Nomen an Präpositionen geknüpft (L 15: ,,auf dem Schrank"), die Dativpronomen tauchen nur implizit auf (L 11: ,,Komm doch mal zu mir.").

Direktiv- und Situativergänzung (L 1) stehen in **Sprich mit uns!** Hauptschule vor der Akkusativergänzung, die in Lektion 5 für die Nomen und in Lektion 7 für die Pronomen systematisiert wird. Die reine Dativergänzung folgt in Lektion 6 und Lektion 11. Gleichzeitig mit der Dativergänzung werden Dativformen mit Präpositionen eingeführt.

Herkunft und Wohnort stehen auch in **Das Deutschbuch** am Beginn. In der 4. Lektion werden ausführlich die Verben mit Akkusativergänzung behandelt, die Pronominalisierung erfolgt in Lektion 5, eine Systematisierung in Lektion 6. Eine reine Dativergänzung gibt es nicht. Die Ergänzungen durch Personalpronomen im Akkusativ sind in Lektion 9 und Lektion 11 aufgelistet, die Dativergänzungen ebenso.

Die Genitivergänzung wird nur in **Das Deutschbuch** bewußt behandelt (,,Ist Gülşen Alis Tochter?", S. 94).

Deutsch hier ist am Verb-Valenz-Modell ausgerichtet. Der Begriff ,,Verb und seine Ergänzungen" wird bereits in der 2. Lektion benützt. Die Reihenfolge der Ergänzungen im Lehrbuch ist:

L 1: Situativ- und Direktivergänzung.

L 3: Akkusativergänzung (Nomenergänzung) mit einer Auflistung der Verben, die den Akkusativ erfordern.

L 5: Akkusativ- und Dativergänzung der Personalpronomen; Situativ- und Direktivergänzung (Präpositionen mit Dativ.)

L 8: Situativ- und Direktivergänzung (Präpositionen mit Akkusativ).

Die Präpositivergänzung wird in keinem der Lehrwerke als Grammatikthema behandelt.

5   Einzelne Satzergänzungen
5.1   Die Nominativergänzung (das Subjekt)
5.1.1   Die Nominativergänzung im Deutschen

Es gibt eine begrenzte Anzahl von Verben, die den Nominativ regieren, wie z. B. *bleiben, heißen, sein, werden:*
Sie wird Lehrerin.

Als Satzglied hat der Nominativ die Funktion des Subjekts, das bei allen ein- bis vierwertigen Verben auftreten *muß. (Ein*wertig bedeutet, daß das Verb *eine* notwendige Ergänzung hat.)[1]

Das Subjekt kann sein:
- ein Nomen/Substantiv: ,,*Der Mann* liest."
- ein Pronomen: ,,*Er* liest."
- ein Korrelat, das das Subjekt ersetzt: ,,*Es* schneit." – ,,*Mich* friert."

Die Stellung der Nominativergänzung ist:
- in Aussagesätzen an 1. Stelle: ,,*Selçuk* kauft ein Brot."
- in Aussagesätzen an 3. Stelle, wenn eine freie Angabe dazu kommt: ,,Heute kauft *Selçuk* ein Brot."
- in Fragesätzen an 2. Stelle: ,,Kauft *Selçuk* ein Brot?"

5.1.2 Zusammenfassendes zur Nominativergänzung

In den anderen Sprachen wird die Nominativergänzung wie im Deutschen gebildet. Ist sie ein Pronomen, entfällt sie. In den Lehrwerken wird sie in Zusammenhang mit der Situativ- und Direktivergänzung eingeführt. Die Satzposition ist im Türkischen anders, weil dort die Ergänzung vor dem Verb steht.

5.1.3 Unterrichtsvorschläge zur Nominativergänzung

Vermittelt werden soll Folgendes:
- Die Satzgliedfunktion. Als grammatische Benennung für den Unterricht schlage ich vor, den Kompromiß zwischen Nominativergänzung = E-Nom und dem den Lernenden vertrauteren Begriff ,,Subjekt" von Rall/Engel/Rall zu übernehmen[2]: E-Subj. = Subjektergänzung.
  Die Differenzierung in Subsumptivergänzung (nach ,,heißen", ,,sein" + Nomen: ,,Sie heißt Elif." ,,Das ist ein Bleistift.") und Qualitativergänzung (nach ,,sein" + Adjektiv: ,,Sie ist krank.") wird nicht gemacht, da sie für den Anfänger zu verwirrend ist.
- Daß die Nominativergänzung ein Nomen oder ein Pronomen sein kann.

---

[1] Helbig · Buscha, a.a.O., S. 257 (S. 113) unterscheidet als 2. Funktion das Prädikativ bei den genannten Verben (,,heißen", ,,sein", . . .) und noch andere Funktionen des Subjekts.
[2] Rall/Engel/Rall, a.a.O., S. 81.

– Die Kongruenz von Nominativergänzung und Verb, die eindeutig die Subjektfunktion auch bei zwei Nominativergänzungen hervorhebt: ,,Du bist ein fleißiger Schüler."[3]
– Die Stellungsregeln.

Da den Lernenden einfache Sätze bekannt sind, kommt es zunächst darauf an, zu verdeutlichen, daß ein Satz aus Bauteilen/Satzteilen besteht. (Das könnte aus der Satzdefinition und dem abstrakten Satzmuster noch bekannt sein, s. S. 68.)

1. Phase: Einführung

Als Ausgangsmaterial eignet sich jeder einfache Text. Zwei Möglichkeiten zur Textarbeit bieten sich an:

a) Die Lernenden entwerfen zu dem folgenden Bild in Kleingruppen selbst einen Text und schreiben ihn auf ein großes Plakat. Die Texte werden aufgehängt, gemeinsam korrigiert und vorgelesen. Jede Gruppe erhält die Aufgabe, den Text einer anderen Gruppe sorgfältig abzuschreiben. (Möglichkeiten: ,,Das ist ein Mann. Das ist eine Frau. Er raucht . . .")

Quelle: *Deutsch hier,* Lehrbuch, S. 31.

b) Ein Text ist auf Kärtchen geschrieben, die Lernenden sollen den Text gemeinsam zusammenlegen. Der Text wird gelesen, das Verständnis geklärt und dann Satz für Satz analysiert (2. Phase). Der Text in der richtigen Reihenfolge ist:

Adem / schläft. / Sein Wecker / klingelt. / Er / hört / es / nicht. / Um acht Uhr / beginnt / die Schule. / Er / schläft weiter. / Der Wecker / klingelt / nicht mehr. / Sein Vater / kommt. / Er / weckt / Adem. / Adem / sagt: ,,Ich / bin / krank." / ,,Das / glaube / ich / nicht." / ,,Doch, / ich / bin / wirklich / krank."

2. Phase: Systematisierung

a) Ein Schülertext wird analysiert. Dazu wird ein Text genommen, ein Satz wird herausgegriffen, das Verb oval eingerahmt. ,,Das ist ein Satzteil." Die Nominativ-

---

Helbig · Buscha, a.a.O., S. 255.

ergänzung wird vom Unterrichtenden eingekastelt und gefragt: „Was ist das?" („Nomen/Pronomen" ist richtig!). Wenn als Antwort „Subjekt" kommt, ist dieser Begriff einzuführen, sonst: „Das ist ein Satzteil. Eine Ergänzung zum Verb, die Subjektergänzung = E-Subj." (wird angeschrieben). Alle Verben und Nominativergänzungen in allen Texten werden eingerahmt.

b) Begonnen wird mit dem ersten Satz. Das Verb wird eingerahmt. Ebenso im zweiten. Der oder die Unterrichtende zeigt auf „Adem": „Was ist das?" („Nomen" ist richtig, „Subjekt" auch!). Wenn keine Aussage von den Lernenden kommt: „Das ist ein Satzteil. Eine Ergänzung zum Verb. Die Subjektergänzung = E-Subj.". Die muttersprachlichen Begriffe werden erfragt und mit den deutschen Begriffen angeschrieben. Genauso die ersten drei Sätze. In den andern Sätzen wird das Verb (oval) und die Subjektergänzung (eckig) eingerahmt. Abschließend wird gefragt: „Wo steht die Subjektergänzung?" Die Regel wird angeschrieben: „Die E-Subj. steht an 1. Stelle."

Die Sätze „Um acht Uhr beginnt der Unterricht" und „Das glaube ich nicht" werden noch einmal besprochen: „Wo steht das Verb? Wo steht die Subjektergänzung? Warum?" (An erster Stelle steht ein anderer Satzteil.) Als Tafelanschrift ist entstanden:

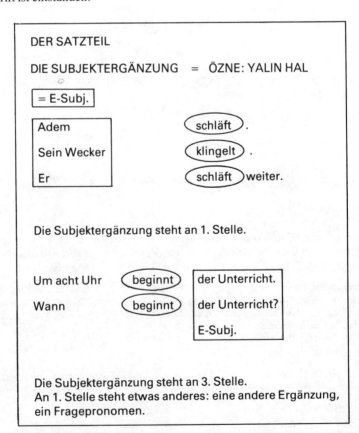

3. Phase: Übungen

Mündlich
Ein Nomen mit Artikel wird vorgegeben (,,ein Junge/der Junge"). Es soll ein Satz gebildet werden, z. B. ,,Der Junge spielt." Wer den Satz gesagt hat, schlägt das nächste Nomen vor.

Variante
Es werden zwei Gruppen, A und B, gebildet. A schlägt ein Nomen mit Artikel in einem Satz vor (,,*Der Junge* spielt."), und B muß einen neuen Satz bilden und dabei das zum ersten Nomen (im vorausgehenden Satz) passende Pronomen einsetzen. (,,*Er* spielt Fußball." Oder: ,,*Die Tomate* ist groß. *Sie* schmeckt.")

Für Fortgeschrittene
Es soll eine zusammenhängende Geschichte erzählt werden. Der oder die Unterrichtende beginnt mit dem 1. Satz (,,Adem geht spazieren."). Wer daneben sitzt, erzählt weiter (,,Er ist müde.").

Schriftlich
Arbeitsblatt, besonders zur Einübung der Pronomen:

Fazıl geht in die Türkei zurück.

_____*Er*_____ hat keine Arbeitserlaubnis mehr.

Adem weiß das nicht.

_____ glaubt das nicht.

Seine Freundin Rosa glaubt das auch nicht.

_____ sagt:

,, _____ fragen Fazıl selbst.

_____ gehen zu Fazıl."

Rosa fragt:

,,Wo wohnt _____ denn?"

Adem sagt: ,, _____ weiß es."

Adem und Rosa gehen zu Fazıl.

_____ klingeln.

Fazıl ist nicht da.

Bei Schwierigkeiten sollte wiederholend und ergänzend folgende Tafelanschrift angeschrieben werden (erarbeitend):

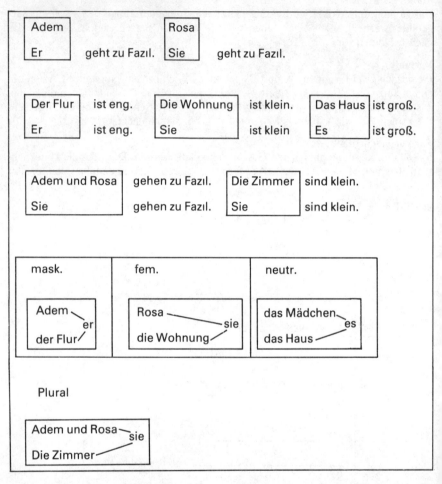

Es können sich viele mechanische Übungen anschließen, wie die unter „mündlich"
genannten, und Spiele wie „Memory" oder „Domino" (s. dazu S. 80 und S. 98ff.):

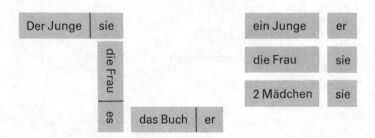

– Analyse eines beliebigen Textes, den alle Lernenden als Arbeitsblatt haben. Die Subjektergänzungen und Verben sollen eingerahmt werden. Am OHP kann gemeinsam korrigiert werden. Es empfiehlt sich, eine Farbe für die Nominativergänzung einzuführen, z. B. rot.

– Eine Substitutionstafel etwa nach folgendem Muster:

Bilde Sätze:

Der Junge	ist	in die Schule.
Er	arbeitet	Arzthelferin.
Rosa	heißt	zu Hause.
Sie	geht	Adem.

Der Junge heißt Adem.

4. Phase: Regelerweiterung

Folgender Text[4] wird gelesen, erklärt und inhaltlich besprochen:

> + Weißt du schon?
>   Fazıl geht in die Türkei zurück.
> – Was macht er?
> + Er geht in die Türkei zurück.
> – Das glaube ich nicht.
> + Doch. Ich weiß es genau.
> – Geht er wirklich zurück?
> + Ja. Er hat keine Arbeitserlaubnis mehr.
> – Ich frage Fazıl selbst.

Subjektergänzungen und Verben werden eingerahmt. Bei den Fragesätzen wird auf den Satz und das Fragezeichen gedeutet und gefragt: ,,Wo steht die Subjektergänzung?" (An 3. Stelle). Die erste Tafelanschrift wird ergänzt:

Weißt	du	schon?
Geht	er	zurück?
Die	E-Subj.	steht an 2. Stelle: Frage.

Das gesamte Tafelbild wird von den Lernenden abgeschrieben bzw. fotokopiert ausgeteilt.

---

[4] Der Text ist in Anlehnung an Barkowski/Harnisch/Kumm, *Handbuch . . .*, a.a.O., S. 225, geschrieben.

5.2 Die Akkusativergänzung (Akkusativobjekt)
5.2.1 Die Akkusativergänzung im Deutschen[5]

Die Akkusativergänzung (das Akkusativobjekt) ist obligatorischer Aktant von ein-
bis vierwertigen Verben, d. h. nach bestimmten Verben muß der Akkusativ stehen:
*Selçuk behält
Selçuk behält mein Buch.

Ebenso kann sie bei bestimmten Adjektiven stehen müssen:
*Die Einarbeitung in eine Grammatik ist wert.
Die Einarbeitung in eine Grammatik ist die Mühe wert.

Darüber hinaus kann sie als fakultative Ergänzung bestimmter Verben
Es regnet Bindfäden.
wie auch als freie Angabe stehen:
Er arbeitet den ganzen Tag.

Verben, die den Akkusativ regieren, werden transitive Verben genannt (das ist dann
für die Perfektbildung wichtig). Als Satzglied kann der Akkusativ sowohl Ergänzung
zum Verb (Akkusativobjekt) wie auch Ergänzung zum Adjektiv (prädikativ) sein.
Diese Unterscheidung würde ich im Unterricht nicht machen, und das Adjektiv direkt
dem Verb zuordnen:

Er ⟨ist⟩ den Besucher ⟨los⟩ .

Die anderen Satzfunktionen werden hier nicht berücksichtigt.

Die Formen ändern sich im Akkusativ so: Bei den Nomen ändert sich nur der maskuline Artikel, und an manche Nomen wird ein „n" oder „en" eingefügt (Neutrum und
Femininum ändern sich nur im Plural).

der Apfel / der Hase	Selçuk ⟨ißt⟩ den	Apfel / den Hasen.
ein Apfel	einen	Apfel / Hasen.
kein Apfel	keinen	Apfel / Hasen.

Die Änderungen bei den Personalpronomen sind aus dem Folgenden ersichtlich:

Sin-	Nom.	ich	du	Sie	er	sie	es
gular	Akk.	mich	dich	Sie	ihn	sie	es

Plural	Nom.	wir	ihr	sie
	Akk.	uns	euch	sie

---

[5] s. Helbig · Buscha, a.a.O., S. 60ff. (S. 28): Verben, die den Akkusativ regieren. S. 252ff.
(S. 113ff.): syntaktische Funktionen, Satzgliedfunktionen. S. 512 (S. 226f.): Stellungsregeln.

5.2.2 Die Akkusativergänzung im Türkischen und in den anderen Sprachen
5.2.2.1 Die Akkusativergänzung im Türkischen
5.2.2.1.1 Nomen und Personalpronomen

Im Türkischen wird zwischen dem unbestimmten und dem bestimmten Akkusativ unterschieden: Der unbestimmte ist wie der Nominativ, der bestimmte wird durch das Suffix ,,-i" (ı, ü, u) bzw. ,,-yi" nach Vokalen bezeichnet:

Elma istiyor.	*Er möchte **einen Apfel**.*
Elmayı istiyor.	*Er möchte **den** (bestimmten) Apfel.*
***Bu** elmayı istiyor.*	(,,Bu" entspricht ,,diesen" Apfel.)

Nach der Possessivendung der 3. Person steht im Akkusativ ,,-ni" (nı, nü, nu):

ev	*das Haus*
evi	*sein Haus*
*Ev**ini** görmek istiyor.*	*Er möchte sein Haus sehen.*

Das Anhängen von ,,i" kennzeichnet auch alle anderen Akkusativformen. Deshalb wird der Akkusativ ,,i-hali" genannt (,,i-Fall"). Beim Personalpronomen ist es also genauso:

Nom.	ben	sen	o	biz	siz	onlar
Akk.	beni	seni	onu	bizi	sizi	onları

5.2.2.1.2 ,,haben/es gibt" = ,,var"

,,Haben" als Vollverb im Sinne der Zugehörigkeit gibt es im Türkischen nicht. Sie wird durch die Konstruktion mit ,,var" (,,haben/es gibt") bzw. ,,yok" (,,nicht haben/ es gibt nicht") gebildet. Auch syntaktisch weist die Bildung Unterschiede auf: Die deutsche Akkusativendung wird im Türkischen durch das Anhängen einer Possessivendung am ,,besessenen" Gegenstand gekennzeichnet:

Param var.　　　　　　　　　*Ich habe Geld.*
(das Geld – mein – gibt es)

Wird der Besitzer nicht als Personalpronomen, sondern als eigenes Nomen (,,Ayşe hat Geld.") genannt, so wird das Besitztum (Geld) wie im 1. Beispiel durch das Possessivpronomen gekennzeichnet, und der Besitzer erhält die Genitivendung:

*Ayse' **nin** parası var.*
(Der Ayşe – ihr Geld.)

Damit wird das deutsche Objekt im Türkischen ,,gewissermaßen Subjekt".[6]

---

[6] Meyer-Ingwersen/Neumann/Kummer, a.a.O., S. 174.

5.2.2.2 Die Akkusativergänzung in den anderen Sprachen

Im **Italienischen, Spanischen** und **Portugiesischen** sind die Akkusativergänzungen den Nominativergänzungen formengleich. Im **Serbokroatischen** ist der Akkusativ an der Endung des Nomens zu erkennen (,,u" bei einem femininen Nomen). Im **Griechischen** wird er ebenfalls durch eine Endung kenntlich gemacht.

Im **Italienischen, Spanischen** und **Portugiesischen** gibt es betonte und unbetonte Formen des Personalpronomens, die betonten müssen vor Ergänzungen mit Präpositionen stehen, z. B. spanisch ,,a mì".

Das Verb ,,haben" existiert in allen Sprachen genauso wie im Deutschen als Vollverb.

5.2.3 Lernschwierigkeiten

Bei den Nomen bereiten die veränderten Artikelformen (,,den", ,,einen"), die unterschiedlichen Rektionen der Verben in der Ausgangs- und in der Muttersprache[7] und die Stellung nach dem Verb für türkische Schüler Schwierigkeiten.

Im Heidelberger Pidgin Projekt wurde festgestellt, daß Akkusativpronomen nur sehr selten gebraucht werden – statt dessen wird das Nomen noch einmal verwendet, oder es steht ein Pronomen für alle Formen, nämlich ,,das". Besonders ,,ihn" wird nie verwendet: Das war das Ergebnis eines Experiments, in dem 19 Spanier 7 Sätze mit 8 Pronomen nachsprechen sollten, und keiner sprach ,,ihn" nach.[8]

5.2.4 Die Akkusativergänzung in den Lehrwerken

In **Deutsch in Deutschland neu** werden die Nomen im Akkusativ im 1. Kapitel verwendet (,,Wer hat einen Spitzer?"), im 3. Kapitel mit Adjektiv (,,Ich möchte ein kariertes Heft."), ohne daß auf die Regeln, wann der Akkusativ gebraucht wird und wie sich die Form bildet, eingegangen wird. Die Personalpronomen werden alle aufgelistet, allerdings auch mit dem formgleichen Reflexivpronomen (,,Ich verstecke mich."). Die wichtige umgangssprachliche Form ,,den", die in Kapitel 3.6 in allen Genera eingeführt wird, wird in der Zusammenstellung der Personalpronomen durch ,,ihn" (,,sie") ersetzt. Zu ,,haben" werden gute Verbalisierungsmuster angeboten (Gefühlsäußerungen).

In Lektion 6 von **Deutsch für Jugendliche anderer Muttersprache** werden Nomen und Pronomen im Akkusativ in Abhängigkeit von den Verben eingeführt und zusammengestellt (,,Wo ist der Meßschieber?"; ,,Fragst du den Meister?" – ,,Ja, ich frage ihn."). Bei den Beispielen für Verben mit Akkusativergänzung ist auch ,,haben", dessen Konjugation in Zusammenhang mit dem Perfekt in Lektion 12 dargestellt wird.

---

[7] ebda., S. 196: Dort wird die Bedeutung von türkisch ,,almak" analysiert, die im Deutschen von 5 Verben wiedergegeben wird (kaufen, leihen, nehmen, bekommen, kriegen). Zur Rektion kommen also auch noch Bedeutungsunterschiede.

[8] Heidelberger Pidgin Projekt, *Abschlußbericht V,* a.a.O., S. 75 und 52.

Sprich mit uns! Hauptschule listet die Strukturveränderung der Nomen auf (,,der/ein" – ,,den/einen"), ohne auf die Verbabhängigkeit einzugehen (Lektion 5). Die Personalpronomen werden zwei Lektionen später systematisiert, ohne das umgangssprachliche ,,den", ,,die", ,,das"). ,,Haben" wird zwar durch eine Konjugationstabelle im Arbeitsheft der 2. Lektion erklärt, jedoch ist die Vermittlung im Textbuch an zu viele andere Schwierigkeiten gekoppelt, nämlich an die Dativfrage (,,Wem gehört die Uhr?") und an das Personalpronomen im Akkusativ (,,Hat Roberto die Uhr?" – ,,Nein, der Hausmeister hat sie." S. 25), die beide erst viel später eingeführt werden.

Sehr ausführlich werden die Verben mit Akkusativergänzung in **Das Deutschbuch** behandelt (Lektion 4), allerdings mit der bereits erwähnten Schwierigkeit, daß die Nomen im Nominativ vorgegeben und dann in einer Situation erfragt werden, die den Akkusativ erfordert (s. S. 107).

Die Personalpronomen 3. Person Singular werden in Lektion 9 hervorgehoben (,,Wo ist *mein Kaffee*? Ich bringe *ihn* sofort".), die 2. Person Singular und die Pluralformen in Lektion 11.

Die Akkusativergänzung und eine Anzahl von Verben, die sie bedingen, führt **Deutsch hier** in Lektion 3 auf, die der Personalpronomen in Lektion 5. Im Zusammenhang mit dem Akkusativ wird im Lehrerhandbuch eine ausführliche Begründung der ,,Mischgrammatik" gegeben: Die Akkusativergänzung wird nicht nur über die Position und die Verbabhängigkeit erklärt, sondern auch über den Inhalt (,,Wer fragt wen?"). In dem Beispiel ,,Der Parkwächter fragt den Mann." wird ,,der Parkwächter" als Subjekt = Handlungsträger und ,,der Mann" als Objekt = Betroffener der Handlung charakterisiert.[9]

Mir scheint die zusätzlich inhaltliche Bestimmung der Akkusativergänzung für grammatisch unerfahrene Lernende nicht plausibler als eine ausschließlich positionsbezogene und an der Verbvalenz orientierte Erklärung zu sein. Bei der Didaktisierung entfallen im Lehrbuch **Deutsch hier** die Symbole (Pfeile), die in den Lehrerhandreichungen zur Kennzeichnung von Handlungsträger und Betroffenen eingeführt sind (Der Mann → den Parkwächter). Nähme man oder frau diese Pfeile nicht inhaltlich (,,Das Subjekt packt zu.", was nicht immer zutrifft, Beispiele dazu finden sich im Lehrerhandbuch: ,,Er bekommt keine Arbeitserlaubnis."), sondern strukturell (nach dem Pfeil muß der Akkusativ stehen), so böten sie vielleicht eine Erleichterung.

---

[9] Lehrerhandreichungen zu *Deutsch hier*, S. 65f.

5.2.5 Unterrichtsvorschläge zur Akkusativergänzung
5.2.5.1 Zu den Nomen

Phase 1: Einführung

Quelle: *Deutsch hier,* Lehrbuch, S. 43.

Das Bild wird über den OHP projiziert, jedoch nicht ganz, sondern es wird Abschnitt für Abschnitt aufgedeckt. Dazu ist nur normales Papier notwendig, das auf die Folie gelegt wird, die abgedeckten Stellen werden nicht projiziert, sondern bleiben schwarz. Als erster Ausschnitt wird nur der Mann unter dem Auto gezeigt, dann das Baby, dann der Musikhörende, dann die Frau am Fenster, dann die Köpfe der anderen, und zuletzt das ganze Bild. Zu jedem Teilabschnitt müssen sich die Lernenden äußern, was zu sehen ist, bzw. spekulieren, was los sein könnte.

Wer keinen OHP hat, zerschneidet das Bild nach den eingezeichneten Linien, gibt je einen Teil an eine Kleingruppe. Nacheinander (erst a, dann b usw., damit die Lösung länger offen bleibt) beschreiben die Kleingruppen ihren Bildanteil. Aufgabe ist es, herauszufinden, worum es sich bei dem Bild handelt.[10]

---

[10] Idee von Richard Göbel, auf einem Spieleseminar vermittelt.

In dieser mündlichen Phase werden die grammatisch falschen Äußerungen nur „unterschwellig" korrigiert (z. B. „Er repariert das Motor." – „Ja, er repariert den Motor."), ohne daß die richtige Form wiederholt werden muß.

Phase 2: Systematisierung

Folgender Text wird vom Unterrichtenden einmal vorgelesen, an die Lernenden verteilt, unbekanntes Vokabular erklärt (über das Bild) und dann mehrmals von Einzelnen gelesen und in der Intonation korrigiert.

Familie Özdük macht einen Ausflug. Frau Özdük trägt einen Picknickkorb. Sie hat Brot, Knoblauch, eine türkische Wurst und ein Stück Käse. Ihre Freunde kommen auch. Mahmut hört Radio. Er findet die Musik schön. Leider ist das Auto kaputt. Herr Özdük repariert den Motor.

Frau Özdük trägt den Picknickkorb in das Haus. Mahmut ißt den Käse, die Freunde essen die Wurst. Frau Özdük nimmt das Brot und schneidet 6 Stücke ab. Herr Özdük repariert noch immer den Motor. Sie machen keinen Ausflug.

Der erste Satz wird gelesen und analysiert: „Wo ist das Verb? Wo ist die Subjektergänzung?" Satz für Satz wird gelesen, die Lernenden sollen auf ihrem Textblatt die Verben (oval) die Subjektergänzung (eckig) einrahmen.

Der Satz „Frau Özdük trägt einen Picknickkorb." wird herausgegriffen, Verb und Subjektergänzung erfragt, der Satz angeschrieben. „Wie ist der Artikel von Picknickkorb?" („der" oder „ein"). Beides wird angeschrieben (s. die Tafelanschrift S. 142), der Satz nochmals gelesen, „einen Picknickkorb" wird eingerahmt und gefragt: „Was ist das?" (Manche kennen den Begriff Akkusativobjekt schon, dann soll der genommen werden! Sonst:) „Das ist auch eine Ergänzung. Sie steht nach bestimmten Verben. Sie heißt Akkusativergänzung." Der Begriff wird ebenso wie der muttersprachliche angeschrieben.

Für die Tafelanschrift werden die beiden Beispiele „Sie essen die Wurst." und „Sie nimmt das Brot." nach gleichem Vorgehen analysiert. Abschließend wird das Genus der Nomen erfragt und zusätzlich angeschrieben (mask., fem, neutr.). Nur die maskuline Form wird eingerahmt – da sie sich allein ändert – und die Regel formuliert: Die Akkusativergänzung steht nach bestimmten Verben. Nur der Artikel „der" ändert sich. Er heißt dann „den" oder „einen". Die Akkusativergänzung steht nach dem Verb.

Im gesamten Text werden in Partnerarbeit die anderen Akkusativergänzungen eingezeichnet (mit einer anderen Farbe: wenn für E-Subjekt rot genommen wurde, so kann jetzt blau genommen werden) und dann gemeinsam besprochen. Dabei muß immer das Verb genannt werden, das die Akkusativergänzung bedingt. Diese werden ebenfalls angeschrieben. Jetzt wird die Tafelanschrift abgeschrieben:

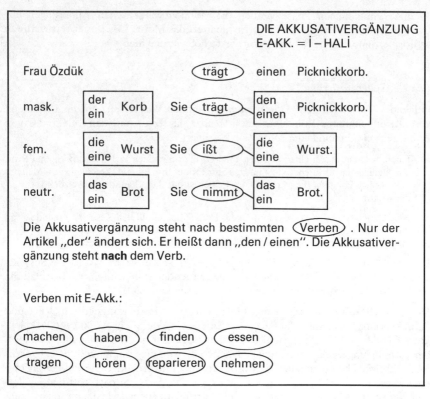

DIE AKKUSATIVERGÄNZUNG
E-AKK. = İ – HALİ

Frau Özdük (trägt) einen Picknickkorb.

mask. | der / ein | Korb | Sie (trägt) | den / einen | Picknickkorb.

fem. | die / eine | Wurst | Sie (ißt) | die / eine | Wurst.

neutr. | das / ein | Brot | Sie (nimmt) | das / ein | Brot.

Die Akkusativergänzung steht nach bestimmten (Verben). Nur der Artikel „der" ändert sich. Er heißt dann „den / einen". Die Akkusativergänzung steht **nach** dem Verb.

Verben mit E-Akk.:

(machen) (haben) (finden) (essen)
(tragen) (hören) (reparieren) (nehmen)

Auf die Gegenüberstellung mit dem türkischen i-hali wird verzichtet, da hier die Heranziehung der türkischen Muttersprache verwirrt: einmal, weil das Türkische nur den bestimmten Akkusativ kennzeichnet, dann, weil die Verbvalenzen anders sind und weil es im Deutschen auf die Artikelveränderung ankommt.

Phase 3: Übungen

– Sätze sind auf Karten geschrieben (pro Satzteil eine Karte). Die Karten werden gemischt und müssen zu richtigen Sätzen zusammengelegt werden.[11]

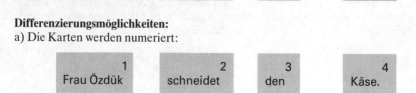

Frau Özdük | schneidet | den | Käse.

Differenzierungsmöglichkeiten:
a) Die Karten werden numeriert:

| 1 | 2 | 3 | 4 |
| Frau Özdük | schneidet | den | Käse. |

---

[11] Göbel, R.: *Lernen mit Spielen*, 1979, S. 48.

b) Die Karten werden zur Hilfestellung in der Akkusativergänzung mit Strichen gekennzeichnet. Die Karten, wo beide Striche eine Linie bilden, gehören zusammen:

| Frau Özdük | schneidet | den ____ | ____ Käse. |

Falsch wäre demnach:

| Frau Özdük | schneidet | die ‾‾‾ | ____ Käse. |

Für die Beispielsätze eignen sich neben den genannten Verben (s. Tafelanschrift) noch folgende Verben:
fragen, kaufen, trinken, mögen, malen, bringen, sehen, holen, waschen, brauchen usw.

– Arbeitsblatt:

Mache Sätze!

Frau Özdük	kaufen		die?	Hose.
Mahmut	trinken			Glas Tee.
Adem	schneiden	den?		Apfel.
Die Freunde	sehen			Mann.
Rosa	tragen		das?	Korb.
Ich	holen	ein?		Käse.
Sie	brauchen			Mantel.
Du	finden		einen?	Wurst.

Frau Özdük kauft eine Hose.

– Pantomime:
Verben mit einer Akkusativergänzung werden auf Kärtchen geschrieben und gemischt. Alle Lernenden, die spielen möchten, ziehen eine Karte und spielen vor (stumm); die anderen müssen raten, was sie gemacht haben. Das kann auch in Gruppen gemacht werden. Der oder die Unterrichtende kann das erste Beispiel vorspielen. Beispiele:

| ein Baby wickeln | oder | Er wickelt ein Baby. |

| Er putzt den Boden. | Er ißt einen Apfel. |

| Er kocht Kaffee. | Er macht die Tür auf.[12] |

---

[12] Göbel: *Lernen mit Spielen*, a.a.O., S. 24.

– Zwei Gruppen (A und B) bilden. Beide denken sich Anweisungen aus (mit Akkusativ) und schreiben sie auf. A gibt B eine Anweisung, die jemand aus der Gruppe B ausführen muß, und dann umgekehrt. Beispiele: „Mal einen Kopf." (oder: „Du malst einen Kopf!" oder: „Hülya malt einen Kopf!") – „Trag einen Stuhl!" – „Hol einen Schal!" – „Nimm einen Bleistift!" – „Kauf einen Kassettenrecorder!" Das erste Beispiel sollte in der Großgruppe geübt und die Struktur angeschrieben werden. Es soll nicht irgendetwas gemacht werden, die Arbeitsanweisung „Verben mit Akkusativergänzung" muß beachtet werden.

4. Phase: Transfer (Rollenspiel)

Das Bild wird über OHP projiziert (kopiert, ohne Text verteilt), der Dialog vom Tonband (kann man oder frau auch selbst aufnehmen, auch auf Kassettenrecorder) wird vorgespielt, das Verständnis gesichert und der Text vom Tonband Zeile für Zeile eingeübt.

Dann spielen 3 Lernende den Text vor – frei, so daß Abänderungen und Ergänzungen möglich sind.

Haben Sie einen Angelschein?	Einen Angelschein? Nein.
Das kostet zehn Mark.	Warum?
Sie haben keinen Angelschein, darum!	Aber wir haben noch keinen Fisch!
Das ist egal. Sie angeln und haben keinen Angelschein.	Gut, wir angeln nicht mehr!
Zu spät, 10 Mark!	Sind Sie Polizist?
Nein, Parkwächter.	Haben Sie einen Ausweis?
Einen Ausweis? Nein.	Quelle: *Deutsch hier*, Lehrbuch, S. 39.

Für Fortgeschrittene können andere Kärtchen mit Rollenanweisungen verteilt werden (aus: Lehrerhandreichungen zu ,,Deutsch hier'', S. 64).

> Sie haben im Restaurant nicht bezahlt.
> Das Essen war schlecht.

> Sie haben keinen Führerschein.
> Sie sind nur 100 Meter gefahren.

> Sie haben keine Kinokarte.
> Der Film hat noch nicht begonnen.

5.2.5.2 Zu den Personalpronomen (Singular)

In Anlehnung an ,,Das Deutschbuch'' (Lektion 4, S. 44) kann ein Verkaufsspiel eingeübt werden:

In Kleingruppen werden Gegenstände aus Katalogen ausgeschnitten (Kleidung, Lebensmittel, . . .). Jede Gruppe baut sich ihr ,,Geschäft'' auf, indem sie ihre ausgeschnittenen ,,Waren'' auf einen Tisch legt und zum Verkauf anbietet.

Jede Gruppe kauft nacheinander bei jeder Gruppe ein – einzeln oder zu zweit. Je nach Niveau und Spielfreudigkeit der Gruppe kann so vorgegangen werden:

a) der Lehrer/die Lehrerin beginnt:

+ Guten Tag.
  Ich möchte einen Pullover.
– Hier bitte.
+ Nein. – Den da.
– Den!?
+ Nein. Den finde ich nicht schön.

b) Vor Spielbeginn werden in der gesamten Gruppe sprachliche Möglichkeiten gesammelt und dann von einzelnen vorgespielt – Abweichungen immer zulassen!

c) Es werden Strukturen vorgegeben (angeschrieben), die beim Spielen abgelesen werden können (z. B. von Plakaten an der Wand). Möglichkeiten:

+ Ich möchte einen Pullover.	+ Ich möchte ein Hemd.	+ Ich möchte eine Hose.
– Den?	– So eins?	– Was für eine?
+ Ja. Den.	+ Nein, das finde ich nicht schön.	+ Eine blaue.
		– Die da?
		+ Ja. Die.

Wenn genug gespielt wurde, werden an alle die Strukturmuster (s. c) ausgeteilt, oder am Plakat wird die abstraktere Regel abgeleitet. Dazu werden die Akkusativformen der Nomen eingerahmt und unter den Beispielen als Personalpronomen wiederholt. Das sieht so aus:

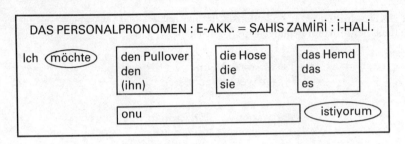

DAS PERSONALPRONOMEN : E-AKK. = ŞAHIS ZAMİRİ : İ-HALİ.

| Ich (möchte) | den Pullover den (ihn) | die Hose die sie | das Hemd das es |

| onu | (istiyorum) |

Die Formen der 1. und 2. Person Singular werden eher im Zusammenhang mit trennbaren Verben gebraucht (,,Ich hol dich ab." – ,,Rufst du mich an?"). Sie werden nur der Vollständigkeit halber durch ein Telefonat eingeführt, das vorgespielt wird:[13]

- Hallo. Hier ist Adem.
+ Wer?
- Adem. Hörst du mich?
+ Ich versteh dich nicht.
- Hier spricht Adem!!

Das Telefonat wird nachgespielt und kann ergänzt werden. Zur Übung eignet sich ein Lückentext:

Adem möchte ein Picknick machen. Er packt _____ Korb. Er holt eine Wurst. Er legt _____ hinein. Er holt ein Stück Käse. Er legt _____ hinein. Er braucht noch ein Brot. Rosa bringt _____. Es klingelt. Besuch aus Köln!
,,Das ist Peter. Kennst du _____ noch?
Und das ist Gabi. Kennst du _____ noch?"
,,Tag Adem. Kennst du _____ noch?"
,,Ja. Ich kenne _____ noch. Das ist Rosa. Du kennst _____ nicht."

Zur Übung kann auch eine einfache Strukturübung gemacht werden (mündlich):

Wo bleibt mein Bier?   Ich bringe _____ sofort.
Wo bleibt mein Kaffee?   Ich bringe _____ sofort.
Wo bleibt meine Milch?   Ich bringe _____ sofort.[14]

5.2.5.3 Zu ,,haben"

Die Bilder werden über OHP oder als Fotokopie in Kleingruppen gezeigt und versprachlicht: ,,Was sagen sie?" (Dazu die Texte mit Tipp-Ex rauslackieren):

---

[13] s. *Deutsch in Deutschland neu,* Grundkurs, a.a.O., S. 66.
[14] s. *Das Deutschbuch,* a.a.O., S. 109.

Mario hat viel Zeit

Ali hat nie Zeit

Hast du auch einen Freund?

Pedros hat Angst

Pedros hat jetzt keine Angst mehr

Aber Renzo hat immer noch Angst!

Quelle: *Deutsch in Deutschland neu*, Grundkurs, a.a.O., S. 34.

Anschließend werden in zwei Gruppen Listen mit Wortverbindungen erstellt, die die Lernenden schon kennen. Die Listen werden vorgelesen und erklärt („Hast du Geld?" – „Er hat einen Freund." usw.).

Ebenfalls zur Wortschatzerweiterung und Strukturübung werden Gegenstände (z. B. Unterrichtsmaterialien) gezeigt, benannt, dann in eine Schachtel getan. Alle Lernenden nehmen einen Gegenstand (ein Bild). Gegenseitig werden die Dinge erfragt: „Hast du einen Bleistift?" Es muß so lange gefragt werden, bis eine positive Antwort kommt.[15]

Zur Erstellung des *Konjugationsschemas* wird ein Beispiel angeschrieben, nach dem Verb und dem Infinitiv gefragt, beides wird eingerahmt. Die anderen Konjugationsformen werden gemeinsam erarbeitet und angeschrieben, so daß die folgende Konjugationstabelle entsteht, die wiederum abgeschrieben wird (im Türkischen wäre hier eine Übersetzung verwirrend und entfällt deshalb).

(haben)		
Ich	habe	
Du	hast	
Er, sie, es	hat	einen Bleistift.
Wir	haben	
Ihr	habt	
Sie	haben	

---

[15] Lehrerhandbuch zu *Deutsch in Deutschland neu*, a.a.O., S. 49.

Übungen:

Quartett: Es werden Kleingruppen mit je 4—6 Spielern gebildet, die ca. 8 Kartensätze à je 4 zusammengehöriger Karten erhalten. Die Zusammengehörigkeit kann durch Buchstaben oder Zahlen gekennzeichnet werden, bei Möbeln z. B.

Die Karten werden offen ausgelegt, die Begriffe erklärt und die Vierersätze zusammengelegt. Dann werden die Karten gemischt und alle ausgeteilt. Alle versuchen die Karten, die zur Vervollständigung eines Quartetts notwendig sind, zu erfragen: ,,Hast du (den Stuhl)?" Jeder kann solange fragen, bis er eine negative Antwort erhält: ,,Den habe ich nicht." Wer zuletzt gefragt wurde, fragt weiter.

Ein Quartett kann im Unterricht gemeinsam gebastelt werden: Gegenstände aus Zeitschriften oder Katalogen werden auf festen Karton aufgeklebt und mit Zahlen (und eventuell den Begriffen auf deutsch) versehen.

Quelle (auch die Zeichnungen): W. Lohfert, *Kommunikative Spiele für Deutsch als Fremdsprache,* S. 45.

5.3 Die Dativergänzung
5.3.1 Die Dativergänzung im Deutschen[16]

Verben, die im Deutschen den reinen Dativ regieren, also ohne Präposition, sind bis auf wenige Ausnahmen (,,helfen", ,,gehören") nicht sehr gebräuchlich: In der Umgangssprache wird das Pronomen vorgezogen (,,Das gehört dem Mann / Das gehört ihm.").

Der Dativ tritt syntaktisch in folgenden Funktionen auf:
– Als obligatorische Ergänzung von ein- bis dreiwertigen Verben:
  Es graut ihm.
  Er begegnet dem Freund.
– Als obligatorische Ergänzung eines Adjektivs:
  Er sieht seinem Vater ähnlich.
– Als fakultative Ergänzung und als freie Angabe:
  Er wäscht seinem Vater das Auto.

Als Satzglied ist der Dativ:
– Ergänzung zum Verb (Objekt);
– Ergänzung zum Adjektiv (Prädikativ);
– Ergänzungsangabe:
  Der Meister klopft dem Lehrling auf die Schulter.

Die Formen des Artikels und des Nomens im Dativ sind:

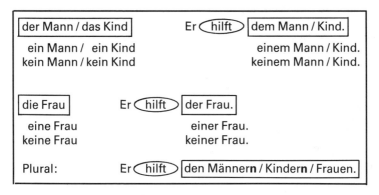

Jetzt kann man oder frau sich die Schwierigkeiten mit der richtigen Artikelanwendung vorstellen!

Die Formen des Personalpronomens sind:

ich	du	er	sie	es	wir	ihr	sie
mir	dir	ihm	ihr	ihm	uns	euch	ihnen

---

[16] s. Helbig · Buscha, a.a.O., S. 60 (S. 28): Verben, die den Dativ regieren; S. 253 (S. 114): Syntaktische Funktionen; S. 259 (S. 114): Satzgliedfunktionen.

5.3.2 Die Dativergänzung im Türkischen und in den anderen Sprachen

5.3.2.1 Die Dativergänzung im Türkischen

Im Türkischen wird der Dativ durch Anhängen des Suffixes ,,-e" (,,-a") – bei Nomen, die auf Vokal enden, ,,-ye" (,,-ya") – an das Nomen/Pronomen gebildet. Er heißt deshalb ,,e-hali".

Hülya'ya soruyorum.	*Ich frage Hülya.*
Avukata soruyorum.	*Ich frage den Anwalt.*
Ona soruyorum.	*Ich frage sie.*

Darüber hinaus erfüllt der Dativ die Funktion (gemeinsam mit Lokativ und Ablativ) der Situativ- und Direktivergänzung. Die Personalpronomen sind:

ben	sen	o	biz	siz	onlar
bana	sana	onu	bize	size	onlara

5.3.2.2 Die Dativergänzung in den anderen Sprachen

Im **Italienischen** wird der Dativ durch die Präposition ,,a", die vor dem Substantiv steht und häufig mit dem Artikel verschmilzt, gebildet:

*Domando **a** Paolo.*	*Ich frage Paul.*
*Domando **al** meccanico.*	*Ich frage den Mechaniker.*
(al = a + il)	

Die Personalpronomen teilen sich in betonte und unbetonte:

a me (mi = unbetont)	*mir*
a lei (le)	*ihr*
a lui (gli)	*ihm*

Die unbetonte Dativform ist mit der unbetonten Akkusativform in der 1. und 2. Person identisch (,,mi" = ,,mir" und ,,mich"). Nach Präpositionen muß die betonte Form stehen.

Im **Spanischen** wird ebenfalls die Präposition ,,a" zur Dativbildung der Nomen verwendet (,,a"+,,el"=,,al"; ,,a la"). Der Akkusativ bei Lebewesen wird genauso gebildet, so daß die Formen übereinstimmen: ,,dem Mann/den Mann" ist beides ,,al hombre". Das Personalpronomen in der 3. Person lautet im Dativ in der unbetonten Form ,,le" (maskulin und feminin). Die unbetonte Akkusativform lautet maskulin ,,lo" oder ,,le", feminin ,,la". In der Höflichkeitsform wird die unbetonte Form meist durch die betonte Form ersetzt.

Im **Portugiesischen** wird die Dativergänzung mit ,,a" gebildet. Die Personalpronomen Dativ und Akkusativ der 1. und 2. Person sind identisch (,,me" = mir/mich), in der 3. Person Singular wird im Dativ ,,lhe" für die maskuline und feminine Form gebraucht.

Im **Serbokroatischen** ist der Kasus an der Endung des Nomens zu erkennen („i" bei femininen Nomen: „ženi" = „der Frau", im Instrumental „sa ženom" = „mit der Frau"). Das Personalpronomen Dativ („meni" – „mi": unbetonte Form) unterscheidet sich vom Akkusativpronomen („mene" – „me").

Im **Griechischen** existiert der Dativ nicht mehr, er wird für Nomen und Pronomen entweder durch die Genitivkonstruktion oder durch die Präposition σε (se) + Akkusativ gebildet:

στην μητέρα (stin mitera) = der Mutter
(σε+την)   (se+tin)
λέγει σε μένα (μου) = sie sagt mir
(leji se mena [mu]) (zu mich, meiner)

5.3.3 Lernschwierigkeiten

Die Dativpronomen sind auch in den unteren Lernstufen vorhanden[17]. Dabei gehört „mir" zu denjenigen Pronomen, die so früh wie „ich" und „du" erlernt werden[18]. In den analysierten Texten des Heidelberger Pidgin Projekts war das „mir" sehr häufig an „bei mir" gekoppelt – „bei mir" wird offensichtlich als ein Wort gelernt[19].

Die von der Muttersprache der Lernenden her gesehen überraschende Änderung des Artikels („die Frau – er hilft der Frau") und die Differenzierung in Akkusativ und Dativ („Ich helfe dir. Ich sehe dich.") ist schwierig, zumal auch hier die unterschiedlichen Verbreaktionen eine Rolle spielen. „Fragen" verlangt in den meisten der hier zur Debatte stehenden anderen Sprachen den Dativ, im Deutschen die Akkusativergänzung.

5.3.4 Die Dativergänzung in den Lehrwerken

In den Lehrwerken wird (wohl aus den erwähnten Gründen) der reine Dativ des Nomens nur in **Sprich mit uns! Hauptschule** erwähnt – dort jedoch auch, wie in den anderen Unterrichtsbüchern, sehr schnell anschließend zusammen mit Präpositionen, die den Dativ erfordern. Die Personalpronomen mit Dativ werden bis auf **Deutsch für Jugendliche anderer Muttersprache,** wo auch die Personalpronomen mit Präposition eingeführt werden (L 11), in allen Büchern systematisch aufgelistet.

In **Deutsch in Deutschland neu** werden aus der Geschichte „Muro hat einen Hut gefunden" („Wem gehört der?") die Singular- und Pluralformen angegeben (Kapitel 6.9).

In **Sprich mit uns! Hauptschule** wird die einfache Form („Er hilft dem Mann/der Frau.") in Lektion 6, die Personalpronomen in Lektion 10 („José sucht den Weg. Peter erklärt ihm den Weg.") eingeführt. Mit Hilfe der Signalgrammatik („die Frau – der Frau"), ohne jedoch den Formenwechsel durch die Abhängigkeit vom Verb zu erklären, wird das System erläutert („*Peter* fährt in die Stadt. Gabi fährt mit *ihm*").

---

[17] Klein: *Untersuchungen . . .*, a.a.O., S. 75.
[18] Heidelberger Pidgin Projekt, *Abschlußbericht V,* a.a.O., S. 41.
[19] ebda., S. 45.

Das Deutschbuch bietet Einzelszenen zur Einführung der Personalpronomen an. („Das ist mir zu laut. Kannst du mir helfen?")

Ebenso führt **Deutsch hier** zahlreiches Bildmaterial zur Einführung der Pronomen (Am Zoll: Wem gehört der Koffer? / Im Kino: Wem gehört der Platz? / Bei der Arbeit: um Hilfe bitten) und eine Liste von Verben an, die den Dativ bedingen.

5.3.5 Unterrichtsvorschläge

Wegen der genannten Lernschwierigkeiten wird an dieser Stelle der Progression bei den Nomen zunächst nur der Wechsel des bestimmten Artikels thematisiert. Da es kaum eine natürliche Situation gibt, in der das Nomen im Dativ ohne Präposition auftaucht, wird es in der instrumentalen Bedeutung des Dativs mit der Präposition „mit" eingeführt. Der Dativ hängt also in dem Fall von der Präposition ab.

Um die Abhängigkeit der Dativergänzung vom Verb zu verdeutlichen (wie bei den anderen Ergänzungen), werden zuerst die Pronomen eingeführt.

5.3.5.1 Zu den Pronomen

1. Phase: Einführung

Der oder die Unterrichtende nimmt mehrere Gegenstände (darunter auch Sachen, die Lernenden gehören, das ist vorher abgesprochen), mit in die Klasse, hält sie hoch und fragt Einzelne: „Gehört dir das? – Nein? Das gehört dir nicht? Wem gehört das?" Die Sachen werden zurückgegeben: „Das gehört dir." („Das gehört mir. Das gehört Adem/Rosa/ . . .").

Über den OHP (oder als Fotokopie, die zwei Lernende sich zusammen anschauen) werden verschiedene Gegenstände gezeigt. Die Lernenden fragen sich gegenseitig: „Gehört dir das Brot?" Vorher haben sich alle Lernenden einen Gegenstand ausgesucht, der ihnen „gehört". Bei der Antwort „ja" fragt derjenige, der „ja" geantwortet hat, weiter.

Quelle: *Deutsch hier*, Lehrbuch, S. 73.

2. *Phase: Systematisierung*

Die Strukturen aus dem Spiel werden angeschrieben. Es wird nach dem Verb gefragt, das oval eingerahmt wird, die Pronomen rahmt der oder die Unterrichtende ein und fragt: ,,Wie heißen diese Wörter?" (Personalpronomen). ,,Das ist eine Dativergänzung. Sie steht nach bestimmten Verben." Begriff und Regel werden zu den Beispielen geschrieben. (Die Tafelanschrift wird später um die Verben, die den Dativ erfordern, ergänzt).

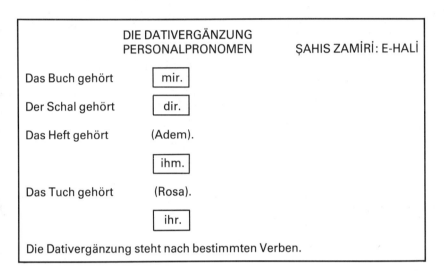

3. *Phase: Übungen*

– Verkaufsspiel mit bestimmten Strukturen:

Das gefällt mir (nicht).
Das paßt mir (nicht).
Das ist mir zu . . . (groß, klein, eng, alt . . .).

Verschiedene Gegenstände liegen auf einem Tisch. Der oder die Unterrichtende beginnt das Spiel:

+ Guten Tag. Ich möchte einen Kassettenrecorder.
– Ja. Hier. Nur 100 Mark.
+ Nein. Der gefällt mir nicht.
– Hier. Nur 150 Mark.
+ Nein. Der ist mir zu teuer.
– Tut mir leid.
+ Auf Wiedersehen.

Die Lernenden spielen nach – mit andern Gegenständen und andern Begründungen.

Arbeitsblatt:

Adem hat ein Mofa. Es gehört _____ .
Gülşen kommt: „Gehört _____ das Mofa?"
„Ja. Das Mofa gehört _____ ."

Rosa hat ein Fahrrad. Es gehört _____ .
Gülşen kommt: „Gehört das Fahrrad _____ ?"
„Ja. Es gehört _____ ."

Adem trägt Kisten. Sie sind schwer. Er fragt Ibrahim:
„Hilfst du _____ ?"

Rosa hat keine Schreibmaschine. Sie braucht eine. Sie fragt:
„Gibst du _____ deine Schreibmaschine?"

Fazıl fährt in die Türkei. Er sagt zu Adem:
„Ich schreibe _____ ."

Adem versteht eine Aufgabe nicht. Er fragt Rosa:
„Erklärst du _____ das?"

Nach der Besprechung des Arbeitsblattes sollen die Verben aus dem Text herausgesucht werden. Sie werden unter das Tafelbild geschrieben: Verben mit Dativergänzung: *helfen, geben, schreiben, erklären.*

– Freies Gespräch in der Gruppe: Was gefällt dir in Deutschland (warum)? Was gefällt dir nicht in Deutschland (warum)?

In Kleingruppen können die Argumente aufgeschrieben werden. Dazu wird ein vorbereitetes Plakat mit den beiden Fragen an jede Gruppe gegeben. Abschließend werden die Plakate aufgehängt, die Texte vorgelesen und die Argumente diskutiert.

5.3.5.2 Zu den Nomen („mit"+Nomen)

1. Phase: Einführung

Ein szenisches Spiel wird vorgespielt, notwendig sind zwei Rollen, ein wenig wie Dick und Doof – einer versteht nichts. Wer allein unterrichtet, wie wohl die meisten, kann eine Handpuppe als Partner nehmen. Der oder die Unterrichtende versucht, eine Dose zu öffnen, und zwar mit den verschiedensten Utensilien. Es gelingt nicht, die kluge Handpuppe weiß, wie es geht. Die Gegenstände, mit denen sie die Dose zu öffnen versucht, liegen auf dem Boden.

+ (versucht, mit dem Kuli die Dose zu öffnen)
– Mit dem Kuli? Das geht doch nicht.
+ (versucht es mit der Gabel)
– Mit der Gabel? Das geht doch nicht.
+ (versucht es mit den Zähnen)
– Mit den Zähnen? Das geht doch nicht.

154

+ (versucht es mit dem Kamm)
  − Mit dem Kamm? Das geht doch nicht.
+ (versucht es mit dem Feuerzeug)
  − Mit dem Feuerzeug? Das geht doch nicht.
+ (versucht es mit einem Schlüssel)
  − Mit dem Schlüssel? Das geht doch nicht.
+ (macht es vor: mit dem Dosenöffner).

Zur Verständnissicherung wird der Dialog rekonstruiert, die Gegenstände (,,mit dem . . .") liegen sichtbar auf einem Tisch. Dann spielen die Lernenden nach. (Als wir diese Stunde gemacht haben, hat kaum ein Schüler im Dativ nachgesprochen!)

2. Phase: Hinführung zur Systematisierung

Der Text des Spiels ist auf Tonband oder Kassettenrecorder gesprochen − dazu muß die Rollenverteilung unwesentlich verändert werden:

+ Mit dem Kuli? (wie ein Selbstgespräch:) Das geht doch nicht.

Satz für Satz wird der Text eingeübt − vom Band, nicht durch Vorsprechen des Unterrichtenden.

Der Text ist als Lückenplakat geschrieben, wobei die Dativartikelformen ausgespart sind. Die Lernenden müssen den Text rekonstruieren, indem sie die Kärtchen in die richtigen Lücken legen. Abschließend wird der Text gelesen.

3. Phase: Systematisierung

Der oder die Unterrichtende deutet auf das Wort ,,Kuli" und fragt nach dem Artikel. ,,der Kuli" wird angeschrieben. Die Geste des Dosenöffnens wird wiederholt: ,,Womit mache ich die Dose auf?" (Wenn nur die Antwort ,,Kuli" kommt, so bestätigend wiederholen: ,,Ja, mit dem Kuli." und nachfragen: ,,Womit?" und ,,mit dem Kuli" wiederholen lassen!) ,,Mit dem Kuli." wird angeschrieben. Die anderen Nomen werden nach der gleichen Vorgehensweise erfragt und angeschrieben (,,die Gabel", ,,das Feuerzeug", ,,die Schlüssel" werden notiert). Die Frage ,,womit" wird über die Beispiele geschrieben. ,,Was für eine Ergänzung ist das?" (Dativergänzung Nomen oder Dativobjekt). Auch der Begriff wird in Deutsch und in der Muttersprache angeschrieben. (Die türkische Erklärung entfällt, da im Türkischen hier der Dativ durch eine Endung ausgedrückt wird)

		Die Dativergänzung: Nomen e-hali	
der	Kuli	Sie öffnet die Dose	mit dem	Kuli.
die	Gabel		mit der	Gabel.
das	Feuerzeug		mit dem	Feuerzeug.
die	Zähne		mit den	Zähnen.

Die Dativergänzung steht nach ,,mit".

4. Phase: Übungen

Die folgenden Übungen sind sehr mechanisch gehalten, bewußt – zur Einübung des Artikelwechsels. Es werden nur Übungen mit „mit" gemacht. Sie können schriftlich und mündlich gemacht werden.

– Vorgegeben sind Nomen. Es soll ein Satz gebildet werden mit dem Verb „spielen":

---

der Ball   – Er spielt mit _____ Ball.
das Feuerzeug   – Er spielt mit _____ Feuerzeug.
die Schlüssel   – Er spielt mit _____ Schlüsseln.

– Sätze bilden aus drei vorgegebenen Elementen:

Bilde Sätze mit „mit":

Adem	essen	die	Gabel.
Rosa	putzen	das	Tuch.
Fazıl	fahren	die	Straßenbahn.
Gülşen	spielen	das	Kind.
Elif	kochen	der	Kochlöffel.

Varianten und Erschwernisse (zur Gruppendifferenzierung)

Der Artikel der Nomen entfällt:

Adem   essen   Gabel.

Die einzelnen Satzteile stehen nicht auf einer Zeile:

Adem   essen   Kind.
Rosa   putzen   Kochlöffel.

– Arbeitsblatt:

Rosa fährt zu Adem. Sie fährt nicht mit dem Bus.
Sie fährt nicht mit _____ der Straßenbahn.
Sie fährt mit _____ Fahrrad.
Rosa spielt mit Musa. Er ist 5 Jahre alt.
Sie spielen mit _____ Ball.
Dann spielen sie mit _____ Eisenbahn.
Die Eisenbahn geht kaputt.

– Nachdem die Lernenden jetzt über drei Ergänzungsmöglichkeiten verfügen, wäre es wichtig, die Position der einzelnen Satzglieder in ihrem Grundmuster noch einmal zu verdeutlichen.

Am besten bieten sich dazu Satzpuzzles an: Entweder werden einzelne Sätze auf Kärtchen geschrieben, die Kärtchen verteilt und der Satz muß gelegt werden. Oder mehrere Sätze werden gepuzzelt und die Lernenden müssen sie richtig legen. Beide Übungen können auch in Form eines Arbeitsblattes gemacht werden mit der Anweisung: Schreibe richtige Sätze!

Im folgenden werden drei Gruppen von Sätzen vorgeschlagen, die gleich getrennt oder gemeinsam (je nach Sprachstand der Gruppe) gepuzzelt werden. An den drei Gruppen, die im Unterricht noch um mehr Beispiele erweitert werden müßten, werden alte und neue Regeln zum Satzbau wiederholt.

a) *Ich bringe dir das Buch.*
   Ich gebe ihr den Mantel.
   Ich schreibe dir einen Brief.

   Rosa bringt dem Mädchen ein Buch.
   Rosa gibt der Frau den Mantel.
   Rosa schreibt Adem einen Brief.

Die einzelnen Satzteile werden eingerahmt, benannt und ihre Stellung festgelegt. Abstrakt sieht das so aus:

Hauptsatz:

Rosa	(bringt)	dir	das Buch.
1. Stelle Ergänzung: Subjekt	2. Stelle Verb	3. Stelle E-Dativ	4. Stelle E-Akkusativ

b) *Bringst du mir das Buch?*
   Gibst du ihr den Mantel?
   Schreibst du mir einen Brief?

Das abstrakte Satzmuster ist:

Fragesatz:

(Bringst)	du	mir	das Buch?
1. Stelle Verb	2. Stelle Ergänzung: Subjekt	3. Stelle E-Dativ Pronomen	4. Stelle E-Akkusativ

c) *Adem ißt den Fisch mit der Gabel.*
   Rosa kocht die Suppe mit dem Kochlöffel.
   Fazıl putzt den Tisch mit dem Tuch.

Das abstrakte Satzmuster ist:

Hauptsatz:

Adem	(ißt)	den Fisch	mit der Gabel.
1. Stelle Ergänzung: Subjekt	(2. Stelle Verb)	3. Stelle E-Akkusativ Nomen	4. Stelle „mit" + E-Dativ.

Anmerkung:
Die Satzpuzzles sollten nicht alle in einer Stunde gemacht werden, sondern auf verschiedene Stunden verteilt werden.

5.4 Situativ- und Direktivergänzung mit Dativ (Wo? Woher?)
5.4.1 Die Präposition mit Dativ im Deutschen[20]

Präpositionen sind eine relativ geschlossene Gruppe von Wörtern, die meistens vor (prä-) dem Wort stehen, das sie regieren – Adjektive, Adverbien, Substantive. In manchen syntaktischen Zusammenhängen müssen oder können zwei Präpositionen stehen:

> *Bis auf einen Schüler kannte ich alle.*
> *Der Zug fährt bis nach Berlin.*

Die Präpositionen haben verschiedene Reaktionen, z. B.:
mit Dativ: *aus, bei, gegenüber, mit, nach, seit, von, zu* u. a.;
mit Akkusativ: *bis, durch, für, gegen, ohne, um* u. a.

Folgende Präpositionen regieren sowohl den Dativ wie den Akkusativ – es handelt sich um lokale Präpositionen, die eine Situationsergänzung „Das Buch liegt auf dem Tisch." oder eine Direktivergänzung „Ich lege das Buch auf den Tisch." nach sich ziehen („Wo?"; „Wohin?"), und die als Wechselpräpositionen bezeichnet werden:
> *an, auf, hinter, in, neben, unter, über, vor, zwischen.*

Bestimmte Präpositionen können zusammengezogen werden:
zu dem/zu der – *zum/zur*
in dem – *im*
bei dem – *beim*
an dem – *am*
von dem – *vom*

---

[20] Helbig · Buscha, a.a.O., S. 365 ff. (S. 163 ff.).

Ein großer Teil der Präpositionen ist obligatorisch an bestimmte Verben (,,denken an"), Adjektive (,,stolz auf") oder Substantive (,,Verständnis für") gebunden. Sie werden hier nicht berücksichtigt und sind auch im Unterricht erst sehr viel später zu vermitteln. Die Präpositionen werden nach bestimmten inhaltlichen Kriterien geordnet (örtlich, zeitlich, kausal usw.)[21].

5.4.2 Die Präposition (Postposition) im Türkischen und in den anderen Sprachen
5.4.2.1 Die Präposition (Postposition) im Türkischen[22]

Was im Deutschen durch eine Präposition ausgedrückt wird, entspricht im Türkischen entweder einer Endung oder einer Postposition, die nachgestellt (post = nach) wird.

Auf die Unterschiede von

woher	= *nereden*	+ Ablativ:	*Türkiye 'den (aus der Türkei)*	
wo	= *nerede*	+ Lokativ:	*Frankfurt 'ta (in Frankfurt)*	
			masada (auf dem Tisch)	
wohin	= *nereye*	+ Dativ:	*Istanbul 'a (nach Istanbul)*	
			sinemaya (ins Kino)	

wurde bereits hingewiesen.

Auch andere deutsche Präpositionen werden mit Endungen wiedergegeben:
für dich (sana), um 3 Uhr (saat üçte.).

Es gibt auch Postpositionen, die deutschen Präpositionen entsprechen. Sie regieren unterschiedliche Kasus, z. B.:

Nominativ: *mit dem Auto: araba ile*
Dativ   : *bis zum Sommer: yaza kadar*
Ablativ   : *seit dem Sommer: yazden beri*
Genitiv   : *für euch: sizin için*

5.4.2.2 Die Präposition in den anderen Sprachen

Im **Italienischen** sind Funktion und Gebrauch der Präposition ähnlich wie im Deutschen. Auch im Italienischen kann die Präposition mit dem Artikel verschmelzen (,,di"+,,il"=,,del"). Unterschiedlich sind – wie auch in den anderen Sprachen – die Bedeutungen: ,,von/aus/bei" werden z. B. durch ,,da" übersetzt.

Im **Spanischen** werden ebenfalls verschiedene deutsche Präpositionen mit einer spanischen wiedergegeben (,,am / aus dem / beim" = ,,del"). ,,Mit" verschmilzt auch mit einigen Personalpronomen (,,mit mir" = ,,conmigo"). Die Unterscheidung zwischen Lage (,,in *dem* Schrank" = Situativergänzung) und Richtung (,,in *den* Schrank" = Direktivergänzung) wird – wie auch im Portugiesischen und Griechischen – nicht getroffen.

Für das **Portugiesische** gilt das gleiche wie für das Spanische (am, aus dem, beim = do).

---

[21] s. Helbig · Buscha, a.a.O., S. 375–401 (S. 168–181).
[22] s. Liebe-Harkort: *Türkisch für Deutsche*, a.a.O., S. 208 ff.

Im **Serbokroatischen** gibt es sehr viele Präpositionen, die einen oder mehrere Fälle verlangen. Die Präposition steht direkt vor dem Nomen, da es ja keinen Artikel gibt.

Das **Griechische** verfügt über sehr viel weniger Präpositionen als das Deutsche (in/ auf/an/zu/nach = σε [se]). In der Regel haben alle Präpositionen den Akkusativ. Der Dativ wird durch den Genitiv oder den Akkusativ ausgedrückt.

5.4.3 Lernschwierigkeiten

- Die lokalen Präpositionen ,,im", ,,bei", ,,mit" werden von allen im Heidelberger Pidgin Projekt untersuchten Sprechern leicht erworben und häufig richtig angewandt. Manche Präpositionen werden auch für andere gebraucht (so ,,in" für ,,bei" und ,,zu".). Bei bestimmten Verben des Sagens und Denkens werden (im Deutschen ungebräuchliche) Präpositionen hinzugefügt[23] (,,ich sage zu Paul").
- Wechselpräpositionen.
- Verschiedene deutsche Präpositionen stehen für *eine* muttersprachliche Präposition.
- Übertragung der muttersprachlichen Präposition auf das Deutsche (,,ich sage zu dem Kind"– vom türkischen Dativ: ,,çocuğa diyorum")[24].

5.4.4 Die Präposition in den Lehrwerken

Die Trennung von Situativergänzung und Direktivergänzung wird in allen Lehrwerken vollzogen. Gemeinsam ist ihnen weiterhin, daß die ersten Lektionen mit der Themenstellung ,,Wo wohnst du?", ,,Woher kommst du?" diese Ergänzungen situativ anwenden und sie erst später unter dem Grammatikaspekt systematisieren. Die Dativpräposition ist gekoppelt an Orientierungen (,,Wo ist . . .?", ,,Wie komme ich zu . . .?"), die Akkusativpräposition an Lagebeschreibungen (Wohnungseinrichtung: ,,Wohin stellen wir . . .?"; Freizeitgestaltung: ,,Wohin gehst du?"). Die Dativergänzungen werden vor den Präpositionen mit Akkusativ eingeführt.

5.4.5 Unterrichtsvorschläge

1. Phase: Einführung

Als Einführung bieten sich drei Möglichkeiten an:

a) Die Bedeutung der Präpositionen wird durch ein Spiel verdeutlicht: Verschiedene Gegenstände (Flasche, Spielauto, . . .) werden auf einen Tisch, eine Fensterbank, ein Regal (wegen der drei Artikel) gelegt und gefragt: ,,Wo ist . . .?" Die Lernenden legen die Gegenstände selbst hin und stellen die Frage ,,Wo ist . . .?"

b) Wegbeschreibung:
   Der Stadtplan (von der Nominativeinführung, s. S. 114) wird aufgehängt, und der oder die Unterrichtende fragt: ,,Wie komme ich (zur Ausländerbehörde, zum Bahnhof, zu dir)?" Die Lernenden fragen sich auch gegenseitig.

---

[23] Klein: *Untersuchungen* . . ., a.a.O., S. 69, 71, 74.
[24] s. Meyer-Ingwersen/Neumann/Kummer: *Zur Sprachentwicklung* . . ., a.a.O., S. 206; zu dem Problem weiter S. 178ff.

Die Fragestellung wird erweitert: Wenn ein Lernender z. B. gefragt hat: ,,Wo ist die Arbeiterwohlfahrt?" und der Weg erklärt und gezeigt wurde, so fragt der Unterrichtende: ,,Woher kommst du?" (oder direkt mit Präposition: ,,Kommst du von der Arbeiterwohlfahrt?" oder an die Lernenden gerichtet: ,,Kommt Adem vom Bahnhof?").

c) Etwas erfragen:

Quelle: *Deutsch hier*, Lehrbuch, S. 124.

Das Bild wird gezeigt (oder es wird mit einem Spieltelefon nur das Telefonat geführt, das den Text unten beinhaltet), und die Lernenden sollen erzählen, um was für eine Situation es sich handelt, was der Junge am Telefon wohl sagt, also einen Dialog entwerfen. Der Text wird vom Tonband/Kassettenrecorder vorgespielt (als Telefonat nur wiederholt) und von den Lernenden nachgespielt.

Wo liegt der Fotoapparat?	Auf dem Regal?	Nein, da ist er nicht!
	Hinter dem Blumentopf?	
	Neben dem Sofa?	
	In der Schublade?	Ja, da ist er!
	Zwischen den Büchern?	
	Unter dem Tisch?	
	Vor der Vase?	

Quelle: *Deutsch hier*, Lehrbuch, S. 124.

2. *Phase: Systematisierung*

Bei a) wird zusammenfassend vom Unterrichtenden ein Gegenstand an verschiedene Plätze gelegt und dabei folgende Tafelanschrift entworfen:

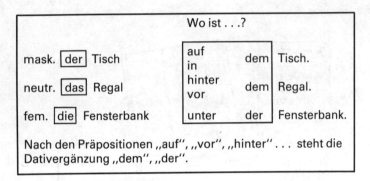

Vorschlag b) müßte sich jetzt anschließen.

Bei c) werden die Präpositionen unter dem Aspekt der Artikelzuordnung geordnet und die folgende Tafelanschrift entwickelt:

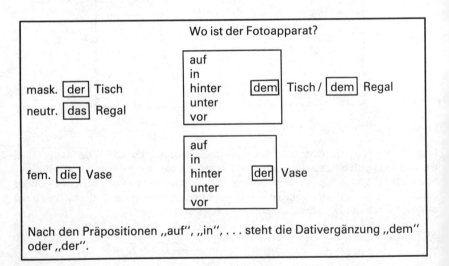

Vorschlag b) müßte sich anschließen.

Bei b) werden einige Fragen zusammengefaßt und die folgende Tafelanschrift entwickelt:

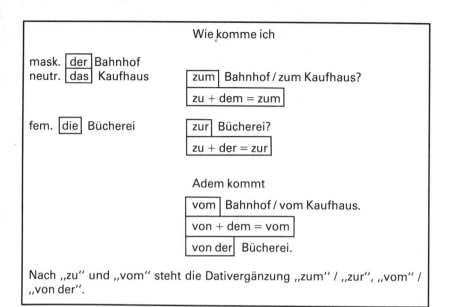

Wie komme ich

mask. der Bahnhof
neutr. das Kaufhaus   zum Bahnhof / zum Kaufhaus?
                        zu + dem = zum

fem. die Bücherei   zur Bücherei?
                        zu + der = zur

                        Adem kommt
                        vom Bahnhof / vom Kaufhaus.
                        von + dem = vom
                        von der Bücherei.

Nach „zu" und „vom" steht die Dativergänzung „zum" / „zur", „vom" / „von der".

3. Phase: Erweiterung der Präpositionen

Zunächst werden nur die Bilder (s. S. 164) nacheinander am Overheadprojektor aufgedeckt und, je nach Situation, mit der Frage ,,Woher kommt . . .?", ,,Wohin fuhren . . .?" und ,,Wo ist . . .?" zum Sprechen ermuntert. Wenn die Präposition genannt ist, kann die gleiche Frage an die Lernenden gestellt werden: ,,Woher kommst du?"

Die Übersicht auf Seite 164 ist zur Verdeutlichung sehr geeignet.

4. Phase: Übungen

Es kann ein Arbeitsblatt erstellt werden, auf dem ein Gegenstand an verschiedenen Stellen liegt. Die Lernenden müssen den Ort beschreiben.

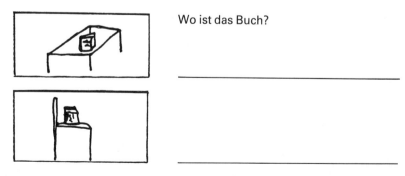

Wo ist das Buch?

Dazu findet sich eine ausführliche Übung in ,,Deutsch in Deutschland neu", Arbeitsheft zum Grundkurs, S. 54–56.

5. Präpositionen mit Dativ: aus, von, nach, zu, bei, mit, gegenüber, seit

Manfred ist/kommt	**aus** Wolfsburg.
Die Kinder kommen	**aus der** Schule.
Sie kommen	**von der** Arbeit.
Der Brief ist	**von** Clemencia.
Sie fahren	**nach** Frankfurt.
Der Zug fährt	**von** Dortmund **nach** Hannover.
Sie gehen	**zum** Stadttor. **(zu dem)**
Sie gehen	**zur** Arbeit. **(zu der)**
Freising liegt/ist	**bei** München.
Manfred arbeitet	**bei** VW.
Karl arbeitet	**mit dem** Hammer.
Er arbeitet (zusammen)	**mit seinem** Kollegen.
Das Restaurant ist	**gegenüber der** Bank.
Manfred hat	**seit einer** Woche schönes Wetter.

Quelle: *Deutsch hier*, Lehrbuch, S. 79.

Ein Arbeitsblatt nach dem Muster des Spiels ,,Opa plätschert in der Badewanne"
wird verteilt. Die Lernenden müssen einzeln (bzw. in Partnerarbeit oder in Kleingruppen) Sätze bilden, die das gleiche Strukturmuster haben:

E-Subjekt	Verb	Präposition und Dativergänzung
Adem	arbeitet	mit dem Hammer.

Auch Unsinnssätze sollten zugelassen werden. In Kleingruppen kann das Spiel so
gespielt werden, wie es ursprünglich war: Alle schreiben zuerst die Subjektergänzung
auf ihren Zettel, falten das Blatt so, daß der nächste, an den das Blatt weitergereicht
wird, nicht sieht, was dort aufgeschrieben wurde, aber weiß, daß jetzt ein Verb
aufzuschreiben ist. Das Blatt wird wieder geknickt und jeder gibt seins weiter. Zum
Schluß werden die Blätter aufgerollt und vorgelesen.

Einzelne Kärtchen werden ausgeteilt: Auf dem einen sind zu erfragende Gegenstände
(,,Wo gibt es eine Zeitung? / Wo bekomme ich . . .?") aufgeschrieben, auf den
anderen die Orte, wo es die Gegenstände gibt (Kiosk). Die Karten werden gemischt
und verteilt. Einer der Lernenden beginnt zu fragen: ,,Wo gibt es eine Zeitung?" Wer
das passende Kärtchen hat, muß antworten ,,Am Kiosk." Ein anderer fragt weiter.
Das Spiel kann auch in zwei Gruppen gespielt werden, die Gruppe A hat die Gegen-
stände, Gruppe B die Orte[25]. Geeignete Materialien sind:
Benzin – Tankstelle; Briefmarken – Post; Rezept – Arzt; Medikament – Apotheke;
Fahrkarte – Bahnhof; Zeitung – Kiosk; Geld – Bank; Paß – Polizeibehörde; Brot –
Bäcker; Obst – Gemüsehändler; usw.

5.5 Unterrichtsvorschläge
Direktivergänzung mit Akkusativ
Präposition + Akkusativ: Wohin?

Zur allgemeinen Information über die Struktur der Präpositionen, die Lernschwierigkeiten, die Analyse in den Lehrwerken lese man oder frau Kapitel 5.4. In dem
vorangegangenen Kapitel sollte vermittelt werden, daß es Präpositionen gibt, die den
Dativ nach sich ziehen. Die Struktur ist demnach bekannt. Was neu ist, ist die
Tatsache, daß dieselben Präpositionen bei einer anderen Fragestellung (wohin?)
einen anderen Fall nach sich ziehen, was ja in den meisten Muttersprachen unbekannt
ist. Das wird zunächst an der Präposition ,,in" verdeutlicht.

---

[25] aus: Lohfert: *Kommunikative Spiele* . . ., a.a.O., S. 36f.

1. Phase: Einführung

Folgender Dialog wird vom Tonband vorgespielt:

+ Wohin gehst du?
− Ins Kino. Kommst du mit?
+ Ne. Ich geh in die Disco. Kommst du mit?
− Komm doch mit in den Film!
+ Dazu habe ich keine Lust.
− Aber der Film ist gut!
+ Ich weiß nicht.

Der Text wird mehrmals vorgespielt und von den Lernenden Satz für Satz vom Band eingeübt, bis sie den Text können. Dann können sie den Dialog variierend frei nachspielen („Wohin gehst du?" − „Ins Freizeitheim . . .").

Eines der gespielten Beispiele wird zur Systematisierung an der Tafel herangezogen. Bei obigem Dialog entsteht folgende Tafelanschrift:

2. Phase: Systematisierung

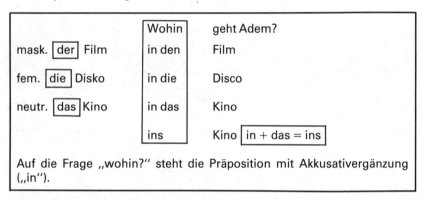

Anmerkung: Auf die Frage „wohin?" kann auch mit dem Dativ geantwortet werden, dann ist jedoch die Präposition „zu" erforderlich: „Wohin gehst du?" − „Zum Deutschkurs." Deshalb wurde die Methode der Dialogeinschleifung gewählt – nur im Kontext ist diese Rektion von „in" verständlich.

3. Phase: Erweiterung der Präpositionen mit Akkusativ

Präpositionen, die nur den Akkusativ regieren, sind in „Deutsch hier" zusammenge-stellt und an Bildern verdeutlicht. Sie werden wieder erst ohne Text in der Groß-gruppe versprachlicht, dann werden sie als Arbeitsblatt an die einzelnen Lernenden verteilt (nur die Bildleiste), die das vorher gemeinsam Erarbeitete aufschreiben oder eine Antwort neu finden. Die Blätter der Lernenden werden vorgelesen und korri-giert. Abschließend wird das Arbeitsblatt mit Text ausgeteilt:

Der Brief ist für den Lehrling.
Er ist für ihn.

Er geht durch die Tür.

Sie kommt um die Ecke.

Fahren Sie nicht gegen den Baum.

Er geht ohne seine Hose spazieren.

Der Unterricht dauert bis 18 Uhr.

Quelle: Bildteile aus *Deutsch hier*, S. 116. (Die Texte sind vereinfacht.)

4. Phase Übungen

a) Am Overheadprojektor (oder auf einem Arbeitsblatt) sind verschiedene Möbel-
stücke gezeichnet. Die Lernenden sollen sich individuell überlegen, wohin sie die
Möbel stellen würden, wenn sie sich ein Zimmer einrichten könnten. Fragestellung ist: ,,Wohin stellst du (den Tisch, den Stuhl, den Schrank, die Lampe, das

167

Bett usw.)?" Bei der Arbeit mit dem Overheadprojektor kann der Unterrichtende oder ein Lernender die Anweisungen befolgen und die Möbel an die bezeichnete Stelle rücken. Auf dem Arbeitsblatt müssen Sätze gebildet werden.

Wohin?

der Tisch *Ich stelle den Tisch in die Mitte.*

der Stuhl _____

usw.

---

b) Das gleiche Spiel kann als Legespiel mit geometrischen Figuren gemacht werden[26]:

Benötigt werden 4 Kreise, Dreiecke, Rechtecke, Quadrate, die je in den vier Farben rot, grün, blau, gelb angemalt sind. Die Anweisung ist z. B.: Lege den blauen Kreis in die Mitte. Lege das rote Rechteck über den blauen Kreis, lege das grüne Quadrat neben das rote Rechteck usw.

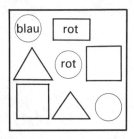

Eine Variante des Spiels in Partnerarbeit[27]: Ein Lernender erhält ein Blatt, auf dem die Anordnung der Figuren zueinander festgelegt ist. Der Spielpartner hat das gleiche Blatt gepuzzelt, also die einzelnen vorkommenden Figuren. Derjenige mit dem Blatt, auf dem die Anordnung der Figuren zu sehen ist, gibt seinem Partner die Anweisung, die Einzelelemente so zu legen, daß die letzte Figur dem Bild auf seinem Blatt entspricht. (Leg den roten Kreis in die Mitte. Rechts daneben das rote Quadrat usw.) Zur Überprüfung geben alle ihren Partnern abschließend das Blatt.

---

[26] Jirsa/Wilms: *Deutsch für Jugendliche . . .*, a.a.O., *Aufbaukurs,* Lektion 1, S. 15.
[27] Idee von Richard Göbel auf einem Spieleseminar.

c) Stadtspiel:
In Anlehnung an ,,Sprich mit uns! Hauptschule" (Lektion 10) kann von den Lernenden selbst ein Würfelspiel zum Thema Stadt gemacht werden (Es kann auch das ursprüngliche Stadtplakat dazu hergenommen werden!). Auf einem großen Plakat werden zunächst Kästchen mit Zahlen aufgeschrieben. Bestimmte Felder werden besonders gekennzeichnet (etwa durch rote Umrandung): Auf ihnen passiert etwas. Die Regeln können sich die Lernenden selbst erarbeiten, oder sie werden vorgegeben. Wer auf dieses Feld kommt, muß bei der Regel nachschauen, was passiert.

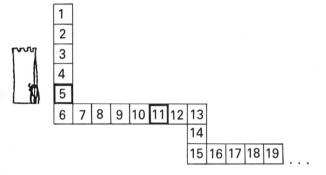

[5] Steig auf den Turm. Diese Aussicht ist gut. 3mal aussetzen.

[11] Dein Paß ist weg. Such ihn! 5 Felder zurück! usw.

Als Variante können auch Ereigniskarten gemacht werden. Jedesmal, wenn jemand auf das besonders gekennzeichnete Feld kommt, muß er von einem Stapel (auf dem jetzt die Ereignisse stehen) eine Karte ziehen und sich entsprechend verhalten.

Zu Beginn des Spiels stehen alle Spieler auf Feld 1. Jeder würfelt und rückt die entsprechende Augenzahl vor.

d) An einem der durchgenommenen Beispiele kann der unterschiedliche Gebrauch der Wechselpräpositionen zusammenfassend verdeutlicht werden. Die Tafelanschrift wird langsam entwickelt, das jeweilige Beispiel mit Gesten verdeutlicht und an anderen Beispielen vertieft.

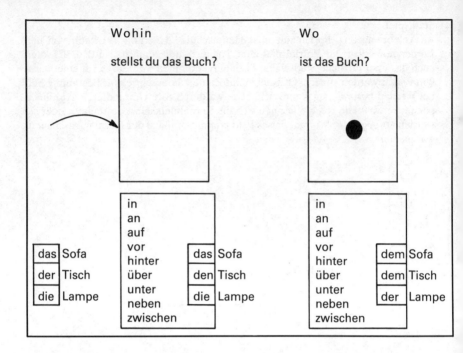

e) Zum Abschluß des Kapitels der Satzergänzungen können Texte gelesen werden. Als ein Beispiel sei hier die Fabel vom Fuchs und dem Raben vorgestellt:

Auf einem Baum sitzt ein Rabe. In seinem Schnabel hält er ein Stück Käse. Der Fuchs riecht den Käse. „Den will ich haben", denkt er und läuft zu dem Raben. „Ah, Herr Rabe. Guten Tag. Wie geht's? Wie wunderbar sind deine Augen. Und wie herrlich ist dein Fell. Und dein Schnabel ist so hübsch! Wie schön du bist! Ist deine Stimme auch so schön? Dann bist du der König im Wald!"
Der Rabe ist ganz stolz. „Ja, ich kann auch so schön singen", denkt er, „das will ich dem Fuchs zeigen."
Und er macht seinen Schnabel auf und beginnt zu singen: „Kra, kra kra." Der Fuchs aber schleicht zu dem Käse, schnappt ihn und frißt ihn auf.

Diese Fabel von La Fontaine, zu der sich in „Deutsch hier" auch ein Bild befindet (S. 76), kennen viele Lernende vom Inhalt her. Die Fabel könnte nach den Worten des Raben abgebrochen und von den Lernenden zu Ende erzählt werden. Wir haben sie auch vorspielen lassen – mit einem Stück Käse als Requisit, das hat viel Spaß gemacht.

Der sich anschließende Versuch, die Tiere zu charakterisieren und ihre Verhaltensweisen auf menschliches Verhalten zu übertragen, ist allerdings nicht geglückt. Das kann ja jeder in seiner Gruppe versuchen.

Abschlußbemerkung: Die Genitiv- und die Präpositivergänzung werden nicht behandelt. Die Genitivergänzung ist im Sprachgebrauch selten und kann auch ersetzt werden. Die Präpositivergänzung ist sehr schwer und sollte erst bei Fortgeschrittenen behandelt werden.

C Verbkomplex (2. Teil)

1 Trennbare Verben

1.1 Trennbare Verben im Deutschen

Unter bestimmten Bedingungen trennen sich die ersten Glieder zusammengesetzter Verben ab. Dies ist sehr häufig[1]. Die Trennung findet im Haupt- und Fragesatz Präsens sowie im Imperativ (Befehlsform) statt:

Er fährt ab. *(abfahren* anders als *bezahlen: Er bezahlt.)*
Fährt er ab?
Wann fährt er ab?
Fahr ab!

In der Regel ist die Betonung ein Kriterium dafür, ob das erste Glied trennbar ist oder nicht:
Ist es betont, so ist die Vorsilbe trennbar: ábfahren (Ausnahme: frühstücken).
Ist es nicht betont, so ist die Vorsilbe nicht trennbar: bezáhlen.

Trennbare Vorsilben sind:
ab-, an-, auf-, aus-, bei-, mit-, nach-, vor-, zu-, da-, ein-, empor-, fort-, her-, hin-, los-, nieder-, weg-, weiter- (z. B. *ansehen, aufstehen, aussteigen).*

Nicht trennbare Vorsilben sind:
be-, ent-, er-, ver-, zer- u. a. (z. B. *bezahlen, vergessen).*[2]

Darüber hinaus gibt es Verben, die sowohl trennbar als auch nicht trennbar verwendet werden:
Sie stellt die Möbel um.
Das Haus ist umstellt. (Der Inhalt ändert sich.)

Verben, die beide Möglichkeiten kombinieren:
beabsichtigen (be ist untrennbar, *ab* ist trennbar): Das untrennbare Glied steht zuerst, daher wird das Wort nicht getrennt im Gegensatz zu *abberufen.*

Neben den Präpositionen und Adverbien können auch Verben, Substantive und Adjektive das erste Glied bilden:
Verben: *kennenlernen*
Substantive: *schlußfolgern*
Adjektive: *vollschreiben*

---

[1] Meyer-Ingwersen/Neumann/Kummer: *Zur Sprachentwicklung . . .,* a.a.O., S. 288, haben festgestellt, daß ein Drittel des Gesamtwortschatzes des Universalwörterbuchs Deutsch/Türkisch von Langenscheidt von diesem Faktum betroffen ist!
[2] Helbig · Buscha, a.a.O., S. 87 ff. (S. 82 ff.).

1.2 Trennbare Verben in den anderen Sprachen

Trennbare Verben gibt es in den hier herangezogenen Vergleichssprachen ebenso wenig wie die dadurch bedingte Satzklammer; zwischen den Verbteilen können nur im Deutschen so viele andere Satzglieder stehen:
*Er **fährt** am Donnerstagmorgen um 10.15 wieder **ab.***

Meyer-Ingwersen/Neumann/Kummer verweisen darauf, daß es in den romanischen Sprachen und im Neugriechischen die Möglichkeit der Komposition, also der Zusammensetzung von Verbstämmen mit Vorsilben, gibt – mit den entsprechenden Folgen für Rektion und Bedeutung.[3] Im Deutschen regiert das Verb ,,kommen" den Dativ mit Präposition (,,Adem kommt aus der Schule".), ,,bekommen" jedoch den Akkusativ (,,Rosa bekommt einen Ausbildungsplatz".)

1.3 Lernschwierigkeiten

Die Trennung der Verbteile ist für Ausländer sehr schwer zu begreifen. Im Heidelberger Pidgin Projekt wird darauf hingewiesen, daß die Lernenden eine solche Struktur zu vermeiden suchen. Verben mit trennbarer Vorsilbe werden nicht als solche verstanden, sondern als inhaltliche Einheit.[4] Bei Pienemanns Analyse geht aus der abschließenden Auflistung der Interviewäußerungen ebenfalls der spärliche und späte Erwerb trennbarer Verben hervor: Ein Kind sagt ,,ich geh in Spielplatz mit" (208. Äußerung). Das zweite Kind erwirbt als einzige Struktur ,,kom ma her!" (387. Äußerung)[5].

Dadurch, daß die Aufmerksamkeit der ungesteuert Deutsch Lernenden nicht auf die Verbvorsilben (Präfixe) gelenkt ist, werden sie auch nicht wahrgenommen. Je nach der Häufigkeit des Vorkommens wird entweder nur das Verb ohne Präfix verstanden oder nur das Präfix – in beiden Fällen wird die Bedeutung falsch wahrgenommen, z. B. ,,verkaufen/einkaufen" wird als ,,kaufen" verstanden.[6]

1.4 Trennbare Verben in den Lehrwerken

In **Deutsch in Deutschland neu** tauchen die ersten trennbaren Verben (,,anrufen", ,,abholen", ,,mitkommen") in Kapitel 4 auf; im 8. Kapitel (Aufbaukurs) wird die Trennung der Verben systematisch durch die Gegenüberstellung von Infinitiv und Imperativ geübt:

Pedro möchte:	Er sagt:
*Sein Freund soll den Hörer **abnehmen**.*	***Nimm** den Hörer **ab**.*

(Arbeitsblock Aufbaukurs, S. 5.)
Der Fettdruck ist leider inkonsequent, denn ,,nimm ab" entsteht ja nicht allein aus ,,ab". Im Lehrerhandbuch gibt es keine grammatische Erklärung zu den trennbaren Verben.

---

[3] Meyer-Ingwersen/Neumann/Kummer: *Zur Sprachentwicklung . . .*, a.a.O., S. 228.
[4] Klein/Dittmar: *Developing Grammars . . .*, a.a.O., S. 163.
[5] Pienemann: ,,Der Zweitspracherwerb . . .", a.a.O., S. 124ff.
[6] Meyer-Ingwersen/Neumann/Kummer: *Zur Sprachentwicklung . . .*, a.a.O., S. 229.

Das Grammatikkapitel ist an eine Bildgeschichte geknüpft: Ein Junge beobachtet, wie jemand aus Ärger in einer Telefonzelle das Telefon zerstört. Daran schließt sich ein Bericht über das Gesehene in der Post und bei der Polizei an.

Deutsch für Jugendliche anderer Muttersprache führt die trennbaren Verben gemeinsam mit den Modalverben (Er möchte einen Film ansehen. Lektion 9) ein. Sie werden zunächst in einem erzählenden Text eingebracht, dann übersichtlich (farbig unterlegt und mit Fettdruck) systematisiert, in einem Dialog angewendet, der den gleichen Inhalt wie der erzählende Text hat, und dann systematisch eingeübt. Im Lehrerhandbuch wird der Zusammenhang zwischen betonter Vorsilbe und ihrer Abtrennbarkeit erklärt.

Bereits in der 3. Lektion von **„Sprich mit uns! Hauptschule"** werden einige trennbare Verben („einsteigen/aussteigen") zur aktiven Verwendung angeboten, in der 7. Lektion wird das Personalpronomen Akkusativ mit trennbaren Verben systematisiert („Ich nehme dich mit".), während die Personalpronomen erst in der 8. Lektion ein eigenes Grammatikkapitel bilden. Die Trennung im Präsens wird durch rote Unterlegung betont. Erklärende Hinweise im Lehrerhandbuch gibt es nicht.

In **„Das Deutschbuch"** werden ebenfalls trennbare Verben gebraucht, bevor sie in der 9. Lektion als solche behandelt werden. Das Lehrerhandbuch gibt keine grammatische Erklärung.

In **„Deutsch hier"** werden die trennbaren Verben systematisch in der 4. Lektion behandelt. Durch farbige Unterlegung wird sowohl die Satzklammer wie die Zusammengehörigkeit der einzelnen Verbteile unterstrichen.

Der Aufbau des Lehrwerks wird in den Lehrerhandreichungen anhand der 4. Lektion beispielhaft erklärt. Dort wird der Unterrichtsablauf zur Einführung der trennbaren Verben genau geschildert. Die vorgeschlagene Fragestellung zur Erarbeitung der trennbaren Verben durch „Ist das ein normales Verb?" (Lehrerhandreichungen S. 20) ist fragwürdig, weil „normal" ein inhaltlicher und außerdem schwer zu erklärender Begriff ist.

GOETHE-INSTITUT

Stennerstraße 4
5860 Iserlohn
Tel.: (02371) 28083

1.5 Unterrichtsvorschläge

Vorbemerkung: Die Erklärung trennbarer Verben ist schwer, weil sie mehr als andere grammatische Erscheinungen eine Zirkeldefinition enthält: Verben mit erstem betontem Glied sind trennbar – das setzt jedoch die Kenntnis der Verben und ihrer Betonung beim Ausländer voraus. Dies kann jedoch ebensowenig vorausgesetzt werden wie das Wissen darum, was eine Vorsilbe ist.

173

Der Unterrichtsvorschlag enthält daher viele Übungen, die es den Lernenden ermöglichen sollen, die trennbaren Verben *auch* als Vokabeln zu lernen.

Der folgende Unterrichtsvorschlag ist, leicht verändert, aus ,,Deutsch hier" übernommen (L 4).

1. Phase: Einführung

Der oder die Unterrichtende bringt ein Telegramm mit: ,,Hier ist ein Telegramm von Fazıl. Was steht da?" Das fotokopierte Telegramm wird an alle verteilt, die Lehrerfragen sollen erst mündlich beantwortet werden, dann wird eine Tafelanschrift entwickelt.

Telegramm
abfahre Istanbul dienstag 17^{30} stop ankomme münchen mittwoch 10^{30} stop bitte abholen stop rückfahre 20 Tage später Fazıl

---

Lehrerfragen: Wer kommt an? Wo fährt Fazıl ab? Wo kommt er an? Wann kommt er an? Was macht Adem? Wann fährt Fazıl zurück?

Als Tafelanschrift entsteht:

Fazıl fährt in Istanbul ab.
Er kommt Mittwoch in München an.
Adem holt Fazıl ab.
Fazıl fährt 20 Tage später zurück.

2. Phase: Hinführung zur Systematisierung

Folgendes Telefonat wird auf Band (Cassette) aufgenommen und Zeile für Zeile eingeübt.

+ Hallo, Adem.
  Ich fahre am Dienstag ab.
− Wann?
+ Am Dienstag nachmittag.
− Und wann kommst du an?
+ Am Mittwoch morgen.
− Und wann genau?
+ Um 10.30. Holst du mich ab?
− Klar! Tschüs!
+ Danke. Tschüs.

Nach der Einübung des Dialogs spielen die Lernenden frei (evt. mit einem Zugfahrplan) ,,Eine Auskunft erfragen". Als Stimulans kann folgendes Bild über OHP projiziert werden:

Quelle: *Deutsch hier,* Lehrbuch, S. 54.

3. Phase: Systematisierung

Die vorhandene Tafelanschrift (S. 174) wird gelesen und nach dem Verb gefragt: ,,fährt" im ersten Satz. Das Verb wird eingerahmt (es wird jedoch eine ,,Schnittstelle" gelassen und gesagt: ,,Das Verb hat zwei Teile: ,fährt' und ,ab'". ,,Ab" wird ebenfalls eingerahmt.

In den folgenden Sätzen werden beide Verbteile eingerahmt. Anschließend wird nach dem Infinitiv gefragt, der dann neben die entsprechende konjugierte Verbform geschrieben wird.

  abfahren   *Fazıl fährt in Istanbul ab.*

Es wird eine Regel abgeleitet und unter das Vorherige geschrieben. Die gesamte Tafelanschrift wird nun abgeschrieben bzw. fotokopiert verteilt. Sie sieht so aus:

175

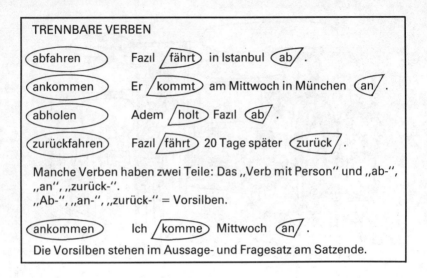

TRENNBARE VERBEN

abfahren	Fazıl /fährt\ in Istanbul ⟨ab/ .
ankommen	Er /kommt\ am Mittwoch in München ⟨an/ .
abholen	Adem /holt\ Fazıl ⟨ab/ .
zurückfahren	Fazıl /fährt\ 20 Tage später ⟨zurück/ .

Manche Verben haben zwei Teile: Das „Verb mit Person" und „ab-",
„an", „zurück-".
„Ab-", „an-", „zurück-" = Vorsilben.

| ankommen | Ich /komme\ Mittwoch ⟨an/ . |

Die Vorsilben stehen im Aussage- und Fragesatz am Satzende.

---

4. Phase: Übungen

– Zur sinnlichen Verdeutlichung, daß sich Vorsilben von Verben abtrennen, sollten
auf Kärtchen, oval eingekreist, Infinitive geschrieben sein und die Vorsilben mit
einer Schere abgeschnitten werden. Dazu werden mehrere Gruppen gebildet, jede
Gruppe erhält mehrere Kärtchen und Scheren. Die Gruppen sollten nach Sprachniveau differenziert werden:

Die sprachlich Schwächsten erhalten Kärtchen, auf denen die Vorsilbe bereits mit
Bleistift abgetrennt ist:

Diejenigen mittleren Sprachniveaus erhalten Verbkärtchen ohne Vorsilbenabtren-
nung, sie müssen sie erst einzeichnen, bevor sie sie abschneiden.

Diejenigen, die sprachlich am besten sind, schneiden die Vorsilben gleich ab.

Abschließend werden die Infinitive vorgelesen und je ein Satz mit einer konjugierten Form gebildet.

Geeignete Verben sind:

*aufstehen, hinsetzen, anrufen, abholen, weggehen, ankommen, mitspielen, auf-
hören, nachfragen, einkaufen, abhauen, aussteigen, umziehen, nachkommen,
vorlesen, zumachen, dasein, hinbringen, losmachen, weitersprechen, wiedersehen, abmachen, wegschneiden . . .*

– Auch hier sollte der Umgang mit dem Wörterbuch geübt werden: Für eine Reihe von Verben (Beispiele in der ersten Übung) soll die muttersprachliche Entsprechung gesucht und ins Vokabelheft geschrieben werden.[7]

– Auf einem Arbeitsblatt werden Verben im Infinitiv angegeben, und bestimmte konjugierte Verbformen müssen eingetragen werden:

Differenzierungsmöglichkeiten:

– Das Verb wird durch eine Zeichnung oder Übersetzung erklärt:

– Anweisungen für Rollenspiele werden auf Kärtchen verteilt. Je zwei Partner spielen miteinander – sie müssen dann die zueinander gehörenden Karten ausgeteilt bekommen.

> Du rufst deinen Freund an.
> Du kommst morgen nach Köln.

> Du gehst ins Kino.
> Du rufst deinen Freund an.

> Dein Freund ruft dich an.
> Er kommt morgen nach München.

> Dein Freund geht ins Kino.
> Er ruft an. Gehst du mit?

– Das folgende Bild oder ein Spieltelefon werden gezeigt und die Frage gestellt: ,,Ich möchte telefonieren. Wie geht das?" Wenn die Lernenden ihre Erklärungen geäußert haben, wird der folgende Text verteilt, der in den Telefonzellen hängt:

---

[7] Für das Türkische bieten Meyer-Ingwersen/Neumann/Kummer: *Zur Sprachentwicklung . . .*, a.a.O., S. 230+231, trennbare Verben mit Übersetzung und ein Arbeitsblatt an.
[8] aus: Barkowski/Harnisch/Kumm: *Handbuch . . .*, a.a.O., S. 199.

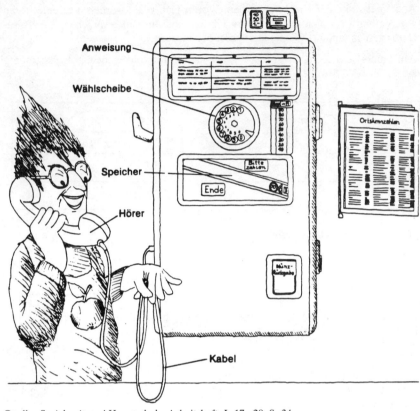

Quelle: *Sprich mit uns! Hauptschule,* Arbeitsheft, L 17−20, S. 34.

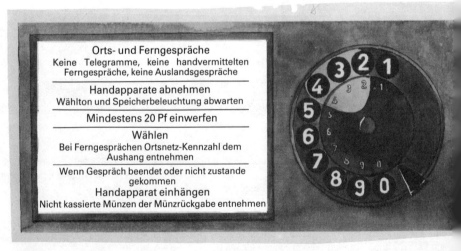

Quelle: *Sprich mit uns! Hauptschule,* Textbuch, L 17−24, S. 31.

Zur Sicherung des Verständnisses sollte der Text in die „ich"- oder „du"-Form übertragen werden (inhaltlich, nicht wörtlich): „Zuerst nimmst du den Hörer ab." usw. oder „Zuerst nehme ich den Hörer ab." Diese Übung kann auch schriftlich als Arbeitsblatt gemacht werden:

Was machst du?

Hörer abnehmen   *Ich nehme den Hörer ab.*

Wählton abwarten _____

– Für Fortgeschrittene:
Das Bild wird zunächst ohne Text gezeigt, die Lernenden sollen erzählen, was ihnen zu dem Bild einfällt. Dann wird der Text ausgeteilt, gelesen und besprochen.

Die Operation

Vater und Mutter sind nicht zu Hause. Maria, Nikolaus und Alexander machen eine Operation. Nikolaus ist Chefarzt: Professor Dr. Nikolaus. Alexander ist Assistent, Maria ist Krankenschwester.
Das Sofa ist sehr krank. Es stöhnt laut.
Maria holt ein Messer, eine Schere und Wäscheklammern. Die Operation fängt an:
Nikolaus schneidet den Bauch auf. Da ist alles krank und kaputt. Alexander hält die Wunde auf. Maria zieht die Spiralen raus und wirft sie weg. Dann holt sie ein Kissen. Nikolaus stopft das Kissen in den Bauch. Dann näht er das Sofa wieder zu. Die Operation ist fertig. Alexander klebt die Wunde mit Uhu zu. Das Sofa stöhnt nicht mehr. Alle sind zufrieden.

Quelle: *Deutsch hier*, Lehrbuch, S. 59.

– Diese Bildgeschichte aus „Deutsch in Deutschland neu" wird über Folie projiziert. Ab Bild 6 ist das Perfekt erforderlich. Die Geschichte kann jedoch gut ab Bild 5 abgebrochen werden, z. B. mit der Frage: „Was macht der Junge jetzt?"

1. Gut gemacht, Mustafa!

Am Mittwoch ist der Unterricht schon eine Stunde früher zu Ende. Mustafa und seine Freunde warten an der Haltestelle vor der Post auf den Bus.
Die anderen spielen Fußball mit einer Konservendose.
Mustafa ist müde. Er spielt nicht mit. Er sitzt auf der Treppe vor der Post und schaut nur so herum.

Da kommt ein großes Auto und bleibt vor der Telefonzelle stehen. Ein Mann steigt aus und geht in die Telefonzelle. Er will telefonieren.
Er nimmt den Hörer ab und wirft Geld in den Apparat, dann wählt er eine Nummer. Aber das Telefon geht nicht! Die Münzen sind im Speicher steckengeblieben!
Der Mann ärgert sich. Er hängt den Hörer wieder ein. Aber das Geld kommt nicht heraus! Wütend schlägt der Mann ein paar Mal mit der Faust auf den Apparat.

Jetzt versucht er es noch einmal:
Er wirft wieder Geld in den Apparat, – aber auch diesmal geht er nicht!
Da nimmt der Mann seinen Schlüsselbund und schlägt wütend gegen das Glas am Münzspeicher. Das Glas bekommt einen Sprung!

Der Mann hat den Hörer noch in der Hand. Jetzt wirft er ihn voller Wut gegen den Apparat. Der Hörer fällt runter, das Kabel reißt ab, und der Hörer fällt auf den Boden. Der Mann verläßt zornig die Telefonzelle, geht zu seinem Auto und fährt weg.

Mustafa hat alles gesehen.
Was soll er tun?

Mustafa ist ganz aufgeregt.
Er hat alles genau gesehen und sich die
Autonummer gemerkt!
„Habt ihr das gesehen?" ruft er seinen
Freunden zu.
„Was denn?"
„Den Mann mit dem Auto?"
„Nein, – warum?"
„Der hat das Telefon kaputt gemacht!
Kommt mal her!"

Jetzt schauen sich die anderen die
Telefonzelle an:
tatsächlich! Der Hörer liegt am Boden, das
Glas ist zerbrochen!
„Das war aber ein brutaler Kerl", ruft Karl,
„aber er ist weg, – da ist nichts mehr zu
machen!"
„Doch", sagt Mustafa, „ich habe mir seine
Autonummer gemerkt!"
„Wirklich? Und was willst du jetzt
machen?" fragt Hans.
„In die Post gehen und dem Beamten am
Schalter alles sagen", antwortet Mustafa.
„Gut", sagen die anderen. Alle gehen in
die Post.

Mustafa steht am Schalter.
„Bitte, ich möchte etwas sagen", sagt er.
„Was ist los?" fragt der Beamte.
„Ein Mann hat gerade draußen das Telefon
kaputt gemacht."
„Was? Das gibts doch gar nicht!"
„Doch! Er hat das Glas eingeschlagen und
den Hörer abgerissen. Ich habe es genau
gesehen!"

Mustafa und der Beamte und die anderen
gehen hinaus in die Telefonzelle und
schauen sie sich an.
„So eine Gemeinheit!" schimpft der
Beamte. „Und der Mann ist einfach
weggefahren?"
„Ja", sagt Mustafa, „aber ich habe mir
seine Autonummer gemerkt!"
Der Beamte notiert sich die Nummer und
fragt Mustafa, wie er heißt und wo er zur
Schule geht.

Quelle: *Deutsch in Deutschland neu*, Aufbaukurs, S. 11 u. 12.

– Die wichtige Fähigkeit, aus einer Gebrauchsanweisung die wesentlichen Informationen zu entnehmen bzw. nach ihnen zu handeln, kann an anderen Beispielen geübt werden: Einnahmevorschriften für Medikamente; Bedienungsanleitungen für Bügeleisen, Schreibmaschine, Fotoapparat; Bastel- und Nähanleitungen; Kochrezepte usw.

2 Das Perfekt
2.1 Das Perfekt im Deutschen[1]
2.1.1 Die Bedeutung des Perfekts

Das Perfekt dient zur Bezeichnung eines vergangenen Geschehens. Es unterscheidet sich vom Präteritum (= Imperfekt = 2. Vergangenheit) mehr durch dialektale als durch Bedeutungsunterschiede: Im Süden der Bundesrepublik wird das Perfekt dem Präteritum vorgezogen, im Norden ist es umgekehrt. Das Perfekt wird mehr in mündlicher Kommunikation verwendet, das Präteritum ist eine spezifische Form der literarischen Erzählung.

Neben der Funktion, über Vergangenes zu berichten, hat das Perfekt eine zweite Funktion, die mit dem Futur II identisch ist:
In einem Jahr ist Hazal in die Türkei zurückgekehrt.

2.1.2 Die Bildung des Perfekts[2]

Das Perfekt wird gebildet durch das Präsens der Hilfsverben ,,haben" oder ,,sein" und das Partizip Perfekt (= Mittelwort der Vergangenheit) des Vollverbs:
Turan hat Musik gehört.
Gülçen ist gekommen.

Die Bildung mit ,,haben"
In der Regel bilden folgende Verben das Perfekt mit ,,haben":
– Transitive Verben.
Transitive Verben sind Verben, bei denen ein Akkusativobjekt stehen kann, das bei der Passivtransformation zum Subjekt wird:
Turan hört Musik wird in der Passivtransformation zu *Musik wird von Turan gehört.*
Bei manchen Sätzen ist das Objekt quasi unsichtbar, es kann jedoch hinzugedacht werden:
Er hat gegessen. (= Er hat [die Suppe] gegessen.)
– Mittelverben.
Das sind Verben, die weder transitiv noch intransitiv sind. Bei ihnen kann zwar ein Akkusativobjekt stehen, eine Passivtransformation ist jedoch nicht möglich:
Er bekommt 5 Mark Taschengeld.
*(*5 Mark Taschengeld wird von ihm bekommen.)*

---

[1] Perfekt = vollendete Gegenwart = 2. Vergangenheit. Zur Bedeutung s. Helbig · Buscha, a.a.O., S. 128 f. (S. 56).
[2] s. ebda., S. 115 ff. (S. 51 ff.).

- Alle reflexiven Verben.
  Ich habe mich gewaschen.
- Alle Modalverben *(müssen, sollen, können, dürfen, mögen)*.
  Er hat in die Schule gemußt.
- Alle unpersönlichen Verben.
  Es hat geblitzt.
- Intransitive Verben von durativer Aktionsart (durativ = andauernd, den Zustand selbst bezeichnend) im Gegensatz zu perfektiver (= abgeschlossener, zustandverändernder) Art:
  Er hat geschlafen.
  Er ist eingeschlafen.
  Intransitive Verben sind Verben, bei denen kein *Akkusativ*objekt stehen kann (,,Fatma denkt an die Türkei."). Es gibt auch intransitive Verben, die transitiv gebraucht werden, sie erhalten dann häufig eine Vorsilbe: *warten auf = erwarten.*
  Ayşe hat auf ihre Schwester gewartet.
  Sie hat ihren Vater erwartet.

Die Bildung mit ,,sein"
Das Perfekt mit ,,sein" bilden:
- Einige intransitive Verben. Es handelt sich um Zusammensetzungen oder Ableitungen von Verben, die das Perfekt mit ,,sein" bilden:
  Er ist sein Geld losgeworden.
- Alle Verben der Bewegung, die eine Ortsveränderung bezeichnen.
  Er ist pünktlich gekommen.
- Die Verben ,,sein" und ,,bleiben".
- Intransitive Verben mit perfektiver (abgeschlossener) Aktionsart.
  Er ist eingeschlafen.

Die Bildung mit ,,haben" und/oder ,,sein"
Diese Bildung ist zu finden
- bei manchen Verben der Bewegung. Ein eigentlicher Bedeutungsunterschied im Gebrauch ist nicht erkennbar, eher im Betrachtungsaspekt (vollendet bzw. dauernd).
  Er hat 2 Stunden geschwommen.
  Er ist ans Ufer geschwommen.
- bei manchen Verben, bei denen ein Unterschied in der Valenz vorliegt. Es handelt sich um verschiedene Varianten (inhaltliche Bedeutungen).
  Familie Yilmaz ist nach Adana gefahren.
  Herr Yilmaz hat einen Ford gefahren.

Die Bildung des Partizips II
Das Partizip wird gebildet durch das Anhängen von ,,t" an den Verbstamm bei regelmäßigen Verben (,,gekocht", ,,gearbeitet") bzw. durch das Anhängen von ,,en" und durch die Veränderung des Stammvokals bei den unregelmäßigen Verben (,,lesen – las – gelesen", ,,schreiben – schrieb – geschrieben".).
Bei vielen Verben erscheint die Vorsilbe (= das Präfix) ,,ge".

Die Bildung des Partizips mit „ge-" [3]
Sie ist erforderlich bei
- allen einfachen Verben, die den Ton auf der ersten Silbe tragen:
  gehen – gegangen
- allen zusammengesetzten Verben, deren erstes Glied betont und trennbar ist:
  anhören – angehört
  spazierengehen – spazierengegangen
- einigen zusammengesetzten Verben mit betontem, untrennbarem 1. Glied:
  frühstücken – gefrühstückt

Die Bildung des Partizips ohne „ge-"
Sie findet sich bei allen zusammengesetzten Verben, deren erstes Glied unbetont und untrennbar ist:
  erzählen – erzählt
wie auch bei „be-" (bezahlen), „ge-" (gehören), „emp-" (empfinden), „ent-" (entnehmen), „er-" (erzählen), „miß-" (mißbrauchen), „ob" (obliegen) (!), „ver-" (vergessen) und „zer-" (zerreißen).
Sie findet sich bei manchen Fremdwörtern, z. B. auf „-ieren", deren erste Silbe nicht betont ist:
  probieren – probiert
  reparieren – repariert

Die Bildung des Partizips mit oder ohne „ge-"
Sie findet sich bei Verben, die „durch", „hinter", „über", „um", „unter", „wider" als erstes Glied haben, und zwar je nach Betonung (und Bedeutung):
Ist das erste Glied betont und kann abgetrennt werden, so wird das Partizip mit „ge-" gebildet; ist es untrennbar und unbetont, so wird es ohne „ge-" gebildet.
  übersetzen: Das Boot hat übergesetzt.
    Sie hat den Satz ins Türkische übersetzt.

Die Bildung des Partizips bei den Modalverben
Die Modalverben und einige andere Verben ersetzen das Partizip II durch den Infinitiv.
  *Mustafa hat den Text nicht lesen **können**.*
  *Er hat das Buch liegen **lassen**.*

Abschließend zur Perfektbildung im Deutschen sei noch erwähnt, daß die Modalverben und die Hilfsverben („sein", „haben", „wollen") auch im mündlichen Sprachgebrauch sehr häufig in der Präteritumsform (mit perfektiver Funktion) gebraucht werden.
  Ich war im Kino.
  Ich hatte keine Lust, ins Kino zu gehen.
  Ich wollte dich treffen.

---

[3] s. Helbig · Buscha, a.a.O., S. 36 f., 86 ff., 94 ff., 97 ff. (S. 37, 42).

2.2 Das Perfekt im Türkischen und in den anderen Sprachen
2.2.1 Das Perfekt im Türkischen

Das Türkische gehört, wie bereits erwähnt, zu den agglutinierenden Sprachen, d. h. daß „jede lexikalische Ableitung wie auch jede grammatische Kategorie durch eine eigene, eindeutige Endung angezeigt wird."[4] Auch für die Kennzeichnung des Perfekts wird an einem festgelegten Platz innerhalb des Verbs eine Endung *angehängt.* Es gibt also keine Bildung durch mehrere Einzelworte wie im Deutschen.

Es gibt zwei Endungen zur Kennzeichnung des Vergangenen, „-di" und „-miş". Sie werden im normalen Aussagesatz an den Verbstamm angehängt. Dann folgen die Endungen der Personalform („ich, du"). Bei vorausgehendem stimmlosen Konsonanten wird das „d" in „di" zu „t". Der Vokal „i" ändert sich nach den Gesetzen der großen Vokalharmonie (s. S. 55).

Das Perfekt entsteht im Türkischen so:

Infinitiv: Stamm: Endung:	okumak oku- -mak	lesen les- -en
Perfekt / Vergangenheit: Stamm: Vergangenheitsendung: Personalendung (ich):	 oku- -du -m	
So entsteht:	okudum okudun okudu okuduk okudunuz okudu(lar)	ich habe gelesen du hast gelesen er / sie hat gelesen wir haben gelesen ihr habt gelesen sie haben gelesen
Andere Beispiele:	gitmek gittim (git-ti-m) gülmek güldüm anlamak anladım	gehen ich bin gegangen lachen ich habe gelacht verstehen ich habe verstanden

Die Verneinung wird so gebildet: Die Verneinungspartikel „ma" („me") wird direkt an den Stamm des Verbs gehängt, dann folgen die Perfekt- und die Personalendung:

okumak   *(lesen)*
okudum   *(ich habe gelesen)*
okumadım *(ich habe nicht gelesen)*

---

[4] Meyer-Ingwersen/Neumann: *Türkisch für Lehrer,* a.a.O., S. 16.

Bei der Fragestellung wird die Fragepartikel „mi" („mı, mü, mu") am Schluß des Verbs angehängt:

okudum   *ich habe gelesen*
*okudu **mu**?*   *habe ich gelesen?*

„-miş" ist eine unbestimmte Verbform, die im Deutschen keine richtige Entsprechung hat. Indirekte Mitteilungen („Ich hab von Alis Freund gehört, daß Ali ins Kino gegangen ist."), Erzählungen, Märchen werden durch die „-miş" Vergangenheit ausgedrückt.

2.2.2 Das Perfekt in den anderen Sprachen

Im **Italienischen** werden die Perfekttempora mit den Hilfsverben „avere" (haben) oder „essere" (sein) und dem Partizip Perfekt gebildet – wie im Deutschen:

ho aspettato   *ich habe gewartet*

Der Gebrauch von „haben" bzw. „sein" ist jedoch nicht mit dem Gebrauch im Deutschen identisch. Im Unterschied zum Deutschen werden im Italienischen die reflexiven Verben mit „sein" gebildet:

   mi sono lavato   *ich habe mich gewaschen*

Manche Verben der Bewegung werden mit „haben" gebildet. Die Modalverben richten sich nach der für das Hauptverb gültigen Regel: „können" in Verbindung mit „kommen" wird z. B. mit „sein" gebildet, weil „kommen" „sein" verlangt; „können" zusammen mit „warten" wird mit „haben" gebildet:

non sono potuto venire   *ich habe nicht kommen können*
ho potuto aspettare   *ich habe warten können*

Auch bei den unpersönlichen Verben wird „sein" verwendet:

   è piovuto   *es hat geregnet*

Im **Spanischen** wird das Perfekt mit „haber" („haben") und dem Partizip gebildet. Das Partizip hat keine Vorsilbe. Bei regelmäßigen Verben hat es die Endung „-ado" („trabajado") oder „-ido". Sehr häufig wird für die Vergangenheit das „indefinido" (historische Vergangenheit) gebraucht, da der Gebrauch des Perfekts auf bestimmte Fälle beschränkt ist.

Im **Portugiesischen** gibt es zwei, im Gebrauch streng voneinander unterschiedene Formen des Perfekts (außer dem Präteritum).

Die zusammengesetzte Form, die mit dem Hilfsverb „ter" = „haben" gebildet wird, wird vor allem für eine Handlung angewandt, die in der Vergangenheit angefangen hat und bis in die Gegenwart hineinreicht bzw. noch fortdauert.

Tenho estado doente.   *Ich bin krank gewesen und bin es noch.*
Tenho esperado duas horas.   *Ich habe zwei Stunden gewartet*
                  (und warte noch).

Diese Form wird mit dem Partizip gebildet, das je nach Verbstamm auf „-ado" („trabalhado") oder „-ido" („partir – partido") endet, oder aber unregelmäßig ist. Eine Vorsilbe beim Partizip gibt es nicht. Hilfsverb und Partizip stehen zusammen.

Die weitaus häufiger gebrauchte Form – für in der Vergangenheit abgeschlossene Handlungen – ist das einfache Perfekt, bei regelmäßigen Verben gebildet durch Anhängen der Perfekt-Personalsendung an den Verbstamm: *trabalhar – trabalh/ei*

Estive doente.   *Ich bin krank gewesen (und bin wieder gesund).*

Esperei duas horas.   *Ich habe zwei Stunden gewartet.*

Im **Serbokroatischen** wird das Perfekt nur mit „sein" und einem Partizip gebildet.

Im **Griechischen** wird das Perfekt nur mit „haben" und einer Grundform gebildet. Das griechische Perfekt bezeichnet eine Handlung, deren Ergebnis in der Gegenwart noch fühlbar oder sichtbar sein soll. Dem deutschen Perfekt entspricht meist der griechische Aorist.

2.3 Lernschwierigkeiten

Komplexe Verbformen, besonders Verbformen mit der Trennung von finitem und infinitem Verbteil („Ich *habe* gestern ein Buch ge*kauft.*"), stellen eine große Lernschwierigkeit dar. Diese Formen werden erst spät erworben, weil sie von den Anfängern vermieden werden.[5]

Da im Türkischen die Vergangenheit nicht durch getrennt auftretende Wörter wie im Deutschen gebildet wird, gibt es mehrere Lernschwierigkeiten und damit verbundene Fehlerquellen:
– Bildung ohne Hilfsverb;
– Verwendung des falschen Hilfsverbs;
– Falsche oder keine Partizipbildung;
– Falsche Wortstellung, da die Verbklammer (die Trennung des finiten Verbs von den andern Verbteilen: „Sedat hat gestern nicht mehr im Kaufhof einkaufen können.") unbekannt ist.[6]

Meyer-Ingwersen, Neumann, Kummer weisen auf die „catch-word" Problematik hin: Aus einem gehörten Satzgefüge werden einzelne Worte herausgefiltert, die Lernenden klammern sich an die paar scheinbar bekannten Worte und sondern das Unbekannte aus. Dieser Problematik fallen zum Beispiel Tempora und Verbpräfixe zum Opfer, d. h. sie werden nicht wahrgenommen[7]. Die Vorsilbe „be-" in „bekommen" wird nicht gehört, so daß aus „bekommen" = „gelmek" „kommen" wird.[8]

Die genannten Schwierigkeiten sind nicht auf türkische Jugendliche beschränkt!

---

[5] Klein/Dittmar: *Developing Grammar* . . ., a.a.O., S. 163.
[6] s. Barkowski/Harnisch/Kumm: *Handbuch* . . ., a.a.O., S. 211.
[7] Meyer-Ingwersen/Neumann/Kummer: *Zur Sprachentwicklung* . . ., a.a.O., S. 128.
[8] ebda., S. 181.

2.4 Das Perfekt in den Lehrwerken

Deutsch in Deutschland neu

Zur Kennzeichnung der Vergangenheit wird als erstes in Kapitel 4 die Form von ,,war" eingeführt. Zwei Bilder illustrieren die Aussage: Das erste zeigt die in der Schule fehlende Maria. Die Lehrerin fragt: ,,Wo ist Maria?", das zweite die anwesende Maria, die erklärt, wo sie am Vortag war. Die Vermutungen der Mitschüler werden geklärt: (,,Vielleicht ist sie zu Hause?" wird zu ,,Ich war zu Hause"). Im Arbeitsblock gibt es eine bildgesteuerte Geschichte: ,,Wo war Sandra gestern?"

Die eigentliche Perfekteinführung ist in Kapitel 5: Ali, der bald in die Ferien nach Hause fahren wird, rekonstruiert mit Hilfe von Bildern und Bildunterschriften (,,eine türkische Zeitung kaufen – er hat eine türkische Zeitung gekauft"), ob er alles erledigt hat. Ein erzählender Text berichtet über Alis Versuch, Koffer aufzugeben. Dabei werden folgende Perfektformen verwendet:
– ,,ist" und ,,haben";
– auf ,,t" und ,,en" endende Partizipien (sind gekommen, hast gerufen, hast gesehen);
– mit fehlender ,,ge"-Vorsilbe (hast vergessen);
– mit eingeschobener ,,ge"-Bildung (habe aufgeschrieben).
Die Formen werden herausgegriffen und fettgedruckt, damit sie sich beim Schüler besser optisch einprägen (Signalgrammatik). Sie werden nicht als Struktur erklärt, sondern eher als Vokabeln gelernt.

An Übungsformen werden Bildleisten, die versprachlicht werden sollen (,,Er war beim Bäcker."), und Übungen zum Text und freie Übungen (Tagesablauf erzählen, vom muttersprachlichen Unterricht erzählen) initiiert.

Fazit: Es gibt keine explizite Grammatik, also Regeln, die sich die Unterrichtenden durch das Buch aneignen können und die für die Lernenden in eine angemessene Formulierung oder Visualisierung umzuformen wären. Das im Lehrerhandbuch (S. 72) zum Perfekt Gesagte reicht bei weitem nicht aus. Die Unterrichtenden müssen sich sowohl die Grammatik als auch die Möglichkeiten der Vermittlung und Benennung selbst zusätzlich erarbeiten. Auch die Reihenfolge der methodischen Schritte müssen sie von sich aus festsetzen. Die Texte und Übungen können nicht zur Regeleinführung benutzt werden, sind aber als späteres Material (nach der Regelexplizierung) gut geeignet.

Deutsch für Jugendliche anderer Muttersprache

Gemessen am kommunikationstheoretischen Ansatz (dazu gehört auch, über Vergangenes berichten zu können) wird das Perfekt erst sehr spät eingeführt: In Lektion 12 das Perfekt mit ,,haben", in Lektion 13 das Perfekt mit ,,sein" und ,,haben".
Die methodischen Schritte richten sich nach dem Aufbau der Lektion (kann variiert werden):

1. Der Einstieg erfolgt über eine Collage (auf Folie): Ein Regal soll gebaut, ein Rock genäht werden. Die Lernenden äußern sich frei zum Bild und entwickeln einen Dialog. Abschließend wird die Arbeitsanweisung im Perfekt erzählt.

2. Es folgt ein Text, in dem die grammatischen Zusammenhänge gezeigt werden sollen. Im Text taucht das Perfekt in der 3. Person Singular auf:
,,haben'' und ,,ge'' – ,,en''/,,t'' (gemessen, gefeilt)
,,haben'' und ,,ge'' – trennbares Präfix – ,,t''/,,en'' (angelegt, abgelesen)
,,haben'' ohne ,,ge''- Präfix (erklärt, verstanden)
Der Text handelt von einem Werkstück, das ein Ausländer falsch gefeilt hat, weil er die deutschen Anweisungen nicht genau verstanden hat.

3. In einem Grammatiküberblick (neu taucht auf: ,,telefonieren'') wird die Perfekt-struktur blau unterlegt, und die Bildungselemente werden fettgedruckt.

kaufen	Er hat	gekauft.

Die Lernenden sollen sich dieses Bild einprägen, ohne daß vom Unterrichtenden der Begriff ,,Perfekt'' eingeführt wird oder die Bildung durch die Vorsilbe ,,ge-'' und die Endungen ,,en''/,,t'' erklärt wird. Es schließen sich Einschleifübungen an.

4. Die 1. und 2. Person Singular wird mit systematisierten Übungsbeispielen einge-führt.

5. Der Text wird als Dialog vermittelt.

6. In einem weiteren Dialog tauchen (unerklärt) die Imperfektformen ,,war'' und ,,wußte'' auf.

Das Arbeitsheft enthält sehr zahlreiche Übungen: Lückentexte unterschiedlichen Schwierigkeitsgrades, gelenkte (z. B. aus Stichpunkten einen Tagesablauf rekonstru-ieren) und freie Produktionsübungen und pattern drills (s. S. 19f. dieses Buches). Diese Übungen dienen alle dem Einüben der Formen. Die Autoren versuchen, situa-tive Ansätze zu finden, es bleiben jedoch auch Übungen übrig, die nur eine Aneinan-derreihung isolierter Einzelsätze sind, die also durch die Perfektübung und nicht den Inhalt, eine Sprechintention oder ähnliches verbunden sind.

In Lektion 13 wird das Perfekt um die Bildung mit ,,sein'' erweitert. Das methodische Vorgehen ist gleich, jedoch nicht ganz so ausführlich wie in Lektion 12.

Eingeführt wird das Perfekt mit
,,sein'' und ,,ge'' – ,,en'' (gekommen)
,,sein'' und trennbarem Präfix und ,,en'' (weggegangen)
und anhand der Sprechintention ,,Auskunft geben über sich'': Darstellung eines Lebenslaufes und eines Unfalls.

Fazit: Der angebotene systematische und methodisch klar beschriebene Aufbau ist gut und für den Unterricht übernehmbar (Bild – freie Äußerung – Text – Systemati-sierung – Übung). Der Systematisierungsschritt muß vom Unterrichtenden selbst erarbeitet werden, ebenso wie die Regeln zur Perfektbildung (wann wird ,,sein'', wann ,,haben'' verwendet?). Die Übungen können für die schematische Übung ver-wendet werden. Der Transfer zum freien Sprechen über Vergangenes muß extra geübt werden. Die Collagen sind von der visuellen Gestaltung her überhaupt nicht ansprechend. Die Unterrichtenden müssen also auf die Suche nach geeignetem Bildmaterial gehen oder Collagen im Unterricht selbst erstellen lassen. Wichtig ist die Sprechintention ,,nachfragen" und die damit verbundenen Redemittel ,,Das hab ich nicht verstanden!", ,,Erklären Sie das nochmal."

Sprich mit uns! Hauptschule, Grundkurs

Die Perfektformen werden säuberlich getrennt nach ihrer Bildung eingeführt. In Lektion 4 wird zunächst die Funktion des Perfekts anhand einer Bilderleiste mit entsprechender Textzuordnung gezeigt: Das Präsensbild zeigt ein Mädchen beim Malen mit dem Text: ,,Fatma malt." Das Perfektbild zeigt das fertige Bild: ,,Fatma hat gemalt." Bei der 2. Bildfolge wird ,,gestern" (mit Inversion) hinzugefügt: ,,Gestern hat Fatma Platten gespielt". Es handelt sich ausschließlich um Perfektbildungen mit ,,haben" und ,,ge" – ,,t", die im anschließenden Dialog und beschreibenden Text wiederholt werden.

Im Arbeitsheft wird ein vollständiges Paradigma (ohne die Benennung ,,Perfekt" und ohne Funktionsverdeutlichung) gezeigt. Die zur Perfektbildung notwendigen Teile sind fettgedruckt und rot unterlegt.

Lektion 5 führt, methodisch identisch (Bild-Text-Verarbeitung im Dialog) die Formen von ,,haben" und ,,ge" – ,,en" ein (gesehen) und systematisiert sie anhand der 1. Person Plural.

Wir **sehen** einen Film.	Wir **haben** einen Film **gesehen**.

Die Visualisierungshilfe ist in sich inkonsequent: Einmal ist das Präsensverb fettgedruckt (Arbeitsheft zu L 5, S. 15), ein anderes mal nicht (Arbeitsheft zu L 4, S. 76), einmal ist die Perfektform ohne Verbstamm fettgedruckt und rot unterlegt (Arbeitsheft zu L 4, S. 76), einmal mit fettgedrucktem und rot unterlegtem Verbstamm (Arbeitsheft zu L 5, S. 15).

Die Verben mit Perfektbildung durch ,,sein" werden in Lektion 8 anhand einer bebilderten Unfallgeschichte eingeführt und wiederum in zwei Texten verarbeitet. In den vorhergehenden ebenfalls zur Einführung gedachten Bildkarten und Textentsprechungen tauchen schwierige und falsche Perfektformen auf (,,Er wird geröngt.", L 8, S. 60, das ist eine Passivkonstruktion, oder ,,Seine Hose ist zerrissen.", L 8, S. 61, ist eine adverbiale Verwendung).

Die Systematisierung im Arbeitsheft erfolgt für ,,sein" als vollständiges Paradigma:

Ich **bin** bei Peter.	Ich **bin** bei Peter **gewesen**.

und an zwei Beispielen:

| ich **komme** | ich **bin gekommen** |
| ich **fahre** | ich **bin gefahren** |

Die Einübung erfolgt über Satzbaumuster. (Die Übung zu L 8, Arbeitsheft S. 55, fügt dabei wiederum Satzteile zusammen, die so nicht austauschbar sind, wie es die Farbsymbolik suggeriert.)

Andere Perfektformen werden im Verlauf des Grundkurses nicht erwähnt. Im Aufbaukurs erscheinen verteilt über drei Lektionen andere Perfektbildungen (L 18: ,,trainiert", ,,übergeben", ,,aufgesprungen"; L 22: trennbare Verben: ,,mitgebracht"; L 23: Perfektbildung ohne ,,ge-": ,,vernommen").

Das Lehrerhandbuch für den Grundkurs gibt keine Erklärung zur Funktion oder Bildung des Perfekts, ebensowenig zu einer Regelvermittlung. Das gleiche gilt für das Lehrerhandbuch des Aufbaukurses: ,,Die Gegenüberstellung mit dem Infinitiv Präsens zwingt zum Nachdenken über die passende Form und über das Sprachsystem." (Lehrerhandbuch zu L 18, S. 29).
Die Perfektbildung bleibt also im Bereich des Vokabellernens.

Das Deutschbuch, Jugendliche

Als erste Form der Vergangenheitsbezeichnung wird in Lektion 8 die 1. und 2. Person Singular von ,,sein" und das Redemittel ,,Ich habe nicht verstanden." eingeführt.

In Lektion 9 werden die Präteritumformen von ,,wollen" und ,,sollen", ,,sollen" jedoch auch in einer anderen Bedeutungsvariante, hinzugefügt (,,Du solltest zum Arzt gehen."; Grundbuch S. 111).

In Lektion 10 erscheinen neben der 3. Person Singular von ,,sein" folgende Formen:
,,haben" und ,,ge" – ,,en" (haben gesehen)
,,haben" und ,,ge" – ,,t" (hat gehört).

In Lektion 12 werden die Formen erweitert:
,,haben" und ,,ge-" und trennbare Vorsilbe und ,,-en" (hat angerufen)
,,haben" und ,,ge-" und ,,-t", reflexiv (Sie hat sich nicht wohl gefühlt.)
,,sein" und trennbare Vorsilbe (ist eingeschlafen).

In Lektion 16 wird das Perfekt mit den Modalverben gekoppelt (,,Ich habe damals kaum Deutsch sprechen können."). Schon im einführenden Teil zu ,,Das Deutschbuch" wurde darauf hingewiesen, daß die Grammatikvermittlung nicht systematisch ist. Es ist nicht möglich, sich zusätzlich, quasi ergänzend zu dem Angebotenen, einen Überblick über das Lernproblem Perfekt zu verschaffen, nur umgekehrt: Wenn das Perfekt bereits vermittelt und eingeübt ist, kann man sich Anregungen zur freien Anwendung über die Sprechintentionen und Themenbereiche holen (,,Wochenendgestaltung" L 12, ,,Diebstahl" L 16, ,,Über etwas diskutieren" L 16).

Deutsch hier

Die ersten Perfektbildungen mit „haben" und schwachen Verben („gesucht"; auch mit Präfix: „kaputtgemacht") werden in Lektion 4 anhand der Sprechintention „Sich entschuldigen" mit einem Dialog eingeführt, dessen Aussage (Ausrede) durch eine Bildgeschichte Lügen gestraft wird (s. S. 204 in diesem Buch). Einige der im Dialog enthaltenen Perfektformen werden in einem Kasten, der blau unterlegt ist, zusammengestellt, die Verbteile sind fettgedruckt. Im anschließenden Text kommen an neuen Formen vor:

„haben" und Präfix und „ge-" „-en" (angerufen)
„haben" ohne „ge"- Bildung (vergessen).

Eine durch vorgegebene Perfektformen gesteuerte Bildgeschichte (Einbruch) übt die Formen ein, ebenso eine durch Bild und Text vorgegebene Situation „Sich rechtfertigen". Funktion und Bildung werden in einem abschließenden Überblick in drei Stufen gegeben:

Die Funktion wird anhand zweier Bilder mit Zeitangabe durch eine Uhr und ihnen zugeordneter Sätze verdeutlicht: Im ersten Bild wird ein Junge beim Hausaufgabenmachen gezeigt, im zweiten Bild hat er sie bereits gemacht. Die Verben sind blau unterlegt und fettgedruckt, ebenso die Verbänderungen im Perfekt:

Dieter **macht** Hausaufgaben.   Dieter **hat** Hausaufgaben **gemacht**.

In zwei weiteren Schritten wird die Bildung gezeigt: Der Infinitiv des Verbs ist angegeben, der Stamm fettgedruckt, dazu ein Perfektbeispielsatz, in dem die Partizipbildung durch Fettdruck und der gleichbleibende Verbstamm in blauer Handschrift eingeschrieben sind.

Er hat keine Hausaufgaben **ge** *mach* **t.** (**mach** – en)

Durch Pfeile wird dieser Schritt noch einmal abstrahiert und auch „haben" fettgedruckt –

Sie **haben** keine Hausaufgaben **ge** ⟵ **t.** (**mach** – en)

In Lektion 7 wird das Präteritum von „haben" und „sein" in einem vollständigen Paradigma aufgeführt. Leider erst in Lektion 10 wird das Perfekt fortgeführt[9].

Die Einführung der Perfektbildung mit „haben" oder „sein" geht methodisch genauso vor wie in Lektion 4 beschrieben (Bild – Dialog – Herausstellen der Perfektformen – Text – Übungen). Eingeführt wird

„haben" „ge" – „t"   (gesteckt)
„haben" Präfix – „ge" – „en"   (rausgezogen)
„sein" „ge" – „en"   (gefahren)

---

[9] Die Lehrerhandreichungen geben zwei Erklärungen: „So wird . . . das Perfekt, dessen komplexe Bauform eine spätere Behandlung nahelegt, bereits in Lektion 4 eingeführt, um die Schüler früh zu befähigen, korrekt über vergangenes Tun und eigenes Erleben . . . zu berichten." (S. 11) Die grammatische Progression als „methodisch besser greifbares Strukturierungsprinzip" dürfe nicht so dominieren, daß „am Ende doch wieder die komplexe Sprachform des Perfekts an den Schluß eines Kursprogramms gedrängt wird" (S. 111).

Die Systematisierung erfolgt über 4 Stufen:

1. ,,sein'' und Partizip   ,,haben'' und Partizip

Ich (bin) zum Kiosk (gegangen.) Er (hat) eine Zeitung (gekauft)

2. Beispielnennungen
3. Partizipbildung auf ,,-t''   Partizipbildung auf ,,-en''
   ohne Präfix (ge**macht**)   (ge**kommen**)
   mit Präfix (ein**ge**macht)   (an**ge**kommen)
   Ausnahmen (ge**bracht**, telefoniert)
4. Satzrahmen in Aussage und
   Fragesatz

Es ist deutlich, daß hier eine dem Lernniveau angemessene Grammatiksystematisie-
rung, gebettet in relevante Sprechsituationen, unterstützt mit verschiedenen visuellen
Hilfsmitteln mit expliziter Benennung der wesentlichen Begriffe wie Perfekt, Partizip
gezeigt wird.
Die zur Visualisierung angebotenen Mittel sind leider nicht durchgängig konsequent
angewendet, im Unterricht sollte das ergänzt werden. In den Lehrerhandreichungen
werden die einzelnen Schritte zur induktiven Erarbeitung präzise beschrieben. Aus-
gerüstet mit diesem Vorwissen ist der Blick in die Grammatik leichter!

2.5   Unterrichtsvorschläge zur Einführung ins Perfekt
2.5.1 Didaktische Fragestellungen

Die schwierigste Aufgabe für die Unterrichtenden besteht nun darin, aus dem in den
letzten Kapiteln zusammengetragenen Wissen eine Umsetzung in Unterrichtseinheiten zu bewältigen.

Als Beispiel sei hier ein kurzer Dialog vorgestellt, wer will, der kann ja versuchen
herauszufinden, wie viele Regeln zur Perfektbildung in dem Text enthalten sind.

   – Warum ist Mehmet nicht gekommen?
   O Hast du nichts gehört?
   – Was denn?
   O Mehmet hat einen Unfall gehabt.
   – Was?
   O Hat der mal wieder nichts kapiert!
   – Ich hab das nicht verstanden.
     Es ist so laut hier.
   O Ein Unfall! Mehmet . . .
   – Ist er verletzt?

Es sind folgende Schwierigkeiten enthalten:
– Perfektbildung mit ,,haben'' und ,,sein'';
– Partizipbildung auf ,,-en'', ,,-t'', mit und ohne Vorsilbe ,,ge-'';
– regelmäßige und unregelmäßige Verben;
– eine Präsensform (adverbial), die einer Perfektform äußerlich ähnlich sieht. (Ist er
  verletzt?);
– Perfektbildungen in der 1., 2. und 3. Person;
– verschiedene Satzmodelle: Aussagesatz, auch mit Inversion, und Fragesatz.

Allgemein ausgedrückt, bedeutet die Entscheidung für oder gegen die Durchnahme eines solchen Textes folgende Vorüberlegungen: Der allgemeinen Funktion des Perfekts, vergangene Handlungen zu benennen, muß ein relevanter Mitteilungsbereich zugeordnet werden, und die entsprechenden Sprachhandlungsmuster müssen festgelegt werden. Trifft das hier zu?

Weiter ist eine Auswahl aus dem Gesamtkomplex Perfekt zu treffen. Welche Regeln sollen vermittelt werden, wie viele sind notwendig, welche Begriffe sind unerläßlich?

Es muß eine Reihenfolge festgelegt werden. Sollen gleich Verben mit „haben" und „sein" vorkommen?

Hilfreich für eine Entscheidung ist, sich bewußt zu machen, daß die Jugendlichen hier in der Bundesrepublik leben, also Sprache auch unsortiert hören. Ziel sollte bleiben, den Betroffenen eine Möglichkeit an die Hand zu geben, selbständig das Gehörte zu ordnen. Der Weg dahin wird methodisch unterschiedlich gegangen und begründet. Mir scheint der beste Weg zu sein, von einem Text auszugehen, der bereits unterschiedliche Formen enthält (weil das auch die Situation in der Alltäglichkeit ist), in der Phase der Systematisierung jedoch die Regeln getrennt zu behandeln und einzuüben.[10]

Vor Beginn der Unterrichtseinheit sollte der oder die Unterrichtende folgende pädagogisierte Systematisierungsübersicht im Kopf haben[11]:

		hat gekauft
hab/en	ge ___ t	hat eingekauft
		hat gesehen
		hat eingesehen
		hat verloren
		hat besucht
		hat probiert
		ist gelaufen
		ist eingelaufen
		hat gebracht / hat gewußt

---

[10] s. dazu das Beispiel von Barkowski/Harnisch/Kumm in: *Handbuch . . .*, a.a.O., S. 214ff., die immer wieder auf ihr Ausgangsmaterial zurückgreifen (Folie „Im Haushalt ist alles durcheinandergeraten").

[11] s. ebda., S. 218ff.

Wie gesagt, die Auswahl liegt bei den Unterrichtenden. An grammatischen Begriffen müssen eingeführt bzw. wiederholt werden: Das Präsens, das Perfekt, das Partizip Perfekt, das Verb, das finite Verb („das Verb mit Person" oder „erster Teil des Verbs"). Die Konjugation von „haben" und „sein" muß beherrscht werden. Jede Regel wird induktiv, also aus Beispielen, von den Lernenden abgeleitet.

2.5.2 Vorschläge zur Einführung

1. Phase: Hinführung

Am geeignetsten ist ein Spiel, das der Unterrichtende mit einem Kollegen, einem Lernenden oder einer Handpuppe vorspielt. Etwas ist verloren (Geldbeutel, Schlüssel, Paß . . .), die Dialogpartner rekonstruieren, was sie in den letzten beiden Stunden gemacht haben, um herauszufinden, wo das Verlorene sein könnte.

Der Dialogtext zum Spiel könnte folgendermaßen lauten:

Variante a) (haben + ge – t/en)

- Mein Geld ist weg.
○ Was?
- Eben habe ich es noch gehabt.
○ Ich habe es nicht gesehen.
- Was haben wir denn gemacht?
○ Musik gehört.
- Und ich habe die Schuhe gekauft.
○ Und dann?
- Pommes gegessen.
- Da ist es vielleicht noch.

Variante b) (haben + ge – t/en)

- Schnell, gleich kommt die S-Bahn.
○ So ein Mist! Meine Fahrkarte ist weg.
- In der Schule hast du sie aber noch gehabt.
○ Hast du das gesehen?
- Du hast sie in deine Tasche gesteckt.
○ Wirklich?
- Ja.
○ Was haben wir dann gemacht?
- Du hast Pommes gegessen, und ich habe Comics gekauft.
○ Da habe ich vielleicht nicht aufgepaßt.

Variante c) (haben/sein + ge – t/en)

- Mein Geld ist weg.
○ Was?
- Das hat bestimmt jemand geklaut.
○ Was hast du denn gemacht?
- Ich bin in die Stadt gefahren.
○ Hast du was gekauft?
- Ja, ich habe eine tolle Jacke gesehen und gekauft.
○ Und dann?
- Bin ich mit der U-Bahn hierhergefahren.

Variante d) („alles"!)

– Ich habe meinen Geldbeutel verloren.
○ Wo hast du den denn gehabt?
– Ich habe ihn hier reingesteckt.
○ Vielleicht ist er rausgefallen.
– Was hast du denn alles gemacht?
○ Ich bin in die Stadt gefahren und habe eine tolle Hose gesehen.
– Hast du die gekauft?
○ Ja.
– Und bezahlt?
○ Klar.
– Hast du den Geldbeutel wieder mitgenommen?
○ Weiß nicht.

2. Phase: Verständnissicherung

Unabhängig davon, welche Textvariante im Unterricht gewählt wird, ist das methodische Vorgehen im Anschluß an das Vorspielen folgendes: Zunächst wird das Verständnis der Spielszene geklärt („Was war da los?"). Dann können die Lernenden diese Szene nachspielen. Um auch Schwächere dazu zu ermutigen, sollten die zentralen Begriffe des Spiels auf Pappkärtchen als Bilder aufgezeichnet werden; auf der Rückseite können die Begriffe geschrieben sein, die Kärtchen werden an die Wand geheftet (z. B. Symbole für „Geld", „Stadt", Jacke")! Damit kann der Ablauf rekonstruiert werden. Falsche Formen im Spiel sollten nicht verbessert werden, um die freie Produktion im Sprechen nicht zu stören. Zur Korrektur gibt es eigene Phasen!

3. Phase: Einüben der Strukturen

Der gewählte Text kann leicht vom Unterrichtenden auf Tonband oder Kassettenrecorder aufgenommen werden. Das ermöglicht gleichbleibende Intonation beim Einüben und stärkt das Hörverständnis. Zeile für Zeile wird mit der ganzen Gruppe eingeübt (ca. 15 Minuten). Dann sollen je 2 Lernende in Partnerarbeit den Dialog mit verteilten Rollen sprechen, und wer mag, kann den Text oder einen Teil vor allen sprechen oder spielen.

4. Phase: Hinführung zur Systematisierung

Der Text ist auf ein großes Plakat geschrieben, die Perfektformen, die erklärt werden sollen, sind als Lücken ausgespart und werden extra auf Kärtchen geschrieben (oval eingerahmt zur Kennzeichnung des Verbs). Das sähe bei Variante b) so aus:

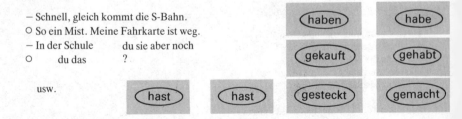

– Schnell, gleich kommt die S-Bahn.
○ So ein Mist. Meine Fahrkarte ist weg.
– In der Schule   du sie aber noch
○   du das   ?

usw.

Anmerkung: Bei Verwendung von Variante c) z. B. bleiben die Perfektformen mit „sein" im Text und werden nicht auf Kärtchen geschrieben. Erst später, nachdem die Formen mit „haben" eingeübt sind, werden die Formen mit „sein" ausgespart und systematisiert.

Die Lernenden müssen die Kärtchen an die richtige Stelle des Plakats legen, sie arbeiten dabei selbstverständlich ohne Eingreifen des Unterrichtenden, bis sie das Gefühl haben, die Kärtchen liegen richtig. Der Text wird, wenn notwendig, gemeinsam korrigiert. Die Lernenden lesen mit verteilten Rollen vor, im 2. Durchgang können die Kärtchen umgedreht werden, so daß wieder ein Lückentext entsteht.

5. Phase: Systematisierung

Der oder die Unterrichtende hebt aus dem Lückentext das Kärtchen „habe" heraus, hält es hoch und fragt: „Was ist das?" Es werden verschiedene Antworten kommen („Ein Kärtchen!!"), besonders wenn die Lernenden diese Systematisierung erst kennenlernen müssen. Der Unterrichtende kann, wenn erforderlich, auf die Verben zurückgreifen, mit denen er den Begriff „Verb" eingeführt hat („Was ist ‚laufen' ‚fahren' . . .?"). Die Antwort jedenfalls ist: „‚habe' ist ein Verb.". Das Kärtchen wird neben das Plakat gelegt. Das Kärtchen mit „gekauft" wird ebenfalls hochgehalten, „Was ist das?" gefragt. Der Begriff „Verb" wird fallen, er sollte stehen gelassen werden und nicht durch „Partizip" ersetzt werden. Beide Kärtchen, „habe" und „gekauft", liegen nebeneinander neben dem Plakat: „Das ist ein Verb, es hat 2 Teile." Die Formen „habe gekauft" werden angeschrieben (Achtung: Rechts Platz lassen für das Präsens!) und oval eingerahmt.

TA 1

Es wird weitergefragt: „Welche Person ist das?" Das ist auch aus dem Text ersichtlich: „ich", die Form wird dazugeschrieben.

TA 2

Die anderen Verbformen auf „-t" und ohne Präfix werden aus dem Text erfragt und angeschrieben:

TA 3

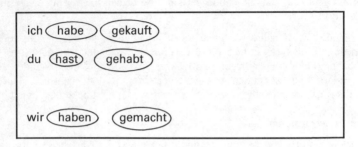

Die Funktion des Perfekts wird folgendermaßen erarbeitet: Es wird auf die Tafelanschrift ,,Ich habe gekauft" gezeigt und gefragt: ,,Wann ist das?" (,,Heute morgen? Jetzt?") Häufig wird eine Uhrzeit angegeben, das sollte aufgegriffen, sonst vom Unterrichtenden selbst vorgeschlagen werden. ,,Adem ist am Bahnhof. Jetzt. Es ist zwei Uhr." Die Uhrzeit wird rechts an der Tafel eingezeichnet. ,,Wann hat er die Comics gekauft?" (,,Vorher." – ,,Morgens." – ,,Um ein Uhr."). Die Uhrzeit wird links eingezeichnet, anschließend werden die Begriffe ,,jetzt" und ,,vorher" eingetragen.

TA 4

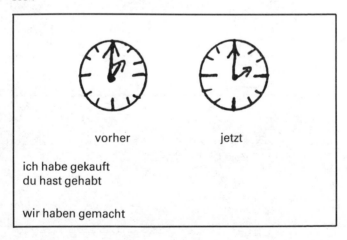

Es wird nochmal verdeutlicht: ,,Adem ist am Bahnhof. Jetzt. Es ist 2 Uhr. Vorher hat er die Comics gekauft." Die Begriffe ,,vorher" und ,,jetzt" werden in der Muttersprache erfragt und angeschrieben. Das Paradigma ,,haben" wird ergänzt (,,Was hat Adem gemacht?" – ,,Er hat gekauft." – ,,Wie heißen die anderen Personen?").

TA 5

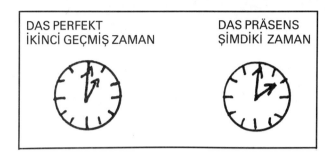

TA 6

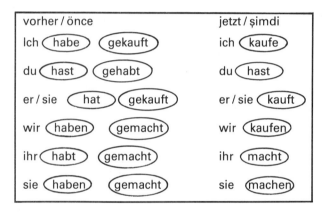

Es wird gefragt: ,,Welche Zeit ist das? Jetzt?" (Präsens/Gegenwart) – ,,Vorher?" (Perfekt). Die Tafelanschrift TA 6 wird ergänzt um die Begriffe ,,Perfekt" und ,,Präsens".

Obwohl die Systematisierung des ersten Teils noch nicht abgeschlossen ist, sollten hier mündliche Übungen eingeschoben werden, um das Erklärte anhand von Beispielen nachvollziehbarer zu machen. Der oder die Unterrichtende gibt einen Impuls mit einem Präsensverb:

Jetzt: Sedat arbeitet. Und vorher? (Sedat hat gearbeitet.)

Die Tafelanschrift soll zu Hilfe genommen werden! Weitere Beispiele:

Jetzt: Elif spielt.
  Zeynep kocht.
  Rosa hört Musik.
  Anna kauft Comics.

Die Lernenden bilden selbst weitere Beispiele. Dann werden 10 Kärtchen ausgeteilt, die die Schüler richtig zusammenlegen oder anheften müssen.

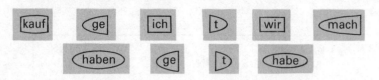

Anhand dieser Beispiele kann die Bildung des Perfekts (1. Regel) abgeleitet werden („ich habe gekauft", „wir haben gemacht"):
Das Perfekt wird so gebildet (dabei immer die Tafelanschrift zur Unterstützung heranziehen und die Lernenden antworten lassen!!):

Person und „haben" und „ge" und Verbstamm und „t":

ich	*habe*	*ge*	*kauft*	*t*
wir	*haben*	*ge*	*mach*	*t* „

Als letzte abstrahierte Regelbildung wird angeschrieben:

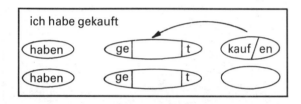

Zusammen mit der Tafelanschrift 6 sollten die Lernenden diese Systematisierung „besitzen", als Hefteintrag oder als kopiertes Blatt.

6. *Phase: Übungen*

Zur Einübung bieten sich folgende Möglichkeiten an:
– Pantomimespiel: Auf Kärtchen werden Verben im Infinitiv aufgeschrieben (wer kann, auch in der Muttersprache), alle Lernenden ziehen ein Kärtchen, das sie möglichst nicht ihren Mitlernenden zeigen sollten. Einer spielt den Begriff, der auf seinem Kärtchen steht, vor, fragt „Was habe ich gemacht?", die anderen raten („getanzt").
An Verben bieten sich an: *tanzen, lachen, kochen, malen, spielen, sagen, fragen, kaufen, Musik hören, turnen, . . .*
– Memory: Wortkarten, auf denen z. T. der Infinitiv, z. T. das Partizip Perfekt steht, müssen einander zugeordnet werden. Alle Karten werden verdeckt auf einen Tisch gelegt, alle Spieler decken zwei Kärtchen auf; wenn zwei zusammengehören, dürfen sie sie rauslegen. Wer am meisten Kärtchen gesammelt hat, hat gewonnen! Wesentlich ist, daß beim Aufdecken die Kärtchen immer auf derselben Stelle liegen bleiben.
– Schriftliche Übungen s. „Deutsch für Jugendliche anderer Muttersprache", Arbeitsheft zu L 12 (S. 14, Nr. 1; S. 15, Nr. 9) und „Sprich mit uns! Hauptschule", Arbeitsheft zu L 4 (S. 75 und 76).

7. Phase: *Erweiterung von Regel 1*

In den gleichen detaillierten Schritten werden die anderen Regeln erarbeitet. Deshalb wird im folgenden nur auf die Anregungen in den verschiedenen Büchern hingewiesen. Anschließend an die Regel 1 kann anhand des gleichen Textes die Bildung auf „-en" und mit Vorsilbe erarbeitet und zur 1. Regel hinzugefügt werden. Zunächst wird die erste Regel wiederholt und das Beispiel angeschrieben, dann aus dem Dialog die Perfektform „gesehen" herausgegriffen und ebenso erklärt wie die anderen Beispiele mit „haben". Es entsteht folgende Tafelanschrift (wiederum sollen die Unterrichtenden erfragen, nicht stumm anschreiben!):

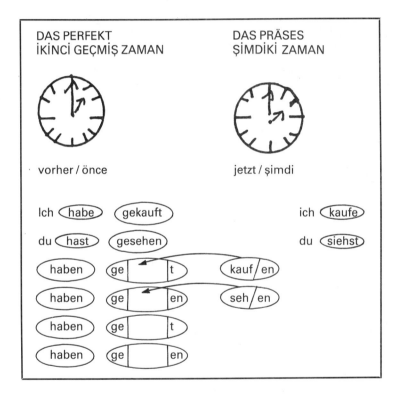

Zur Übung werden auf dem Boden zwei Plakate mit den abstrakten Symbolen ausgelegt und auf Kärtchen Verbstämme ausgeteilt, die je nach Partizipbildung auf „-en" oder „-t" auf das entsprechende Plakat gelegt werden müssen (genug Platz lassen, damit die Kärtchen reinpassen).

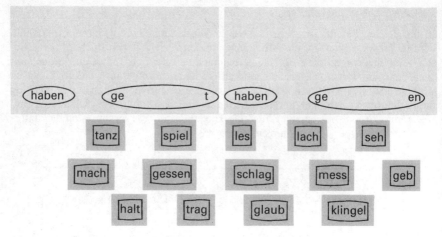

Die gleiche Übung kann schriftlich gemacht werden, mit einem Arbeitsblatt „Ordne zu!".

Zum Abschluß der Erweiterung der 1. Regel wird aus dem Dialog die Form „aufgepaßt" herausgegriffen, nach den Perfektbildungselementen gefragt („-ge" – „t"), der Infinitiv und das Präsens erfragt:

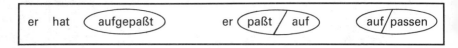

„Auf" gehört also zum Verb – es können andere trennbare Verben (s. S. 171 ff.) wiederholt werden, im Präsens jedoch: „er paßt auf, fährt ab" usw. Verdeutlicht werden muß die Stellung des „ge-" bei trennbaren Verben im Perfekt. Das geschieht wieder durch die abstrahierte Form:

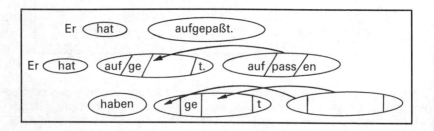

In einer kurzen Einübungsphase kann eins der Spiele (Memory, Pantomime oder Zuordnung) gemacht werden, und zwar anhand folgender Verben:

mitmachen, angeben, anfangen, aufpassen, anrufen, fernsehen, mitnehmen, abgeben, zurückgeben, ausschalten, . . .

Zur Übung aller bisherigen Formen kann das Würfelspiel[12] gemacht werden. Auf Kärtchen sind Würfelaugen und Zeitadverbien geschrieben:

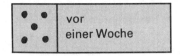 

Der erste Spieler würfelt (z. B. zwei = gestern), er muß einen Satz bilden
– entweder mit einem Verb eigener Wahl;
– oder mit einem Verb, das ihm von jemandem (z. B. aus der anderen Gruppe, wenn man in 2 Gruppen spielt) zugerufen wird;
– oder mit einem Verb, das er aus einem Haufen von Verbkarten zieht, die der oder die Unterrichtende vorbereitet hat.
Die Verbbeispiele kann man aus den bisherigen Übungen übernehmen.

Daran schließen sich Einschleifübungen an. Geeignet sind dazu Übungen aus ,,Deutsch für Jugendliche anderer Muttersprache'', Arbeitsheft zu Lektion 12 (S. 14, 15).

Im Anschluß muß die Satzstellung des finiten Verbs und des Partizips bewußt gemacht werden. Dazu kann ein Beispiel aus den Übungen genommen werden:
Ich habe keine Lust gehabt.
Der Satz wird angeschrieben, die Verbteile werden erfragt, oval eingekreist, und die Stellung wird erfragt bzw. erklärt:
,,habe'' ist die Verbform, die die Person anzeigt, sie steht an 2. Stelle (am ,,e'' erkennt man die Person), der andere Verbteil steht am Schluß.

Zur Einübung der Satzpositionen eignen sich Satzpuzzles: Auf Kärtchen oder auf einem Arbeitsblatt sind Satzteile aufgeschrieben, die in die richtige Reihenfolge gebracht werden müssen:

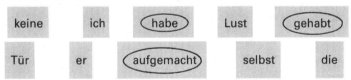

8. Phase: Transfer

Die Schaffung von Anwendungsmöglichkeiten und Transfersituationen sind sehr vielfältig. Die im folgenden angedeuteten Beispiele zur Erarbeitung der anderen Regeln können auch dazu herangezogen werden.

Als direkt anschließende Situation bietet sich die Bildgeschichte aus ,,Deutsch hier'', S. 55, an. Zuerst wird nur das Bild von Vater und Sohn gezeigt und gefragt, um was für eine Situation es sich handeln könnte. Anhand der Bildgeschichte sollen die Lernenden dann in Gruppen einen Dialog erstellen: ,,Was hat er gemacht?'' Die erarbeiteten Texte werden erst jetzt mit dem im Buch vorgegebenen Dialog konfrontiert.

---

[12] Die Idee kommt von Barkowski/Harnisch/Kumm: *Handbuch . . .*, a.a.O., S. 218.

Was hast du so lange gemacht?

● Wo kommst du her? Ich hab' dich überall gesucht.
Was hast du so lange gemacht?

○ Hausaufgaben. Ich war bei Mario.
Wir haben Hausaufgaben gemacht.

● Was, so lange? Ihr habt Fußball gespielt!

○ Nein, wir haben gearbeitet! Bestimmt!
Wir hatten so viel auf. Wir haben ganz schnell gemacht.

● Schnell gemacht?! Jetzt ist es acht Uhr!

○ Ja, es war so viel: Deutsch, Mathe, Biologie . . . . .

● Und die Hose??

○ Die hat Bello kaputtgemacht.

● Bello?

○ Der Hund von Mario.

Quelle: *Deutsch hier*, Lehrbuch, S. 55.

Für ein Rollenspiel zur Sprechintention „sich entschuldigen" ist folgendes denkbar: Es werden Kärtchen mit Rollenanweisungen verteilt, je 2 Lernende spielen vor, sie können sich natürlich andere Lernende zu Hilfe holen. Auf den Kärtchen könnte zum Beispiel stehen:

Du bist der Vater.
Deine Tochter kommt zu spät nach Hause.
Was sagst du?

Die Karte für die 2. Rolle müßte lauten:
Du bist die Tochter.
Du kommst zu spät nach Hause.
Du denkst dir eine Entschuldigung aus.

2.5.3 Unterrichtsvorschlag
Einführung von „sein" + Perfekt

Als Ausgangspunkt kann folgender Text vom Tonband gehört oder gelesen werden:

> Zynep, Rosa und Anna sind in einer Klasse. Zeynep hat eine Matheaufgabe nicht verstanden. Nach der Schule hat Anna gesagt: „Alle Türken sind blöd." Zeynep ist weggelaufen. Nachmittags ist sie nicht zum Spazierengehen gekommen.
> Anna: Warum ist Zeynep nicht gekommen?
> Rosa: Sie war sauer.
> Anna: Warum?
> Rosa: Du bist heute morgen nicht nett gewesen.
> Anna: Ach deswegen!
> Das hab ich doch nur aus Spaß gesagt.

Zunächst werden Verständnisfragen gestellt, der Text besprochen und gelesen. Die Systematisierung erfolgt nach gleichen Schritten wie bei der Einführung von „haben" und mündet in folgender Übersicht:

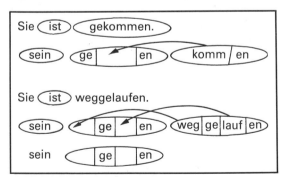

Vorschläge zur Aufklärung des Mißverständnisses sollten von den Lernenden schriftlich erarbeitet, vorgelesen und vorgespielt werden!

Auf die Austauschbarkeit von „ist gewesen" und „war" sollen die Unterrichtenden hinweisen. Das vollständige Paradigma kann an dieser Stelle oder später (s. 2.5.4) erarbeitet werden.

2.5.4 Unterrichtsvorschlag
Perfektbildung ohne „ge-"

Im Anschluß an die oben geschilderte Situation kann als ein Lösungsvorschlag der folgende Dialog behandelt werden:

Anna: Ich hab mit Zeynep telefoniert.
Rosa: Was hast du gesagt?
Anna: Ich hab es ihr erklärt.
Rosa: Was?
Anna: Daß es nur aus Spaß war.
Rosa: Hat sie es verstanden?
Anna: Sie war immer noch traurig.

Die in diesem Text enthaltenen Regeln werden über Vokabellernen eingeübt und dann abgeleitet. In diesem Fall ist das Vokabellernen deshalb sinnvoll, weil die Regel nur über das Bewußtsein dessen, was eine Vorsilbe ist, vermittelt werden kann. Dies ist, wie Meyer-Ingwersen beschreibt[13], kaum vorhanden: Warum ist „ankommen" trennbar, also mit „ge"-Präfix im Perfekt („angekommen"), „bekommen" aber nicht?

Zum Lernen bieten sich folgende Verben für eine Zuordnungsübung an (Kärtchen mit Infinitiv und Kärtchen mit der Perfektform müssen zusammengelegt werden):
reparieren, erklären, verstehen, bezahlen, telefonieren, verkaufen, vergessen, bekommen, zerreißen, entnehmen, informieren, erzählen, . . .

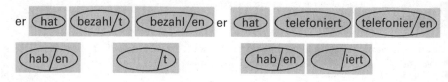

Dabei läßt sich anschließend ableiten:
Verben mit „-ieren" haben kein „ge-".
Verben, die vorne ein „be-", „er-", „ver-", . . . haben, haben kein „ge-".

2.5.5 Weitere Anwendungsmöglichkeiten

Über Vergangenes zu berichten, kann über die beschriebenen Möglichkeiten hinaus so geübt werden:
Rekonstruktion eines Geschehens
– mit Hilfe von Stichpunkten (Tagesablauf: Deutsch hier, S. 141; einen Rock nähen, ein Regal bauen: Deutsch für Jugendliche anderer Muttersprache, Arbeitsheft, L 12, S. 20);

---

[13] Meyer-Ingwersen/Neumann/Kummer: *Zur Sprachentwicklung . . .*, a.a.O., S. 181. Barkowski/Harnisch/Kumm: *Handbuch . . .*, a.a.O., S. 221, weisen ebenfalls darauf hin.

– mit Hilfe einer Bildergeschichte (Deutsch hier, S. 141; Sprich mit uns! Hauptschule, Arbeitsheft S. 83, Zu L 23);

Quelle: *Sprich mit uns! Hauptschule*, Arbeitsheft L 21–24, S. 83.

– durch freie Produktion (jemandem etwas ausrichten, z. B. einen Telefonanruf); vom Unterricht, von Zuhause, vom Kinobesuch, vom eigenen Tagesablauf erzählen;
– durch Unterrichtseinheiten.

Dazu zwei Anregungen:
Zum einen das Projekt der Hamburger Lehrerfortbildungsgruppe, in dem es um die Selbstherstellung einer Tasche geht (Wie macht man oder frau das? Welches Material ist erforderlich? Wieviel davon? Wie teuer darf es sein? Gezeigt werden die Vorbereitungen, das Einkaufsgespräch, das Nähen der Taschen, die Erklärung, wie die Taschen genäht wurden – Perfekt). Das Projekt wurde in einer MBSE-Gruppe ausprobiert und ist als Filmcassette erhältlich.[14]
Zum zweiten das Reporterspiel „Deutschland ohne Gastarbeiter"[15]. Die Einzelszenen aus „Deutsch hier", S. 66, könnten mündlich beschrieben, Interviewfragen ausgearbeitet werden, die dann bei den Mitlernenden und den Kollegen und Kolleginnen durchgeführt werden. Über die Meinungen der Interviewten wird berichtet und diskutiert. Das könnte auch eine Zeitung werden – da ist allerdings auch das Präteritum erforderlich.

---

[14] Die Cassette ist bei den Bildstellen erhältlich. Sie entstand im Rahmen des Projektes „Fachpraxis – Deutsch für türkische Jugendliche". Es ist ein FWU-Film, Bestellnr. 420153.
[15] Das war eine als Dokumentation getarnte Fiktionssendung des ZDF, gesendet am 3. 2. 81.

Quelle: *Deutsch hier*, Lehrbuch, S. 66.

2.6 Unterrichtsvorschlag
Einführung des Präteritums von „sein" und „haben"

Die Präteritumsformen (Imperfekt) von „sein" („er war") und „haben" („sie hatte") werden genauso häufig wie das Perfekt gebraucht („ich bin gewesen") bzw. ersetzen das Perfekt („ich habe gehabt"): Das Präteritum wird perfektivisch gebraucht. Gleiches gilt auch für das Präteritum der Modalverben („ich wollte" wird „ich habe gewollt" vorgezogen).

Zur Einführung gibt es zwei Möglichkeiten:

a) Das Bild wird über Overheadprojektor projiziert. .

Quelle: *Deutsch hier*, Lehrbuch, S. 100.

Die Lernenden sollen mögliche Antworten geben und in Kleingruppen einen Text erstellen. Aus den Antworten, die durch Vorschläge des Unterrichtenden ergänzt werden können, entwickelt sich die erste Tafelanschrift.

TA 1

Wo ⟨warst⟩ du so lange?

Ich ⟨war⟩ krank.   Ich ⟨hatte⟩ keine Zeit.

Meine Mutter ⟨war⟩ krank.   Sie ⟨hatte⟩ eine Operation.

Wir ⟨waren⟩ in der Türkei.   Wir ⟨hatten⟩ eine Panne.

Meine Geschwister ⟨waren⟩ allein.   Sie ⟨hatten⟩ Angst.

Es wird nach den Verben gefragt, sie werden (oval) eingerahmt. Die Zeit wird erfragt: ,,Wann ist das? Jetzt?", und der deutsche und der muttersprachliche Begriff werden angeschrieben. Es kann ein vollständiges Paradigma aufgeschrieben werden, das zusammen mit der ersten Tafelanschrift von den Lernenden abgeschrieben wird.

TA 2

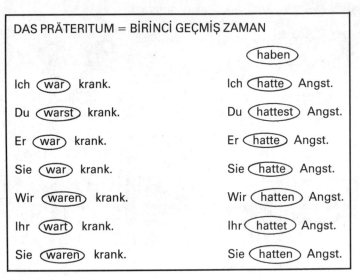

DAS PRÄTERITUM = BİRİNCİ GEÇMİŞ ZAMAN

haben

Ich (war) krank.	Ich (hatte) Angst.
Du (warst) krank.	Du (hattest) Angst.
Er (war) krank.	Er (hatte) Angst.
Sie (war) krank.	Sie (hatte) Angst.
Wir (waren) krank.	Wir (hatten) Angst.
Ihr (wart) krank.	Ihr (hattet) Angst.
Sie (waren) krank.	Sie (hatten) Angst.

Auf die Angabe des Infinitivs ,,sein" und die muttersprachliche türkische Übersetzung wird verzichtet, da beides verwirrend wäre (s. S. 87f. zu ,,sein").

b) Zu dem Bild (S. 209) wird vom Tonband ein Text vorgespielt, das Verständnis des Textes wird geklärt, der Text eingeübt und dann die erste Tafelanschrift entwickelt. Der Text könnte so sein:

> + Wo warst du so lange?
> − Ich hatte Urlaub. Ich war in der Türkei.
> ● Wir waren alle hier.
> O Wir hatten viel Arbeit.
> + Wir hatten viel Spaß.

Die im Text vorkommenden Formen werden aufgeschrieben, dann wird nach den Verben gefragt. Es folgt die Frage ,,Wann ist das? Jetzt?", und der deutsche und der muttersprachliche Begriff für ,,Präteritum" (,,Imperfekt") werden eingeführt.

Zur Tafelanschrift für ein vollständiges Paradigma s. TA 2 bei Vorschlag a).

DAS PRÄTERITUM = BİRİNCİ GEÇMİŞ ZAMAN

Ich (war) in der Türkei.　　　　Ich (hatte) Urlaub.

Wo (warst) du so lange?

Wir (waren) hier.　　　　　　　Wir (hatten) viel Arbeit.

Zur Übung

– Es werden zwei Gruppen gebildet, A und B. Gruppe A erhält Kärtchen mit Begriffen, die mit dem Verb „sein" zu einem Satz verbunden werden sollen. Gruppe B antwortet.

Beispiel:　　Türkei

Die zu stellende Frage ist: „Warst du schon mal in der Türkei?" Begriffe, die sich eignen, sind:
Türkei, Kino, Krankenhaus, Schule, krank, allein, verheiratet, betrunken, . . .

Für Anfänger kann statt „Türkei" „in der Türkei" aufgeschrieben werden.

Anschließend werden die Karten an Gruppe B gegeben, die nun die Fragen stellt. Oder Gruppe B erhält Kärtchen, die zu Sätzen mit „haben" verbunden werden müssen:

Beispiel:　　Angst

„Hattest du schon mal Angst?"
Geeignete Begriffe:
Kopfschmerzen, Bauchschmerzen, Unfall, Panne, Liebeskummer, Geld, . . .

Die gleiche Übung kann auch als Arbeitsblatt gemacht werden:

Bilde Sätze!

(War)　　(waren)　　　　　　(hatte) (hatten)

1. Türkei　　　　　　　　Unfall

Ich war in der Türkei. Ich hatte einen Unfall.

2. Schule　　　　　　　　Geld

_____

211

– Spiel:
Eine Ausrede erfinden; die erste Szene wird vom Unterrichtenden vorgespielt:

+ Wo warst du gestern?
– Zu Hause.
+ Wir waren verabredet.
– (druckst herum) Hm, ja, ich war krank.

Mit dem letzten Satz wendet man oder frau sich an die Lernenden: ,,Was kann Adem zu Rosa sagen?" Der ganze Dialog sollte jeweils vorgespielt werden.

– Stadterkundung:
Alle Lernenden erhalten die Aufgabe (z. B. innerhalb einer Woche), Informationen über den Ort einzuholen, an dem der Kurs stattfindet. Die Informationen sollen sich auf die Vergangenheit beziehen – vom Gespräch mit einem Hausbewohner (,,Wie lange wohnen Sie hier? Wo waren sie vorher?") bis zur Erkundung, wie früher die Stadt ausgesehen hat (,,Da ist ein Parkhaus, was war da vorher?").

Vielleicht entsteht ja gerade in dem Kursort ein Bauvorhaben (Kaufhaus, Parkhaus, Neubausiedlung, . . .), das als ,,Aufhänger" dienen kann: Was war vorher?

3   Die Modalverben im Präsens
3.1 Die Modalverben im Deutschen[1]

Die Modalverben *dürfen, können, mögen, müssen, sollen, wollen* werden aus strukturellen Gründen zu einer Unterkategorie der Verben zusammengefaßt:
– Weil sie als Hilfsverben den Infinitiv nach sich ziehen:
  Selçuk darf nicht rauchen.
– Weil sie in der 1. und 3. Person Singular endungslos sind:
  Ich/Er/Sie darf/muß/kann . . .

Inhaltlich drücken die Modalverben etwas sehr Verschiedenes aus, auch wenn sich manche Bedeutungsvarianten ähneln:

– *dürfen:* Erlaubnis/Berechtigung/Vermutung:
  Darf Adem ins Kino gehen?
  Adem hat den Hauptschulabschluß. Er darf eine Lehre machen.
  Adem dürfte krank sein.

– *können:* Möglichkeit/Fähigkeit/Vermutung/Erlaubnis:
  Adem kann die Frage nicht sofort beantworten.
  Adem kann deutsch sprechen.
  Adem könnte recht haben.
  Die Schule ist aus. Adem kann nach Hause gehen.

– *mögen:* Vermutung/Wunsch/Bestimmung u. a.:
  Adem mag zwischen 16 und 19 Jahren alt sein.
  Adem möchte Kfz-Mechaniker werden.
  Mag Adem tun, was er will.

---

[1] Helbig · Buscha, a.a.O., S. 110 ff. (S. 46 ff.).

- *müssen:* Notwendigkeit/Aufforderung/Gewißheit:
  Adem muß eine Arbeitserlaubnis haben.
  Adem muß mehr Deutsch lernen.
  Adem muß krank sein.

- *sollen:* Pflicht/Behauptung/Empfehlung u. a.:
  Adem soll auf seine Schwester aufpassen.
  Adem soll im Lotto gewonnen haben.
  Adem soll mehr arbeiten.

- *wollen:* Wille/Behauptung u. a.:
  Adem will ein Mofa kaufen.
  Adem will das Zeugnis bekommen haben.

3.2 Die Modalverben im Türkischen und in den anderen Sprachen
3.2.1 Der Ausdruck der Modalität im Türkischen[2]

Die Entsprechungen der deutschen Modalverben im Türkischen sind sehr unterschiedlich:
- es können Endungen sein:
  Gelebilirim.   *Ich kann kommen.*
- es kann ein Vollverb sein:
  Türkiye'ye dönmek istiyor.   *Er möchte in die Türkei zurückkehren.*
- es können Nominalbildungen des Verbs mit entsprechender Satzbildung sein:
  Diktat etmeniz gerek.   *Sie sollen aufpassen.*

,,Dürfen" entspricht dem türkischen ,,können":
  Burada park yapılamaz.   *Hier darf man nicht parken.*

,,Können" wird durch eine Endung am Verb ausgedrückt: ,,-ebil" und ,,-abil". Die Endung folgt direkt dem Verbstamm.
  Bunu unutabilirsin.   *Das kannst du vergessen.*

,,Mögen" entspricht dem türkischen ,,wollen".

,,Wollen" wird ähnlich wie im Deutschen durch ein Verb + Infinitiv wiedergegeben. Das Modalverb steht jedoch *nach* dem Infinitiv.
  Selçuk şefi görmek istiyor.   *Selçuk möchte den Chef sehen.*

,,Müssen" wird durch verschiedene sprachliche Mittel wiedergegeben:
- durch das Suffix ,,-meli" (,,-mali"):
  Gelmeli.   *Er muß kommen.*
- durch verschiedene Ausdrücke: ,,zorunda", ,,zorunlu", ,,mecbur".
  Her çocuk yedi yaşinda   *Jedes Kind muß mit sieben Jahren*
  okula gitmek zorunda   *in die Schule gehen.*
  (okula gitmeğe mecbur).

---

[2] vgl. Liebe-Harkort: *Türkisch für Deutsche*, a.a.O., S. 232 ff.

„Sollen" wird wie „müssen" durch das Suffix „-meli" („-mali") wiedergegeben:
Doktora gitmeliler.   *Sie sollen zum Arzt gehen.*

3.2.2 Die Modalverben in den anderen Sprachen

Im Italienischen gibt es drei Modalverben:
potere: können, dürfen
dovere: sollen, müssen, nicht dürfen
volere: wollen, mögen

„Potere" im Sinne von „dürfen" und „volere" im Sinne von „mögen" werden im Italienischen im Konditional gebraucht.

Wie im Deutschen gibt es auch im Italienischen die Möglichkeit, die Modalität anders als über Modalverben auszudrücken.

Aus den vielfältigen Möglichkeiten, Modalität auszudrücken, sind im **Portugiesischen** den deutschen Modalverben vergleichbar:
poder: können, dürfen
dever: müssen

Im **Spanischen** gibt es ebenfalls eigene Verben zum Ausdruck der Modalität (poder = können, usw.). Darüber hinaus sind manche, die Modalität auch ausdrücken, selbständige Verben, wie z. B. „tener que" + Infinitiv.

Im **Serbokroatischen** existieren dieselben Modalverben wie im Deutschen.

Anstelle des deutschen Infinitivs steht im **Griechischen** ein Nebensatz, da es keine Entsprechung zur Konstruktion der deutschen Modalverben gibt: „Ich kann gehen." entspricht „*Ich kann, daß ich gehe." (Μπορώ να πάω. [Boro na pao.]).

3.3 Lernschwierigkeiten

Im Deutschen werden die Modalverben in folgender Häufigkeit gebraucht[3]:

können am häufigsten mit 52 000 Vorkommen		
müssen	30 000	
wollen	27 000	
sollen	23 000	
mögen	14 000	
dürfen	9 400	

---

[3] Klein: *Untersuchungen* . . ., a.a.O., zitiert auf S. 53 die hier wiedergegebene Untersuchung von Grosse: „Die deutschen Modalverben in der neueren Forschung", 1969.

Bei den untersuchten ausländischen Sprechern des Heidelberger Pidgin Projektes werden „müssen" und „wollen" sehr häufig gebraucht, „können" wird erst später gelernt. Besonders die 1. und 3. Person Singular der Modalverben wird leicht gelernt.[4]

Der häufige Gebrauch von „müssen" ist wohl auch dadurch bedingt, daß das Verb zur Markierung des Tempus, besonders der Vergangenheit, dient: „ich muß gesehen" für „ich habe gesehen".[5]

In der Lernergruppe von Barkowski/Harnisch/Kumm wurden „wollen" und „möchten" gut gelernt.[6] Die Autoren haben folgende Schwierigkeiten festgestellt:
– Verwendung der Futurform (wie im Türkischen) zum Ausdruck der Absicht: „Ich werde fernsehen." statt „Ich möchte fernsehen."
– Verwechslung von Präsens- und Präteritumsformen bei „wollen" (S. 346).
– Verbklammer-Auseinanderfall von finitem Verb und Infinitiv (S. 353).
– Weglassen des Pronomens (wie bei allen Verben; S. 353).

Als eine weitere Lernschwierigkeit ist die Position des 2. Verbs, das im Türkischen *vor* dem Modalverb steht, zu sehen:

Türkiye'ye dönmek istiyor.   *Er möchte in die Türkei zurückkehren.*

3.4 Die Modalverben in den Lehrwerken

Die Einführung in die Struktur der Modalverben (Bildung mit Infinitiv) findet in der 4. Lektion von **Deutsch in Deutschland neu** statt: „Er *kann* seine Schuhe nicht *finden.*" (S. 54). In dialogischen Mustern wird mit der Sprechintention „einen Wunsch ausdrücken" die Bedeutung der Modalverben vermittelt: „Du möchtest mitspielen. Was sagst du?" In einem beschreibenden Text („Beim Arzt") erhält ein Kind die Aufgabe, zu dolmetschen („Dein Vater soll sein Hemd ausziehen."). Alle Modalverben sind im 4. Kapitel angeführt. Einige werden in Kapitel 11 wiederholt. Eine Konjugationstabelle gibt es nicht.

Anhand des Themas „Wohnungssuche" werden die Modalverben in Lektion 8 von **Deutsch für Jugendliche anderer Muttersprache** eingeführt und ihre Position im Satz verdeutlicht. Eingeübt werden sie durch die Erklärung, wie verschiedene Gegenstände funktionieren (Fotoapparat, Bügeleisen usw.) und durch die Versprachlichung von Piktogrammen:

          Hier darf man nicht rauchen.

In der 9. Lektion wird „sollen" („Kommst du mit ins Kino?" – „Was soll ich da?") eingeführt, in der 8. Lektion waren es „dürfen/wollen/können/müssen".

---

[4] Klein: *Untersuchungen . . .,* a.a.O., S. 54.
[5] ebda., S. 55f.
[6] Barkowski/Harnisch/Kumm: *Handbuch . . .,* a.a.O., S. 345.

Sprich mit uns! Hauptschule bietet zwar eine Konjugationstabelle der Modalverben im Singular an (Lektion 7), geht jedoch auf die Stellung im Satz nicht ein. In verschiedenen Situationen aus dem Freizeitbereich (Schwimmbad, Zoo, Kino) wird die Bedeutung der Modalverben vermittelt, davon ,,müssen'' in Lektion 8 in Zusammenhang mit einem Arztbesuch.

Die verschiedenen Möglichkeiten, einen Wunsch auszudrücken (,,Ich will etwas essen. Ich möchte eine Cola. Ich hätte gern . . .''), zeigt Lektion 3 von **Das Deutschbuch** auf. ,,Können/müssen/sollen/wollen'' sind in Lektion 6 eingeführt (Fahrkartenkontrolle – ,,Was wollen Sie in Deutschland machen?'' – Eine Anpreisung zurückweisen). ,,Dürfen'' ist eine Übung unter anderen in Lektion 8 (,,Darf ich hier rauchen?''). Zur Erklärung der Satzposition werden zwar die Verbteile rot gedruckt, aber nicht ausreichend genug aus den vielen anderen Grammatik-Vokabel-Verdeutlichungen hervorgehoben.

Ein vollständiges Konjugationsschema und die Verdeutlichung der *Satzposition* findet sich in Lektion 7 von **Deutsch hier.** Einzelsituationen zu Piktogrammen sind so gezeichnet, daß sie den Gebrauch der Modalverben zwingend erfordern. Ein beschreibender Text faßt sie zusammen.

3.5   Unterrichtsvorschläge
3.5.1 Vorbemerkung

Barkowski/Harnisch/Kumm, die ihren Unterricht nach Mitteilungsbereichen gliedern, weisen darauf hin, daß es keinen Mitteilungsbereich ,,Modalverben'' gibt, wohl aber ,,Einen Wunsch, Willen, ein Bedürfnis zu äußern'' (. . .).[7] Um das auszudrücken, stehen nicht nur Modalverben zur Verfügung, sondern auch viele andere sprachliche Möglichkeiten:
Ich möchte nach Hause gehen.
Ich will gehen.
Ich geh jetzt aber.
Ich warte nicht mehr länger.
Nun komm doch endlich.
. . .

Barkowski/Harnisch/Kumm beschränken sich bei der ,,Durchnahme'' von Modalverben auf die Bereiche ,,Wunsch äußern'' (,,Was willst du?'') und ,,Zwang erkennen'' (,,Was muß man machen?''), die sie anhand von Themen vermitteln, die für ausländische Jugendliche wichtig sind.

3.5.2 Wunsch ausdrücken: ,,wollen/ich möchte . . .''

1. Phase: Einführung

Folgender Dialog in der Ausländerbehörde wird vorgespielt (vom Tonband oder live):[8]

---

[7] Barkowski/Harnisch/Kumm: *Handbuch* . . ., a.a.O., S. 341.
[8] ebda., S. 349, nur der 2. Part wurde verändert.

Reporter: Entschuldigen Sie, warum warten Sie hier?
Ausländer: Ich will eine unbefristete Aufenthaltserlaubnis beantragen.
Reporter: Und warum wollen Sie die beantragen?
Ausländer: Ich bin jetzt 6 Jahre hier und möchte noch länger bleiben.
Reporter: Und Sie? Was wollen Sie bei der Ausländerbehörde?
Ausländer: Ich möchte eine Arbeitserlaubnis haben.
Reporter: Bekommen Sie denn eine Arbeitsstelle?
Ausländer: Die will ich ja gerade haben.
                Dazu brauche ich die Arbeitserlaubnis.
Reporter: Ach ja, interessant.

Die Begriffe „unbefristete Aufenthaltserlaubnis", „Arbeitserlaubnis", „Arbeitsstelle" und die damit verbundenen Probleme und Voraussetzungen sollten geklärt werden (Ununterbrochener 7jähriger Aufenthalt in Deutschland für die unbefristete Aufenthaltserlaubnis; 2jährige Wartefrist für Jugendliche bis zur Erteilung der Arbeitserlaubnis – Verkürzung der Wartezeit auf ein Jahr, wenn ein MBSE-Kurs oder ein vergleichbarer Kurs gemacht wurde; Arbeitsförderungsgesetz § 10: Deutsche werden bei der Arbeitssuche, auch Lehrstellenvermittlung, bevorzugt).

2. Phase: Hinführung zur Systematisierung

Der Text ist als Lückenplakat geschrieben: Modalverben und Infinitive sind ausgespart und auf Kärtchen geschrieben, die in die richtige Lücke gelegt werden müssen. Die Lernenden lesen den Text, wenn alle Kärtchen richtig gelegt wurden.

3. Phase: Systematisierung

Im 2. Satz wird nach den Verben gefragt („will . . . beantragen"). „Welches ist das Verb mit Person?" („will"). „Wo steht es?" (an 2. Stelle). „Wo steht das andere Verb?" (am Satzende). So wird mit allen Verben verfahren. Das Konjugationsschema zu „wollen" wird als Information hinzugefügt. Die Tafelanschrift ist folgende:

---

wollen

Ich (will) eine Aufenthaltserlaubnis (beantragen.)

Sie (wollen) eine Aufenthaltserlaubnis (beantragen.)

Das „Verb mit Person" steht an 2. Stelle. Das andere Verb steht am Satzende.

(wollen)

1. ich will	Plural: wir wollen
2. du willst	ihr wollt
Sie wollen	
3. er / sie will	sie wollen

---

4. Phase: Übungen

– Zur Einübung der Struktur können Redemuster zur Ablehnung aufgelistet werden[9]: Erst der oder die Unterrichtende, dann Lernende preisen etwas an, das abgelehnt wird:
Beispiel:
Hier sind billige Bananen. – Danke, die will ich nicht.
Ein Kassettenrecorder im Sonderangebot. – Danke, den will ich nicht.
– Kärtchen mit bestimmten Sprechintentionen austeilen:

> **Du möchtest mit Adem ins Kino gehen: Was sagst du?**

> **Du möchtest auf eine Party gehen. Was sagst du?**

– Collage:
Mit Hilfe von Illustrierten sollen die Lernenden in Kleingruppen (oder einzelne) ihre Wünsche ausdrücken, indem sie eine Collage zusammenstellen: Ausschneiden und aufkleben, wie sie sich jeweils (die Gruppe) ihre Zukunft vorstellen. Die Collagen werden aufgehängt und besprochen (Wunschbilder, Illusionen in Frage stellen).
– Formulieren einer Liste von Wünschen, die die unmittelbare Umgebung betreffen:
An den Schuldirektor: Wir möchten mehr Deutschunterricht.
Im Betrieb: Wir möchten einen Dolmetscher oder eine Dolmetscherin bei der Betriebsversammlung.

3.5.3 Zwang erkennen: „müssen"

Zur Einführung wird folgender Text verteilt:

München, den 1. 5. 83

Sehr geehrter Herr Özduk,

ich muß Ihnen leider mitteilen: Ihre jetzige Wohnung ist zu klein. Sie leben mit 5 Personen in der Wohnung. Die Wohnung hat nur 50 Quadratmeter. Sie müssen raus! Jeder Erwachsene braucht 12 Quadratmeter, jedes Kind braucht 8 Quadratmeter. Ihre Kinder sind groß! Sie müssen bis zum 1. 7. 83 eine neue, größere Wohnung finden!
Mit freundlichen Grüßen

---

[9] s. *Das Deutschbuch, Jugendliche,* a.a.O., s. 69.

Der Text wird gelesen und inhaltlich besprochen. Warum muß Herr Ozdük eine neue Wohnung suchen? Die Lernenden sollten die Gelegenheit haben, zu erzählen, wie das bei ihnen selbst ist. Sachfragen sollen besprochen werden – unzureichender Wohnraum ist immer ein Ärgernis (nicht nur behördlich).

Zur Strukturverdeutlichung wird angeschrieben:

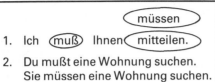

1. Ich (muß) Ihnen (mitteilen.)
2. Du mußt eine Wohnung suchen.
   Sie müssen eine Wohnung suchen.
3. Er / sie muß eine Wohnung suchen.
Pl.: Wir müssen eine Wohnung finden.
   Ihr müßt eine Wohnung finden.
   Sie müssen eine Wohnung finden.

Zur Übung können
– Funktionsweisen eines mitgebrachten Gegenstandes erklärt werden (Bügeleisen, Föhn, . . .: Du mußt den Stecker rein tun . . .);
– Spielregeln zu Tavla, Kartenspielen, anderen Spielen erklärt und dann gespielt werden;
– Handlungsabläufe besprochen werden: Was muß Adem tun, wenn er seinen Paß verloren hat?[10]

Zur inhaltlichen Ausweitung der Verpflichtungen sollte unter dem Thema ,,Was müssen wir in Deutschland?" Dinge besprochen werden wie Krankenversicherung, KfZ-Versicherung usw.

– Pro und Contra Spiel:
   Zu einem Thema werden zwei Gruppen gebildet. Jede Gruppe muß eine bestimmte Meinung (vorher festgelegt) vertreten, nämlich für (pro, z. B. für die Wehrpflicht) oder dagegen (contra, z. B. gegen die Wehrpflicht). Die Argumente, die im späteren Gespräch mündlich vertreten werden, werden zuerst schriftlich gesammelt. Dabei sollten die Unterrichtenden in den Gruppen sachliche Hinweise geben über bestehende Vorschriften, Gesetze, Möglichkeiten.
   Themen: Türkische Mädchen müssen abends zu Hause sein.
   Pro: Ja!
   Contra: Nein!

   Ausländer sollen das Wahlrecht erhalten.

   Deutsche und ausländische Jugendliche müssen gemeinsam unterrichtet werden.

---

[10] Diese Anregung ist, wie auch die folgenden, aus: Barkowski/Harnisch/Kumm: *Handbuch* . . ., a.a.O., S. 341–364.

3.5.4 Erweiterung um andere Modalverben

Die Bilder werden einzeln über den Overheadprojektor projiziert: Die Lernenden sollen Texte/Dialoge erstellen: „Was sagen die Leute?" und vorlesen. Abschließend werden Fotokopien mit jeweils zwei Textäußerungen zu jedem Bild verteilt. Mögliche Texte:

a) + Hier dürfen Sie nicht campen.
    − Entschuldigen Sie bitte. Ich habe das Schild nicht gesehen.
    Die Sonne blendet so.

b) + Hier können Sie nicht telefonieren.
    Das ist ein Privattelefon.
    − Ich muß aber dringend anrufen.
    Ich bezahle es ja auch.

c) + Hier dürfen Sie nicht parken.
    − Ich muß nur schnell zum Briefkasten.

d) + Hier darf man nicht rauchen.
    − Tut mir leid.

Quelle: *Deutsch hier,* Lehrbuch, S. 103.

Abschließend sollten die Lernenden in ihrem Kursort Piktogramme (Verbots- und Gebotszeichen) sammeln: Sie gehen einzeln oder in Gruppen und fotografieren (Polaroid) die Schilder und merken sich den Standort, oder sie zeichnen die Schilder auf. In der gesamten Gruppe erzählen alle von den Piktogrammen, die sie gefunden haben, zeigen sie oder zeichnen sie auf und erklären, wo sie in dem Ort zu finden sind. Gemeinsam wird besprochen, was das Piktogramm aussagt und ob die Vorschrift sinnvoll ist.

Viele Piktogramme finden sich an öffentlichen Gebäuden, im Bahnhof, in Verkehrsmitteln, an und in Kaufhäusern („Rolltreppe nicht mit Gummistiefeln betreten").

Möglich wäre es auch, mit der Gruppe gemeinsam einen Stadtrundgang zu machen, wo jeder zu den von ihm gefundenen Zeichen führt.

Auswahlbibliographie

1 Allgemeines zur Grammatik

Barkowski, H.: *Kommunikative Grammatik und Deutschlernen mit ausländischen Arbeitern*, Königstein/Ts.: 1982.

Barkowski, H. – Fritsche, M. u. a.: *Deutsch für ausländische Arbeiter – Gutachten zu ausgewählten Lehrwerken*, Königstein/Ts.: 1980. (Inzwischen ist eine verbesserte 2. Auflage, 1982, erschienen).

Barkowski, H. – Harnisch, U. – Kumm, S.: Projekt ,,Deutsch für ausländische Arbeiter", *Deutsch lernen*, 3/1976, S. 23–31.

dies., ,,Grammatikvermittlung im Deutschunterricht für türkische Arbeiter", *Deutsch lernen*, 1/1977, S. 42–49.

dies., *Handbuch für den Deutschunterricht mit ausländischen Arbeitern*, Königstein/Ts.: 1980.

Bender, J.: *Zum gegenwärtigen Stand der Diskussion um Sprachwissenschaft und Sprachunterricht*, Frankfurt/M., Berlin, München: 1979.

Butzkamm, W.: ,,Rezeption vor Produktion – Zur Neugestaltung des Anfangsunterrichts", *Deutsch lernen*, 2/1982.

Helbig, G.: *Geschichte der neueren Sprachwissenschaft – Unter dem besonderen Aspekt der Grammatikvermittlung*, München: 1971.

Lewandowski, T.: *Linguistisches Wörterbuch* U+B, Heidelberg: 1979, 1980.

Rall, M. – Engel, U. – Rall, D.: *DVG für DaF, Dependenz Verb Grammatik Deutsch als Fremdsprache*, Heidelberg: 1977.

Tesnière, L.: *Esquisse d'une syntaxe structurale*, Paris: 1953.

Wolff, G.: *Sprechen und Handeln*, Königstein/Ts.: 1981.

2 Zum Zweitsprachenerwerb

Bausch, K.-R. – Kaspar, G.: ,,Möglichkeiten und Grenzen der ,großen' Hypothesen", *Linguistische Berichte*, 64/1979.

Dittmar, N. – Rieck, B.-O.: ,,Reihenfolgen im ungesteuerten Erwerb des Deutschen. Zur Erlernung grammatischer Strukturen durch ausländische Arbeiter", in: **Dietrich, R.** (Hrsg.): *Aspekte des Fremdsprachenerwerbs*, Kronberg/Ts.: 1976, S. 119–143.

Heidelberger Forschungsprojekt ,,Pidging Deutsch": *Sprache und Kommunikation ausländischer Arbeiter*, Kronberg/Ts.: 1975.

dies., *Arbeitsbericht V*, Heidelberg: 1979.

Jaehnike, G. – **Pitko,** A.: ,,Zum Zweitsprachenerwerb ausländischer Arbeiter: Das Wuppertaler Forschungsprojekt ZISA", *Deutsch lernen,* 3/1979, S. 68–74.

Klein, W.: ,,Der Prozeß des Zweitsprachenerwerbs und seine Beschreibung (1)", in: **Dietrich,** R. (Hrsg.): *Aspekte des Fremdsprachenerwerbs,* Kronberg/Ts.: 1976, S. 100–118.

ders., *Untersuchungen zum Spracherwerb ausländischer Arbeiter – Tätigkeitsbericht für die Gesamtdauer des Projektes (1. April 1974 – 30. Juni 1979),* unveröffentlichtes Manuskript.

Klein, W. – **Dittmar,** N.: *Developing Grammars – The Acquisition of German Syntax by Foreign Workers,* Berlin, Heidelberg, New York: 1979.

Pienemann, M.: ,,Untersuchungen zur Synchronisierung von natürlichem und gesteuertem Zweitspracherwerb – Projektbeschreibung", *Deutsch lernen",* 1/1982, S. 81–87.

ders., ,,Der Zweitspracherwerb ausländischer Arbeiterkinder", Gesamthochschule Wuppertal, *Schriftenreihe Linguistik,* Bd. 4, Bonn: 1981.

Selinker, L.: ,,Interlanguage", *IRAL 10.,* 1972, S. 215.

Wilms, H.: ,,Deutsch als Fremdsprache – Deutsch als Zweitsprache. Übersicht und Positionssuche", *Deutsch lernen,* 4/1981, S. 3–21.

3   Zu den Vergleichssprachen
3.1 Zum Türkischen

Cimilli, N. – **Liebe-Harkort,** K.: *Sprachvergleich Türkisch – Deutsch,* Düsseldorf: 1976. (Jetzt im Oldenbourg Verlag, München).

Langenscheidts Praktisches Lehrbuch Türkisch, Berlin, München: 1979.

Liebe-Harkort, K.: *Türkisch für Deutsche,* Königstein/Ts.: 1980.

Meyer-Ingwersen, J. – **Neumann,** R.: *Türkisch für Lehrer I,* München: 1982.

Meyer-Ingwersen, J.: ,,Einige typische Deutschfehler bei türkischen Schülern", *Lili,* 5/1975, Heft 18, S. 68–77.

Meyer-Ingwersen, J. – **Neumann,** R. – **Kummer,** M.: *Zur Sprachentwicklung türkischer Schüler in der Bundesrepublik,* Kronberg/Ts.: 1977.

3.2 Zu den anderen Sprachen

Ameida, A. – **da Silva,** J.: *Sprachvergleich Portugiesisch – Deutsch,* Düsseldorf: 1977. (Jetzt im Oldenbourg Verlag, München).

Bauer, B. – **Wolff,** J.: *Spanische Schüler – Deutsche Lehrer. Sprachvergleich als Hilfe für den Anfangsunterricht und allgemeine Informationen,* Düsseldorf: 1977. (Jetzt im Oldenbourg Verlag, München).

Eideneier, H.: *Sprachvergleich Griechisch – Deutsch,* Düsseldorf: 1976. (Jetzt im Oldenbourg Verlag, München).

Figge, U. – **de Matteis,** M.: *Sprachvergleich Italienisch – Deutsch,* Düsseldorf: 1976. (Jetzt im Oldenbourg Verlag, München)

Meese, H. – **Fröhlich,** I. – **Panju,** G. u. a.: ,,Muttersprachlich bedingte Fehlerquellen ausländischer Arbeiterkinder", *Materialienheft, Deutsch lernen,* 2/3 1980.

4 Zum Unterricht

Göbel, R.: *Lernen mit Spielen,* Frankfurt, Bonn: 1979.

Lohfert, W.: *Kommunikative Spiele für Deutsch als Fremdsprache,* München: 1982.

Neuner, G. – **Krüger,** M. – **Grewer,** U.: *Übungstypologie zum kommunikativen Deutschunterricht,* Berlin, München, Wien, Zürich: 1981.

Spier, A.: *Mit Spielen Deutsch lernen,* Königstein/Ts.: 1981.

5 Grammatiken

Duden (Band 4), *Die Grammatik,* Wien, Zürich: 1973.

Helbig, G. · **Buscha,** J.: *Deutsche Grammatik – Ein Handbuch für den Ausländerunterricht,* Leipzig: 1979.

dies., *Kurze deutsche Grammatik für Ausländer,* Leipzig: 1980.

Schulz, D. – **Griesbach,** H.: *Grammatik der deutschen Sprache,* München: 1969.

Ein Unterrichtswerk für ausländische Arbeitnehmer

Erwachsene und Jugendliche

Deutsch hier

Format 21 x 28, 176 Seiten,
Best.-Nr. 49980, DM 13,80

- „Deutsch hier" wurde auf der Basis des Lehrwerks „Deutsch aktiv" thematisch und methodisch für den Unterricht in der Bundesrepublik Deutschland entwickelt

- Der Titel bezeichnet die Lernsituation ausländischer Arbeitnehmer und ihrer Familienangehörigen in der Bundesrepublik

- „Deutsch hier" greift in den imitativen „freien" Spracherwerb organisierend ein und entwickelt systematisch Sprachkompetenz

- Die Themenwahl orientiert sich an den Erfahrungen der ausländischen Arbeitnehmer im täglichen Leben

- Das offene und flexible Konzept bietet vielfältige Einstiegs- und Kombinationsmöglichkeiten und bindet Lehrer und Lerner nicht Seite für Seite ans Buch

Prüfstücke zu unseren Bedingungen
gibt es bei der Schulabteilung des Verlages,
Postfach 401120, 8000 München 40

Langenscheidt Verlag

BERLIN · MÜNCHEN · WIEN · ZÜRICH · NEW YORK